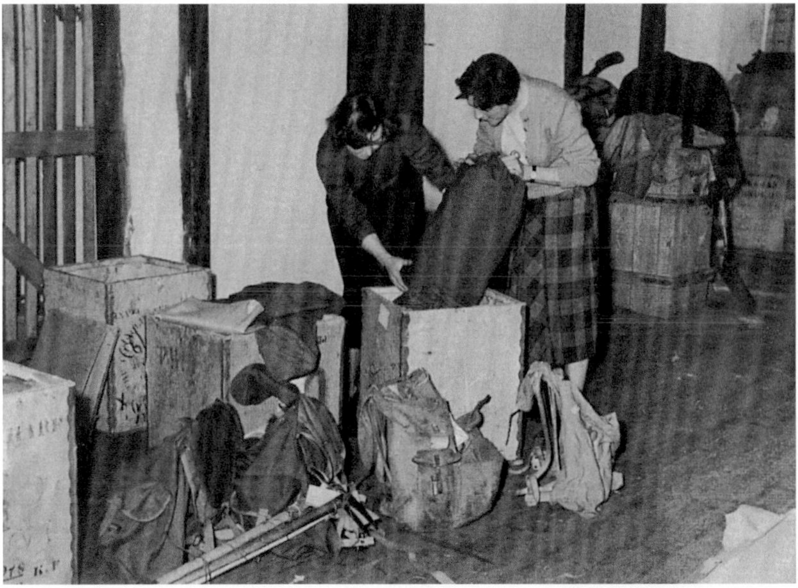

在格拉斯哥一間倉庫裡將配備打包，爲探險做準備工作。

這些廟宇聚集在加德滿都的廣場上，看來很受中國影響，但當地人否認這種說法。

莫妮卡和艾芙蓮，左邊是路上第一次見到的神龕。這表示我們已接近一個信仰佛教的村落。

莫妮卡和貝蒂在入山路上的營地裡將帶來的東西分類。

走過一道搖搖晃晃的吊橋。

挑扶們沿小路經過巴利比河下游的河谷，這是由加德滿都到坦巴塘的「大馬路」。

艾芙蓮在坦巴塘資遣尼泊爾挑扶。

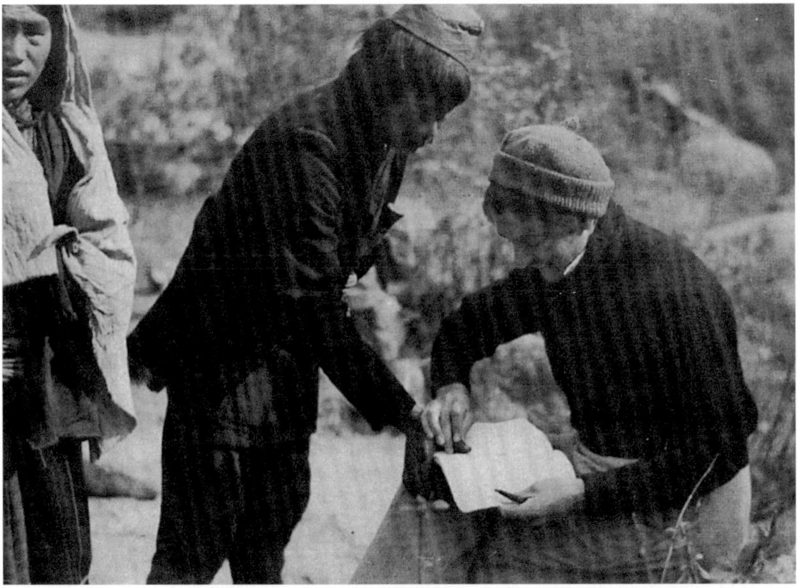
坦巴塘來的人之一，譚與喇嘛蓋大拇指印簽合約。

我們的登山腳伕。由左至右：安格·坦巴、齊皮拉、庫桑和明格馬。

在拉克塔河上搭橋，在這樣湍急的激流中，不可能涉水而過。

安・朵瑪，我們的十六歲女腳伕，她毫無怨言地揹負近三十公斤的重擔。

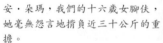

在基地營區，齊皮拉做薄煎餅，同時看著壓力鍋，一旁明格馬則在補褲子。

富爾比奇雅楚布冰川，前景的冰瀑是我們最先攀登的一條。

從尼泊爾和西藏之間的一處高山山坳，眺看富爾比奇雅楚山脈。

貝蒂、艾芙蓮、明格馬和安格·坦巴，還有我們在邊界山脈上建的「丘坦」(神龕)。

在邊界山脈上的一列石柱上，我們遠眺西藏。可以看見那塊封閉地區上有很多沒有人攀登或命名過、也到不了的山峰。

仕女峰和蓋爾金峰。

莫妮卡和艾芙蓮仰望仕女冰川。

在仕女冰川半路上的四號營地回望形成邊界山脈一部分的富爾比奇雅楚山。

攀登仕女冰川上方有多處冰縫的地區。

明格馬領頭帶一組人通過仕女冰川上較高的冰瀑。我們正往右側的一道雪廊走去，在那裡我們得和雪崩的路線保持敬而遠之的距離。

攀登大冰縫那頭上方的突出部分。

從基地營區上方俯看多吉拉克帕冰川較低處的冰瀑。

蓋爾金、莫妮卡和安格·坦巴在蓋爾金峰的峰頂。

莫妮卡看著多吉拉克帕冰川。

坦巴塘的雪巴婦女，她們的頭髮因爲用犛牛油當護髮劑而閃閃發光。

在下山路上，艾芙蓮俯看帕奇波哈里，那是坦巴塘附近有五座湖泊的聖地。

貝蒂在帕奇波哈里的一座湖裡洗頭髮，印德拉瓦提河就發源於此。

「探險與旅行經典文庫」

022

Travel Classics Library

雲端的帳棚

莫妮卡・潔克森、
伊莉莎白・絲塔克◎著
景翔◎譯

獻給

沒有去的艾思梅

銘謝

我們謹此申謝，多虧有以下各單位及人員：聖母峰基金會的精神支持；蘇格蘭登山俱樂部的會員給我們的鼓勵和非常多實際的忠告；還有免費或以特殊條件供應其貨品的各大公司。

我們衷心感謝他們。

編輯前言

探險家的事業

探險家的事業並不是從哥倫布（Christopher Columbus, 1451-1506）才開始的，至少，早在哥倫布向西航行一千多年前，中國的大探險家法顯（319-414）就已經完成了一項轟轟烈烈的壯舉，書上記載說：「法顯發長安，六年到中國（編按：指今日的中印度），停六年，還三年，達青州，凡所遊歷，減三十國。」法顯旅行中所克服的困難並不比後代探險家稍有遜色，我們看他留下的「度沙河」（穿越戈壁沙漠）記錄說：「沙河中多有惡鬼熱風，遇則皆死，無一全者；上無飛鳥，下無走獸，遍望極目，欲求度處，則莫知所擬，唯以死人枯骨爲標識耳。」這個記載，又與一千五百年後瑞典探險家斯文・赫定（Sven Hedin, 1865-1952）穿越戈壁的紀錄何其相似？從法顯，到玄奘，再到鄭和，探險旅行的大行動，本來中國人是不遑多讓的。

有意思的是，中國歷史上的探險旅行，多半是帶回知識與文化，改變了「自己」；但近代西方探險旅行卻是輸出了殖民和帝國，改變了「別人」。（中國歷史不能說沒有這樣的例子，也許班超的「武裝使節團」就是一路結盟一路打，霸權行徑近乎近代的帝國主義。）何以中西探險文化態度有此根本差異，應該是旅行史上一個有趣的題目。

哥倫布以降的近代探險旅行（所謂的「大發現」），是「強國」的事業，華人不與焉。使得一個對世界知識高速進步的時代，我們瞠乎其後；過去幾百年間，西方探險英雄行走八方，留下的「探險文獻」波瀾壯闊，我們徒然在這個「大行動」裡，成了靜態的「被觀看者」，無力起而觀看別人。又因爲這「被觀看」的地位，讓我們在閱讀那些「發現者」的描述文章時，並不完全感到舒適（他們所說的蠻荒，有時就是我們的家鄉）；現在，通過知識家的解構努力，我們終於知道使我們不舒適的其中一個解釋，就是薩依德（Edward W. Said）所說的「東方幻想」（Orientalism）。這可能是過去百年來，中文世界對「西方探險經典」譯介工作並不熱衷的原因吧？或者是因爲透過異文化的眼睛，我們也看到頽唐的自己，情何以堪吧？

編輯人的志業

這當然是一個巨大的損失，探險文化是西方文化的重大內容；不了解近兩百年的探險經典，就不容易體會西方文化中闖入、突破、征服的內在特質。而近兩百年的探險行動，也的確是人類活動中最精彩、最富戲劇性的一幕；當旅行被逼到極限時，許多人的能力、品性，都將以另種方式呈現，那個時候，我們也才知道，人的鄙下和高貴可以伸展到什麼地步。

西方的旅行文學也不只是穿破、征服這一條路線，另一個在異文化觀照下逐步認識自己的「旅行文學」傳統，也是使我們值得重新認識西方旅行文學的理由。也許可以從金雷克（Alexander W. Kinglake, 1809-1891）的《日昇之處》（*Eothen*, 1844）開始起算，標示著一種謙卑觀看別人，悄悄了解自己的旅行文學的進展。這個傳統，一直也藏在某些品質獨特的旅行家身上，譬如流浪於阿拉伯沙漠，寫下不朽的《古沙國遊記》（*Travels in the Arabia Deserta*, 1888）的旅行家查爾士·道諦（Charles Doughty, 1843-1926），就是一位向沙漠民族學習的人。而當代的旅行探險家，更是深受這個傳統影響，「新的旅行家像是一個來去孤單的影子，對旅行地沒有重量，也不留下影響。大部分的旅行內容發生在內在，不發生在外部。現代旅行文學比起歷史上任何時刻都深刻而豐富，因爲積累已厚，了解遂深，載諸文字也就漸漸脫離了獵奇采風，進入意蘊無窮之境。」這些話，我已經說過了。

現在，被觀看者的苦楚情勢已變，輪到我們要去觀看別人了。且慢，在我們出發之前，我們知道過去那些鑿空探險的人曾經想過什麼嗎？我們知道那些善於行走、善於反省的旅行家們說過什麼嗎？現在，是輪到我們閱讀、我們思考、我們書寫的時候。

在這樣的時候，是不是「探險與旅行經典」的工作已經成熟？是不是該有人把他讀了二十年的書整理出一條線索，就像前面的探險者爲後來者畫地圖一樣？通過這個工作，一方面是知識，一方面是樂趣，讓我們都得以按圖索驥，安然穿越大漠？

這當然是填補過去中文出版空白的工作，它的前驅性格也勢必帶來爭議。好在前行的編輯者已爲我做好心理建設。旅行家艾瑞克・紐比（Eric Newby, 1919-）在編《旅行家故事集》（*A Book of Travellers' Tales*, 1985）時，就轉引別人的話說：「別退卻，別解釋，把事做成，笑吠由他。」（Never retreat. Never explain. Get it done and let them howl.）

這千萬字的編輯工作又何其漫長，我們必須擁有在大海上漂流的決心、堅信和堅忍，才能有一天重見陸地。讓我們每天都持續工作，一如哥倫布的航海日記所記：「今天我們繼續航行，方向西南西。」

導讀

詹宏志

遙遠的女性登山路

即使已經到了二十世紀的七十年代前夕（也僅僅是三十年前），令人驚訝的，女性登山者的地位竟然還十分低落（儘管她們已經成就非凡，而且其他領域的女權也已經十分完備），她們仍然飽受著輕忽和歧視。

當代偉大的美國女登山家艾蓮·布倫（Arlene Blum, 1945-）就曾經回憶說，她在一九六九年試圖申請參加美國攀登阿拉斯加最高峰、也是北美洲最高峰的德納里峰（Denali）探險隊時，男性領隊告訴她，參加探險隊的女性隊員最高只能留在登頂基地營（base camp）裡幫忙煮飯，不能參加攻頂的行動，他的理由是女性登山者不具備高峰探險的身體強度和情緒穩定度。聞訊氣結而失望的艾蓮·布倫，那時候還不曾讀過《雲端的帳棚》（*Tents in the Clouds*, 1956）這本經典之作，多年之後她懊惱地說，「眞希望當時我能告訴那位領隊有關《雲端的帳棚》書裡的那些女登山家的故事。」

這樣的歧視在她的生涯發生過不只一次，艾蓮·布倫另一次申請參加阿富汗的高山探險隊，她以爲自己豐富的高峰經驗應該是夠格得綽綽有餘了，但是領隊還是回絕了她，這一次的理由是：「在一無遮蔽的高山雪地，九個大男人和一位女性恐怕不太方便。」這次拒絕再次讓布倫與重要的探險登山行動失之交臂。既然嘴上的說理辯論說服不了歧視者，勇敢而能幹的艾蓮・布倫只好用實際行動來反駁男性登山世界的歧視，她在一九七○年就自行組織全部是女性團員的德納里峰探險隊，成功完成破紀錄的登頂壯舉，把許多驕傲的男性登山家沙豬都比下去，也證明過去提給她的理由完全是無稽之談。

但即使如此，艾蓮・布倫還要繼續奮鬥許多年，她還要籌組許多更加艱難的女性登山隊的探險行動，包括一九七八年她完成被很多人視為女性不可能攀登的安納普納山的攀登（Annapurna，很多登山名家都認為，安納普納山比起喜馬拉雅山更困難攀登，而當時美國還沒有任何男性登山隊能夠成功登上這座高度超過八千公尺的安納普納峰），最後充滿男性偏見的國際登山界才慢慢接受這個事實，技藝成熟的女性登山家在任何目標面前，成績都不遜於男性，而對極端環境的探險能力與團隊表現，女性缺少的顯然只是公平的機會，而不是體力、情緒或其他條件。

順便一提，如果你對艾蓮・布倫自己的英勇的登山事蹟有興趣（她是一位生物化學博士），那你應該去找她自己在一九八○年寫的《安納普納峰：一個女人的地方》（*Annapurna: A Woman's Place*）一書來讀，那也已經成為登山書寫的經典了，更是對所有後來女性登山者先知般的曠野呼聲；或者你願意先試試瀏覽她的個人網站www.arleneblum.com，看看她的生平事蹟、出版作品與參考資料，甚至你可以在網上報名參加由她本人提供並親授的領導課程呢。

女性完成的突破性行動本身就是其他女性後繼者的號召和啓發，艾蓮．布倫提到的《雲端的帳棚》一書，正是一部足以激勵所有女性的前衛旅行經典與登山經典，可惜因緣不湊巧失落在時間膠囊裡，使得書中三位形象鮮明的勇敢女性遮蔽在歷史塵灰之中，很多人無緣相識。艾蓮．布倫後來爲絕版多年的《雲端的帳棚》的新版寫序，一方面重新將它介紹給世人，一方面也積極主張，「在高峰絕頂之上的離世美景，以及通過團隊同心完成目標的滿足」，女性同胞應該不要錯過這樣的經驗，也不該被剝奪這樣的權利。布倫相信，《雲端的帳棚》將會鼓舞未來無數的女性，重新去尋求不可能的挑戰與無止境的冒險，讓她們憑女性自己的力量，站立在雲端之上。

搭起了雲端的帳棚

但我這裡一直提到的《雲端的帳棚》究竟是怎樣的一本書，它又到底是關乎什麼樣的故事？簡單地說，那是一九五五年三位英國女子在無人涉足的喜馬拉雅山區的一段傳奇探險故事，她們原本無赫赫聲名，既無大型探險隊的後援，更無國家或大型企業的資助金援，僅憑興趣、熱情、詳實計畫和堅毅個性，征服了位於喜馬拉雅山區的求嘉喜瑪（Jugal Himal）一帶無人探訪的高山與冰河，並成功登上當時尚未命名的蓋爾金峰（Gyalgen Peak），事實上，蓋爾金峰就是這三位女性以她們的尼泊爾高雪巴人（Sherpa）嚮導明格馬．蓋爾金（Mingma Gyalgen）的名字爲紀念而定名的。

這三位勇敢開朗的英國女子分別是莫妮卡．潔克森（Monica Jackson）、伊莉莎白．絲塔克（Elizabeth Stark），以及艾芙蓮．卡姆拉絲（Evelyn Camrass）；莫妮卡當時是一位記者兼家庭主婦，後來成了一位人類學家，伊莉莎白是一位語言治療師兼學者，艾芙連則是一位醫生，她們都是受很好教育的女性知識分子，熱愛登山與戶外活動，身體健朗，個性堅毅活潑，儘管她們創造了歷史，她們目前也都還健在。

時間正好發生在史上第一支男性喜馬拉雅登山隊成功登頂後的兩年，一九五三年由英國登山家約翰．杭特爵士（Sir John Hunt）領軍的喜馬拉雅登山隊，成功地送上紐西蘭籍隊員艾德蒙．希拉瑞（Edmund Hillary）和雪巴人嚮導丹增．諾蓋伊（Tenzing Norgay）到達頂峰，完成了人類第一個登上地球第三極（the third pole）的行動，按照探險史家們的看法，這也是人類探險史的終結，在這次行動之後，地球上再沒有重要的探險目標可以讓勇敢的探險家追逐了（後來我們當然知道，這也是一種錯誤的偏見）。

一九五三年人類登上喜馬拉雅頂峰的消息傳來，振奮了這幾位英國的業餘女性登山愛好者，她們或者是家庭主婦或者是平凡的職業婦女，她們也沒有顯赫的登山經歷，她們彼此相互激勵說，「我們也要去喜馬拉雅山。」但她們想的並不是要重覆做一次登頂的行動，而是想到求嘉喜馬山區那一大片地圖上的空白，諸多山峰尚未被攀登，諸多地形尚未被踏勘，諸多地區尚未被描繪，她們可以做自己的前驅，做前人（包括男性和女性）不曾做到的事。

當然從一開始籌備，就有無數的困難阻撓，但她們樂觀開朗的個性，倒也讓她們逢凶化吉，一一解決。三位英國女性又有英國工程師般準確的策劃能力，這對她們後來山區旅行的成功有著極大的關鍵作用。我不在這裡重述她們的實際冒險行動，書裡頭都已有記述。總之，那是一樁行動者的壯舉，而伴隨英雄行動的場景更是壯麗非凡，她們的行動跨越廣大的山區與冰河，爬過的七千公尺以上的高峰也有多座，那是難得一見的登山行動。

但《雲端的帳棚》的敘述風格，平淡直陳，帶點自嘲的幽默，常常讓我想起比莫妮卡·潔克森早一世代、寫《戈壁沙漠》（*The Gobi Desert*, 1942）的另外一個女性旅行家三人組，《戈壁沙漠》的寫作風格也是如此，艱困歷險並未被描繪成驚險刺激，反而是樂觀、謙遜與幽默，同樣有著一種赤子之心洋溢於書頁之中。我常覺得記錄莫妮卡·潔克森、伊莉莎白·絲塔克，以及艾芙蓮·卡姆拉絲三人偉大行動的《雲端的帳棚》，活脫脫幾乎就是《戈壁沙漠》的高山版，都是含蓄而耐人咀嚼的經典。

莫妮卡·潔克森三人從平凡的生活中來，更難能可貴的是，當她們創下紀錄、寫下歷史，她們又默默地回到平凡生活去。她們並沒有活在光輝之中，她們繼續回去做她們的家庭主婦與職業婦女。她們創造世界驚人的一頁，對她們而言卻只是充實自己生命的一場追尋，她們沒有眷戀，再度回到自己的生命軌跡，一切彷彿不曾發生，只留下一部謙遜含蓄的經典，激勵來茲。這種懷抱，和潔白沉默的喜馬拉雅山脈一樣，既高大也悠遠，令人景仰。

序文

艾蓮·布倫

一九五五年春，一支由三位英國女性登山家所組成的隊伍，出發攀登高踞在尼泊爾與西藏邊境且從未有人探索過的蠻荒求嘉喜馬（Jugal Himal）山脈。雖然資訊很少，但她們興致高昂地找到路進入偏遠的群山，率先登上一座六七〇六公尺高山峰，並以她們的雪巴人❶登山嚮導明格馬·蓋爾金之姓，將那座山峰命名為蓋爾金峰。莫妮卡·潔克森、伊莉莎白·絲塔克和艾芙蓮·卡姆拉絲博士就此名留青史，成為有史以來第一支登上喜馬拉雅山的女性隊伍。

這本書於一九五六年在英國出版，至今已近半個世紀，但一直到今天，她們的故事依然歷久彌新、引人注目。書中生動的敘述，讓我們能和這支隊伍共享她們初遇那些親切尼泊爾人民時的欣喜、尋路進入先前人跡罕至地區時的不安，以及她們和協助她們的雪巴人分擔艱苦工作和分享輕鬆玩笑時的愉悅。根據兩位作者的說法，最好的是「那些我們在求嘉的山脊、冰川和雪地裡艱苦奮鬥的日子，它們將蝕刻在我們的記憶版圖，那不僅是我們生命中最快樂的日子，奇怪的是，也是最寧靜祥和的日子」。

想完全體會這三位登山者的成就，就該先看看她們展開這次探險行動當時探索喜馬拉雅山的背景。尼泊爾在一九五〇年第一次對外界敞開門戶。那年一支優秀的法國登山隊伍完成登上安納普納一號峰❷的歷史性壯舉，成為登上海拔逾八千公尺高峰的第一批人。這支由墨里斯·赫索（Maurice Herzog）率領的隊伍有一張不正確的地圖，只為了找安納普納峰就掙扎了好幾個禮拜。等他們終於確定那座山的位置時，西南季風的雨季迅速接近。最後，不顧雪崩、疲勞和狂風暴雨的怒號，他們奇蹟式登上峰頂，而且所有人全身而退。他們的成功是登山史上最富戲劇性的故事之一。

僅僅五年之後，潔克森、絲塔克和卡姆拉絲博士展開她們進入陡峭求嘉喜馬山脈的探險。她們的地圖一樣不精確，進求嘉的路線也同樣不確定。和今日的高科技配備比較起來，她們的衣物和配備既沉重又笨拙。然而她們以高昂鬥志克服了所有障礙和艱難，成功達到了她們的目標。

她們的故事能激勵每一位讀者——包括組織一個開創性探險行動，穿越未知荒野找尋她們的群山，生動描述暴風雨、森林大火及喝醉的雪巴人，冰河上難以保有隱私的難題，追蹤山裡的雪人等等，全書寫來充滿幽默和眞誠。

潔克森和絲塔克也探索了那種「奇怪的衝動……誘使兩名理性的女人放棄工作，另一個則離開她可愛的家人，三人一道投身艱苦絕境，甚至冒著可能送命的危險，在一些始終一成不變、孤寂、陌生又荒涼的地表皺褶上上下爬動」。

* * *

我眞希望一九六〇年代我自己開始夢想到遙遠地域探險時就讀過這本書。可是當時美國登山界還不知道這次創舉，也不清楚一九五〇年代其他英國女性登山者的努力。

一九六九年，我申請參與一次有嚮導帶領的登德納里峰❸探險活動，卻得到女人最遠只能到基地營區協助炊煮工作的答覆。我對此提出異議時，領隊告訴我說女性欠缺攀登高峰必要的體力和穩定的情緒。我眞希望當時我能把《雲端的帳棚》裡所寫的這些大膽的高山探險故事說給他聽。

一九七〇年，我協助組成一支全女性的登山隊伍，成功攀登了德納里峰。除了登上北美洲最高的這座北極山峰的挑戰之外，我們還得面對那個時代對女性能力的偏見。如果有這本書，想必能激勵我們，讓我們更容易完成我們的攀登，就像今天這本書對任何一個想從事挑戰性冒險行動的人有所啓發。

我在讀《雲端的帳棚》時，往昔攀登德納里峰的場景又浮現眼前，也讓我回想起我們一行女人在一九七八年挑戰安納普納峰之行——嘗試一般認爲女性做不到的挑戰、高山頂上特殊的美，以及集合團隊的力量努力達成比我們所相信可能達到的更具挑戰性的目標而得到的滿足。

她們的故事證明，一小組人馬只要有夢想、熱情和決心就能成功。我要感謝莫妮卡·潔克森、伊莉莎白·絲塔克和艾芙蓮·卡姆拉絲博士和我們分享她們不凡的冒險，以及喜爾出版公司（Seal Press）讓新的一代有機會讀到這令人難忘的經歷。

艾蓮・布倫

加州柏克萊（Berkeley），一九九九年九月

※艾蓮・布倫（Arlene Blum）：

一九四五年生，美國作家、演説家、登山家，擁有生化博士學位。在她三十年的登山生涯中，曾參與二十多次高山探險，包括第一支全女性攀登麥金利山隊伍，以及一九七六年的美國開國兩百年聖母峰探險隊等。著有《安納普納峰：一個女人的地方》（*Annapurna: A Woman's Place*, 1980），記錄美國人第一次攀登安納普納一號峰。她目前住在加州柏克萊，主持演講，並領導工作室和全球文化交流教室。其他相關資料，請查詢www.arleneblum.com。

【注釋】

❶雪巴人（Sherpa）：居住在尼泊爾和西藏邊界喜馬拉雅山南坡的部族，常爲聖母峰探險隊作嚮導及搬運物資。這個字因此也成爲腳伕或嚮導的意思。

❷安納普納一號峰（Amapurna I）：位於尼泊爾中北部，高度爲八〇九一公尺，乃世界最高峰之一。爲繼聖母峰（世界最高峰聖母峰在一九二四年被征服）之後，人類所征服的第一座八千公尺以上高峰，名氣因此大響。

❸德納里峰（Denali）：位於美國阿拉斯加州中南部，即麥金利山（Mt. Mckinly），在阿拉斯加山脈中段，是北美洲最高峰，高六一九四公尺。

前言

莫妮卡・潔克森

一九五五年春天，我們三個籍籍無名的登山者成爲有史以來第一支全由女性組成的登喜馬拉雅山隊伍。事情經過是這樣的：

首先，我該說清楚的是，所謂「有史以來」這方面是相當偶然的事。一直到我們的計畫已經開始成形，我們才發覺自己在創一個先例。很多女性，包括我本人在內，都已經攀登過喜馬拉雅山脈，而我們最初完全沒有注意到自己在所有這些登山活動中，都只是扮演男性領隊團隊的一員。當然，等我們發現我們的開創性不止一端時，感到非常高興，因爲這件事在我們看來很可能增加我們獲得金援的機會。另一方面，我們也覺得這表示我們起先得對抗很多偏見與歧視。這兩種推測後來證明都果然如此。

結果，我們成功做到了所有我們原先希望做到的事——就是找一條路通過較低的峽谷，前進到求嘉喜馬的冰河峽谷，然後找一條路沿冰河而上進入群山的中心，再找路越過冰河之間的各處山嶺，以查對我們所擁有地圖的正確性並加以修正——因爲我們去的是一個人跡罕至的地區，只由遠處測量過——事實上，我們是要去探索尼泊爾境內喜馬拉雅山脈中最後一大片未經探測過的地方。我們也登上一座沒有繪在地圖上的山峰，並爲它取了個名字。

一九五四年，我應剛加入的蘇格蘭婦女登山俱樂部（Ladies' Scottish Climbing Club）之邀，發表了一場演講。我的主題是，事實與一般說法正好相反，就有經驗的登山者來說，無分男女，攀登喜馬拉雅山都沒有什麼特別的密傳心法。而那些挑伕，只要待之以禮並加以尊重，也不會偏好找女性登山者的麻煩。演講結束後，貝蒂（伊莉莎白的暱稱）．絲塔克和艾芙蓮．卡姆拉絲逮住了我。那晚，我們興沖沖地討論組成一支全女性探險隊的事宜，而原本還納入了第四位俱樂部的會員，一名登阿爾卑斯山的老手——艾思梅．史匹克曼（Esmé Speakman）。

之後，這個計畫好像就自己發展成形。貝蒂和艾芙蓮在挪威北極區的一頂帳棚裡討論過，我和艾思梅也在瑞士山上一間小屋裡談過。後來，一些以「我剛想到另外一些我們該做的事……」起頭的句子就在我們到格倫科❶和班尼維峰❷攀岩時，從一個踏腳點到另一個踏腳點間彼此呼喊著，又被山嵐瀰漫的蘇格蘭高地山脊的強風吹散。就在我們抖瑟蹲踞於蘇格蘭山中巨石後，一邊吃著濕軟三明治，一邊躲暴風雪時，一個個計畫被提出來辯論。在蘇格蘭登山者憩息的小屋裡，伴著燭光和茶點，我們達成各種協議。在不到一年的時間裡，儘管還有懷疑和挫折，我們的冒險計畫卻逐漸成形並有了衝力。就像一張我們自己努力編織成的魔毯，它最後將載我們飛到世界的屋脊——喜馬拉雅的那些「絕頂」。

然後，到了最後一刻，艾思梅因病不能成行。這對她來說是個殘酷的失望，對我們其餘人則是莫大的打擊。她是我們之中最有經驗的登山者，是我們最好的攝影師，也是我們之中唯一懂得測量的人。我們所有人對她的尊敬從她雖然沒有陪著我們，但我們始終覺得她也參與這次探險的事實就可以看得出來。

剩下的我們三個人在背景和性格上都大不相同，但我們有一個共同點——對高山和對地球上荒野地帶的愛，以及對登山藝術的知識和尊重。艾芙蓮，最近才成爲醫生。貝蒂，當時是一位語言治療師和老師，而我呢，那時身兼自由撰稿記者、妻子和母親三職；雖然在整個冒險過程中，我們對我們的好運深懷感激，卻不知道我們能在那樣純樸的日子裡在那些山裡旅行是多麼得天獨厚。競爭和商業化以一道人跡塗污了一些世界最美地方的臉，因爲那些地方不再是無法抵達的，人來人往所帶來的負擔常惡化了山中居民和訪客之間的關係。探險也限制在單獨一座山上越來越難走的路線。當然，那些山峰仍然在那裡，讓新的一代代登山者爲之激動得喘不過氣來，但我們三個能在那個時候登山，能踩上從未有人踏過的冰雪，能改正地圖，是何等幸運。

所有這些事都發生在四十多年前，而我們現在在什麼地方，又成了什麼人呢？貝蒂和她丈夫住在美國，已從教授的職位退休。艾芙蓮和我仍然住在我們的故鄉蘇格蘭。原任婦科諮詢醫師的她退休後，雖說兒女和孫輩讓她十分忙碌，但仍抽空爬山、滑雪。我也有了孫兒、孫女，而以人類學博士身分退休後，我把研究方向從社會學與人口統計學轉到尋求科學與哲學之間的交集。在某方面說來，我們都還在探索。

我常被問到時至今日所有女性登山者都熟悉的問題，到底是什麼奇怪的衝動誘使兩名理性的女人放棄工作，另一個則離開她可愛的家人，三人一道投身艱苦絕境，甚至冒著可能送命的危險，在一些始終一成不變、孤寂、陌生又荒涼的地表皺褶上上下爬動？我不知道有什麼精確的答案。雖然我們碰上了很多令人興奮的事物，但我們當然不是爲了去找刺激；我們也不是故意要讓自己陷入比當前困境更麻煩的危險中。我想我們和大多數登喜馬拉雅山的登山者一樣，到那裡就像是去朝聖。

就我而言，下面所引述的馬修·阿諾德❸的詩句，即使不能算是說明，至少是種辯解。

汝要前往山上？
是！只要你讓我去，
到冰冷的遠方
無垠的積雪
穿透雲層朦朧地升到
空中的白色峰頂：
寂靜是多麼深邃：
啊！只要我能到那裡。

【注釋】

❶格倫科（Glencoe）：在蘇格蘭的斯特拉克里德區（Strathclyde rigion），有九千公尺以上的高山。

❷班尼維峰（Ben Nevis）：英倫三島最高山脈，位在蘇格蘭高地，海拔一三四三公尺。

❸馬修·阿諾德（Matthew Arnold）：1822-1888，英國維多利亞時代的詩人和評論家，主要著作有抒情詩集《多佛灘》、敘事詩《邵萊布與羅斯托》及論著《文化與無政府狀態》等。

雲端的帳棚

主要日期（一九五五年）

四月十日　抵達加德滿都
四月十三日　行程開始
四月十九日　抵達坦巴塘（Tempathang）
四月廿二日　抵達基地營區
四月廿四日　啓程首次探測富爾比奇雅楚布（Phurbi Chyachumbu）冰川之路
五月二日　發現通往多吉拉克帕（Dorje Lakpa）冰川的通道
五月五日　啓程沿冰川而上做第二次探測
五月八日　抵達邊界山脈的第一個山坳
五月九日　開始登上仕女冰川（Ladies' Glacier）
五月十一日　攀登蓋爾金峰（Gyalgen Peak）
五月十四日　回到基地營區
五月十七日　貝蒂與莫妮卡啓程往多吉拉克帕冰川及西求嘉喜馬（Western Jugal Himal）。艾芙蓮啓程往查克西爾丹達山脈（Chaksil Danda Ridge）。
五月廿一日　全隊重聚於朋沙（Pemsal）
五月廿五日　抵達帕奇波哈里（Panch Pokhari）
六月一日　返回加德滿都

第一部

伊莉莎白・絲塔克執筆

第一章　秘密行動

我們的遠征探險在現場不過兩個月，但花了我們九個月的時間來計畫。我們不能假裝自己是出色的登山者，可是我們能做徹底而審慎的安排。我們之中沒有一個人是效率專家，而那些瑣碎的工作要不與我們的職業相衝突，就是讓人無法兼及照顧住家與家人，通常並不能如我們的心意；可是萬一我們出了差錯並惹上麻煩的話，就有很多人會說：「根本就不該讓這些女人自己到山上去的。」我們可不想讓他們有說這話的機會。

我們沒有領頭的，事實上我們從來就沒想到要有個領頭的人；而因爲我們各有各的性格，大概保持合作關係，要比由其中之一發號指令好得多。在大部分和遠征行動有關的事物上，我們的看法都一致，而到了現場遇到必須做決定的時候，也總能採取投票表決。

我們的第一個大問題是地區的選擇。喜馬拉雅一些最菁華地帶，比方說嘎華爾（Garhwal）和錫金，都被印度政府的「內境界線」（Inner Line）劃爲我們不得進入的地區。喀喇崑崙山有很多眞正巨大的山峰，雖然很具誘惑性，對我們來說卻很可能花費太大，也太困難。這樣只剩下了印度的庫魯（Kulu）和尼泊爾。在庫魯有許多未經探測的區域和無人攀登過的高峰，我們聽說很多接近六千公尺標高的山峰都不像其他山脈同等高度的山峰那麼可怕。可是去那一帶似乎太「普通」了。另一方面，在尼泊爾的喜馬拉雅，我們會碰上可怕的峽谷、少爲人知的鄉野，還有數千公尺都堅實得根本不能攀爬的高峰。最後，我們決定去尼泊爾。那樣冒的險會大些，甚至很可能太大。

可是尼泊爾的整個北方邊界，長達八百公尺，全在喜馬拉雅的主脈上，因此我們必須將選擇範圍減縮得更小些。在這方面，我們去請教了道格拉斯．史考特（Douglas Scott），他參加過兩次蘇格蘭登喜馬拉雅山隊伍，是經驗豐富的登山家，長於策劃出刺激又精密的登山計畫，他的手指準確地指著加德滿都東北喜馬拉雅山脈的一大圈。

「你知道，那裡還沒什麼人去過，」他沉吟地說：「我自己看上那塊地方很久了。」

進一步研究後發現，那一圈包含了朗坦喜馬（Langtang Himal）和求嘉喜馬，提爾曼（Bill Tilman）在一九四九年曾到過朗坦喜馬，是最早獲准進入尼泊爾的幾支探險隊之一。提爾曼的探險隊把朗坦喜馬探測得很徹底，但沒有攀登那裡的任何一座山峰。他們被積雪和雨季的雲層所阻礙。之後，那一區再沒有人去過，而求嘉喜馬更是從來無人到過。這塊馬蹄形山脈，據我們發現，是尼泊爾境內最後一塊未經探測的大區域。

這個情況讓我們感到很奇怪，因爲朗坦喜馬和求嘉喜馬比尼泊爾的喜馬拉雅山脈上任何其他部分都更接近加德滿都。不過這兩處之所以受到忽視，有兩個很好的理由。在尼泊爾最初開放登山時，遠征探險的隊伍自然會傾向於挑戰這偉大山脈中的幾座高峰，尤其是聖母峰❶一帶，而朗坦求嘉地區最高的山峰卻不到七千三百公尺。第二，雖然高度上較低，這些山峰卻不容易攀登，僅有的一些相關報告都令人爲之卻步。

引起我們興趣的是聽說提爾曼找到了一條從朗坦喜馬通到求嘉喜馬的路，但無法穿過這

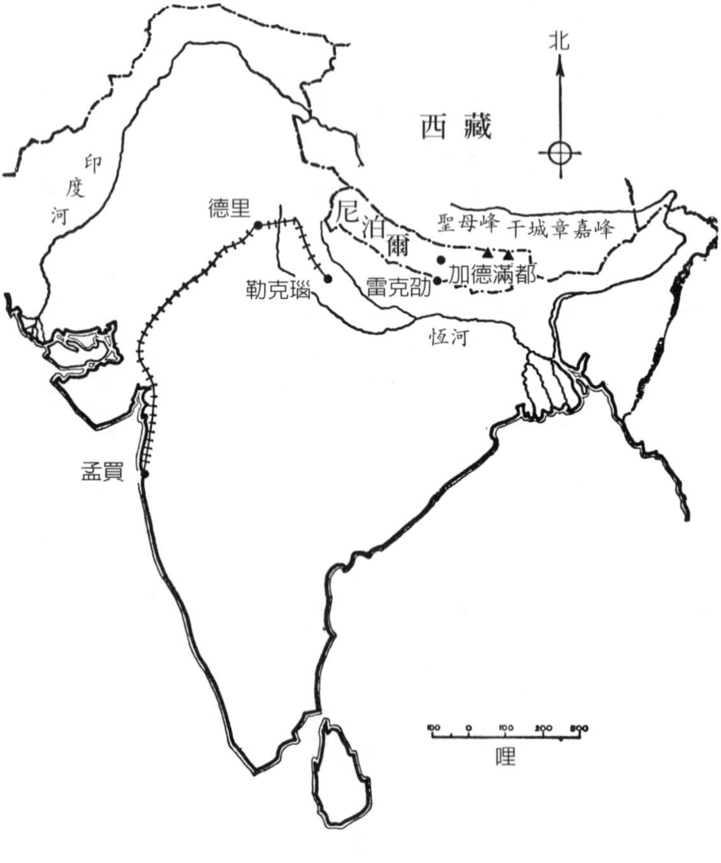
北
西藏
印度河
德里
尼泊爾
聖母峰
干城章嘉峰
加德滿都
雷克劭
勒克瑙
恆河
孟買
100 0 100 200 300
哩

第二道山脈。他沿著一條冰河到了那條路的末端，在下游紮營。

「大清早，」他寫道：「在雲起之前，丹增（Tensing）和我爬到冰磧岩上去看看我們身在何處。不遠處冰河終止，其水向東南注入一道深邃峽谷中。再過去可以依稀看見主要山谷的黑暗縫隙，整個看來是一處更深的峽谷，那裡的河流依然湍急，我們想必會遇上各式各樣的麻煩……如果（這處）主要山谷不能由上方抵達。爲什麼我們不由最近的村落從下方進入呢？根據地圖，那裡有一個名喚坦巴塘（Tempathang）的村莊，就在山谷東邊，靠近一條橋，因此，根據我們在朗坦和干納西（Ganesh）的經驗，我們大概可以找到一條小路通到求嘉喜馬中心的高峰。」

他循這條路線前行，但並沒成功。在接觸坦巴塘的當地土著後，他發現「他們除了綠玉米穗之外，什麼也不能給我們，更糟糕的是，聽說沒有通往山谷的路；因爲他們早就放棄在高山上放牧，通往山上的路也因爲久未使用和橋梁斷毀而無法再通行。」

我們決定直接到坦巴塘，然後先弄清楚是不是有路到求嘉喜馬。在這方面我們並不抱多少希望，因爲提爾曼還說……「我們後來又再一瞥山貌，發現它們（求嘉諸峰）看來似乎和朗坦諸峰一樣險峻，而且更難前往」。

我們計畫中的第二部分，也是最主要部分，乃經由提爾曼的路線到朗坦。我們希望能到他所發現的那個能在晴朗天氣遠眺西藏的山坳，以確定方位並增補那個地區的攝影紀錄。

要成功執行這個計畫，我們必須避開雨季的濃厚雲層和暴漲河水，不是在雨季前的春天就是在之後的秋天成行。春天向來是一般登喜馬拉雅山的人最喜歡的季節，但儘管雲影鮮明又有高山花朵增艷，使春天成爲一年中的可愛季節，卻也是最多暴風雨和雪崩的時候。秋天則除了一、兩場暴風雨之外，氣候更爲穩定，群山看來靜止如畫，很像巨大的舞台布景，不過嚴寒和黑夜會一天比一天早地把登山者趕進他的睡袋裡。在仔細衡量過這些考慮後，我們又添上另外一點，就是我們最好盡快動身否則就根本不該去，於是我們決定了春天。

決定性的第一步是，我們把整個計畫送交「英國皇家地理學會」（Royal Geographical Society）及「英國登山協會」（Alpine Club，現已由「聖母峰基金會」〔Mount Everest Foundaiton〕所取代）的聯合喜馬拉雅登山協會的審核委員會。只有經由這個堂堂組織的辦公室，我們才有希望取得入境尼泊爾的許可，尤其是那個國家最近形勢動盪不安，尼泊爾當局很可能不願意支持一支全由女性組成的隊伍。

我們對能得到喜馬拉雅登山協會推荐的機會並不存很大的希望，因爲我們的性別問題，也因爲我們都不是英國登山界的高手。讓我們既驚訝又感激的是，我們發現這些考慮對他們來說就和我們報告自己登山和山區旅行經驗的資料一樣無足輕重。

經由外交部，我們被推介給在加德滿都的英國大使館，由大使館直接和尼泊爾的外交部連絡。

可想而知，其他當權的人對我們可能毫髮無傷完成這次冒險的能力，並不抱持同樣的信心。有人認爲我們根本到不了山上，半路就會被土匪殺了、搶了或是強暴了。那些比較瞭解的人知道我們在山麓小丘友善的山民間相當安全，但認爲等我們眞正進山後一定會後悔莫及。另外還有些人覺得自從征服聖母峰使得那些雪巴腳伕受重視之後，那些人都變了，想必會在半路棄我們而去。

好幾個月過去了，我們才聽說除非我們能獲得「進一步的強力推荐」，否則我們的申請案不會被送到尼泊爾。我們的登山經驗都很好，可是，請問我們會怎麼應付喝醉酒的雪巴腳伕。

莫妮卡很具說服力地回答說，艾思梅．史匹克曼戰時曾在一個社福單位工作，隨部隊進入荷蘭和德國。此外，艾芙蓮和我在挪威北極區登山的時候，發現最大的危險來自谷地營區裡一些醉酒海上拉普人❷對我們的持續關照，結果我們很體面地退出了困境而沒有傷害到國際關係。她本人則在印度生活多年，能說也許不大合文法但十分流利的印度斯坦語❸。她上一次到喜馬拉雅登山時，充任領隊和腳伕頭之間的連絡官，和那些雪巴腳伕相處融洽。

另一件料想不到的事實使得天平歪向對我們有利的一邊。那就是有一年，我曾偕同另一個女孩一路搭便車到阿爾卑斯山，在路上碰到了一些共產黨員貨車司機、一名很情緒化的律師，還有一支巡迴表演馬戲團。

這回我們的申請文件送到了尼泊爾當局手裡，看來大概再有消息時就該啓程了，所以我們必須先處理組隊的細節。

我們都忘記了W．H．莫雷❹所定下的一個重要準則，那就是：「你必須……面對殘酷的事實，就是如果你想去，比方說，喜馬拉雅的話，你必須先存下至少三百五十鎊，或是說動什麼人給你這筆錢。做不到這點，你就不能動。」

那是一九五一年的事，現在到喜馬拉雅去的費用漲了，大概（每個人）要四百五十鎊。我們其實並不是一無所有就先動起來。艾思梅．史匹克曼，雖然被迫自行退出，卻借給了我們一大筆錢。可是我們的錢還是不夠維持一支登山隊。我們也來不及存錢，所以我們決定要說動什麼人把錢給我們。

這是莫妮卡的工作，因爲她住在倫敦，而這也是很棘手的工作。雖然我們知道第一支全女性隊伍登喜馬拉雅山這件事可以引起相當程度的興趣，卻不想做這種低俗的宣傳。最後我們能到求嘉喜馬還是多虧了新聞界某些運動直覺，可是整個問題還是到接近啓程日前才終於獲得解決。

莫妮卡也安排了我們需要的四名雪巴腳伕，他們不是嚮導……去的是從來沒有人到過的地方，誰也不可能當嚮導……而是負責揹負行李到高山上的營地。她替他們保了險，也申請了准予免稅入境、輸出執照、准許攜帶足夠現鈔進入尼泊爾的英國銀行許可證，還買了地圖。很快的，她看的東西都是一式三份，偶爾還是一式四份。

我的工作是準備食物、訂購所有的登山配備，再爲我們每個人開列個人配備的清單。安德魯．拉斯克有限公司（Messrs. Andrew Lusk and Co. Ltd.）的史塔特．貝因（Stuart Bain）對於到聖母峰、干城章嘉峰❺和南極洲探險的行李打包部分經驗豐富，負責打包和運送我們的糧食和部分配備。在他的建議下，我做了一套包裝計畫，把糧食分裝，讓每箱的各種食物夠用一個禮拜。這樣就算萬一有一箱掉進激流，我們也不至於一下子沒了所有的湯或果醬。而在山裡的那幾個禮拜又要有相當不同的食物組合，於是放進更多適於高山的食物。

這件工作比想像中困難多了，就在我弄好一個非常漂亮的組合時，史塔特．貝因卻指出：「第七箱裡不可能放一磅餅乾，每罐餅乾都是兩磅裝的。」或是越來越像小熊維尼裡那隻「跳跳虎」那樣表示她什麼都喜歡的艾芙蓮，會站在我身後對我清單上幾乎每一樣東西都發表同樣的意見。「我們該吃點好的，」她的結論是：「以防萬一我們情緒低落。」而由她所建議的好東西的數量和種類來判斷，她大概不會有情緒高昂的時候。然後莫妮卡會直截了當批評說：「妳只有二十四個沙丁魚罐頭，我喜歡沙丁魚。」

我們的登山配備必須愼加選擇，只能是有絕對必要的。我們買不起鳧絨衣，幸好以我們打算攀登的高度而言，我們不用帶氧氣。

一筆很大的支出是雪巴腳伕的配備，這些是我們必須提供的。我們不知道現在的雪巴腳伕比以前要求得多，只爲他們買了二手貨。

在過去，蘇格蘭各探險隊曾經很得意地在格拉斯哥巴洛（Glasgow Barrows）——一個娘子巷（Petticoat Lane）似的市場——裡大肆收購，那裡的靴子、風衣、背包和風鏡都便宜得不得了。可是那種好日子早已過去。我現在能找到的只有幾件貼身羊毛內衣。我敢說我們的雪巴腳伕是有史以來第一批收到由探險隊員親自洗滌、曬乾並修改好這些東西的人。

不過，我運氣很好，聽說有一些男用長內褲正在大拍賣，一位蘇格蘭婦女登山俱樂部的會員衝到賣場，一連排了四次隊（他們一次限購一件）後搶到了這些寶貝。

很多公司提供食物和配備給我們，有些免費，有些附帶特殊條件。有幾家製造廠商還指出我們向他們要求得不夠多，可眞是非比尋常的慷慨大方，因爲到喜馬拉雅探險已經越來越多得不值錢了，而且所有隊伍似乎都和我們一樣到處化緣。

說眞的，除了最早讓我們的計畫爲人接受所遭遇的困難之外，所有的人——包括商人、公務員及英國、印度和尼泊爾的官員——都非常幫忙，很多的安排和批文都特別爲我們趕辦。毫無疑問的是，我們的性別讓我們占了便宜，雖然我們從來沒這樣利用過，也不曾期待因此得到特別待遇。大家眞的對我們的冒險很感興趣，至少不想負起陷我們於困境的責任，而萬一我們遇上困難也不想插手解決。

因爲在婦產科醫院的工作太忙，艾芙蓮的空閒時間比我們都少，她研究過熱帶病醫學，安排我們注射了各種預防針，再加上曾去過喜馬拉雅的一些醫生和藥師的寶貴協助，她也負責我們藥品和醫療設備的訂貨與打包工作。我覺得我沒法批評她開的清單是一件極其不公平的事，因爲那些都神秘得超過我的理解範圍。可是聽到艾芙蓮神氣地說：「我床底下的制酸劑多到可以壓沉一艘軍艦。」我還能很尖刻地回嘴說：「我床底下的乾蔬菜多得夠整支登山隊的人吃，這重要得多。」

最後，我得把所有東西一再開清單和估價，提供給在新德里（New Delhi）的英國高級專員公署，給負責打包的公司、印度海關、貿易委員會、P&O汽船航運公司，好像還要給他們的朋友們。我們冒險用了新發現的技巧，把每項東西都估價兩次，一份給海關當局，以防萬一遺失的話我們得照所估的價錢付費，另一份則是給保險公司，以防萬一遺失可以索賠。到了最後一刻，我們才發現洗鍋刷沒帶，也沒有肥皂。

在這樣的忙亂中，很難繼續維持好的訓練，以從加德滿都到我們所選定區域之間路程很短來看，這點尤其重要。艾芙蓮和我在週末都盡可能去登山或滑雪，就當做是訓練。莫妮卡住在倫敦，沒法像我們那樣常到山上，卻因此比艾芙蓮和我都更下功夫。她冬天也一大早爬起床到攝政公園跑步，天色暗到讓她會被路上的鴨子絆倒——不過這番努力倒是有很好的結果。我也發現在申請准予攀登喜馬拉雅山的表格職業欄裡塡上「家庭主婦」並不可笑，倒是坐著工作的人才會訓練不足。

我們盡量將我們的計畫保密，因爲擔心報刊會提前曝光或出現錯誤報導，畢竟我們的計畫規模不大，也很可能毫無結果。當時我們自稱是「秘密行動探險隊」❻。向來不知秘密爲何物的艾芙蓮對此大爲得意，不但做出各種暗示，還非常信任地把所有事對我們大部分的朋友和盤托出。

消息是在我們終於獲准後從加德滿都洩漏出來的。我們得先讓自己適應現在眞的要去了的想法，以及一件更傷腦筋的事。等正式公文到了我們手裡，我們發現獲准前往的只有求嘉喜馬山脈。雷蒙．藍伯特（Raymond Lambert）和一名比利時科學家已獲准進入朗坦喜馬，而尼泊爾政府理所當然不介意同時不止一支探險隊在某個特定山區裡，以免影響當地的經濟。

這也就是說，計畫要在最後一刻做大幅修正。我們必須找到一條進入求嘉喜馬的路。我們本來打算到新德里去拿探險專用的尼泊爾地圖，可是印度政府不允許這些地圖被攜出國境，而據我們所知，我們要去的那一帶的地圖在大英帝國根本找不到。莫妮卡現在加入了英國皇家地理學會，發現學會的圖書室裡有尼泊爾的所有相關地圖。

求嘉喜馬的地圖證實了提爾曼的報告。沒有村莊靠近那座山本身——坦巴塘的海拔在兩千四百公尺——主山脈上沒有山路，在這方面，這一區不像朗坦喜馬或聖母峰地區。唯一的答案似乎就是巴利比河（Balephi Khola）——那條由求嘉中心流出的河——這條河的主道和支流形成了很多龐大的峽谷。我們大概必須花好幾天時間奮力沿每條溪流而上，直到越過河流，再往下到另一邊，一路都會遭遇搬運的麻煩。

在馬蹄形的求嘉內部似乎是另一個雪山女神的聖殿，天知道我們能不能穿過那裡，或者即使能穿過，又是不是能全身而退。

【注釋】

❶聖母峰：西方世界慣稱埃佛勒斯峰（Everest），標高八八四八公尺，爲世界第一高峰，在尼泊爾和中國的邊境上。清乾隆二十五年（一七六〇年）印製的《乾隆內府輿圖》已印有「珠穆朗阿林」的地名，雖然在那個年代尚不知道當地的那座山就是後來的世界最高峰，但英國人於一八五六年確認並計算它世界第一高的身分後，便以當時的印度測量局長的名字：埃佛勒斯（Sir George Everest, 1970-86）來命名這座山。全世界因此沿用此名直到今日。一九五二年，中國內務部和出版署聯合公告，把埃佛勒斯正式改回古老的西藏名字：珠穆朗瑪，自此之後，外國人也入境隨俗地把Everest稱Qomolangma（音珠穆朗瑪），台灣一直使用聖母峰來稱呼珠穆朗瑪，因珠穆朗瑪是西藏文，它的字義就是聖母的意思。聖母峰坐落於西藏和尼泊爾交接處，北面是西藏境內，山容好

似一座碩大無比的金字塔，早年的登山探險都由西藏出發。直到一九五〇年後才改由南側的尼泊爾攀登。人類自一九二〇年代開始試圖攀登聖母峰，但一直都無功而返。直到一九五三年才由英國隊從南坳首登成功，一九六〇年由中國隊從北坳登頂成功。

❷海上拉普人（Sea-Lapp）：指住在拉普蘭（Lapland）的人，拉普蘭爲北歐一地區，包括挪威、瑞典、芬蘭等國的北部與蘇聯的科拉半島。

❸印度斯坦語（Hindustani）：由阿拉伯語和波斯語混合的印度方言。

❹W．H．莫雷（W.H.Murray）：英國登山家，著有《蘇格蘭喜瑪拉雅山遠征隊》。

❺干城章嘉峰（Kangchenjunga）：亦拼做 Kanchenjunga 或 Kinchinjunga，標高八五八六公尺，在K2（八六一一公尺）發現之前，一直被認爲是僅次於聖母峰的世界第二高峰。

❻Cloak and Dagger Expedition。「Cloak and Dagger」一詞在小說或戲劇中專門描寫偵探或間諜工作，中文似無對應之專詞，姑譯爲「秘密行動」。

第二章　改變中的加德滿都

我們在四月二日星期六抵達孟買，一名年紀很大、戴了頂發亮黑帽子的帕西人❶到船上來見我們。他自我介紹說他是協助我們通關的經紀人，我們的心沉了下去，因爲他一點也不像我們期待的那種精力充沛、處事圓滑又有效率的人。我們很快就發現要通過印度海關，精力充沛和高效率根本不能和耐心與手段相比，最後把這位先生當成老朋友看待。

可是我們首先得拿到行李才能通關。P＆Q汽船航運公司想必已經習慣於認定探險隊的行李就該像爬聖母峰或干城章嘉峰所需數以噸計的箱子和綑包，因爲他們規定所有探險隊的行李必須交由貨運。我們那一點點行李在貨艙裡想必不夠看。

可是我們現在卻聽說所有的貨物都由小駁船轉運上岸，很可能先在港裡留置好幾天，最後才送到遠處的一個碼頭卸貨。一名脾氣很不好的矮胖子男人說那些行李很可能已經在駁船上了。將來若還有像我們這樣小的探險隊，應該忠告他們把行李當做家用品——因爲只要用點想像力，這樣說也不錯，畢竟如果有人與眾不同到在冰河上蓋房子的話，攜帶式汽化煤油爐、禦寒睡袋和繩索可都是重要的家具。

到了禮拜一，我們發現我們的三十二口箱子安全堆放在碼頭上，可是現在這些箱子是在海關的手裡，他們可不急著放手。要是我們不每樣東西都付百分之百的關稅，就會有複雜的保稅倉庫留置問題。我們深怕雨季早到，由山裡撤出的路會被上漲的激流阻斷，我們沒有犯下以爲能憑恃魅力的錯誤，而是在他們提出要求之前就把清單和批准的公文拿了出來。這個戰術很正確，因爲那些官員以爲我們會毫無頭緒，而我們的有備而來驚倒了他們。到那天下班的時候，他們再玩不出花樣，而那些箱子都是我們的了，這可是創了個新紀錄呢。

在剩下來的那一個鐘點裡，我們換好衣服，把私人用品收拾好，很得意地登上「邊境郵車號」（Frontier Mail）火車前往德里。前幾晚留我們住宿的友人送我們上路，毫不掩飾地鬆了口氣。我們說會寄照片給他們。「謝了，妳們這探險隊我們已經受夠了。」他們含糊地說。在接下去的日子裡，我們也開始有同樣的感覺。

當我們往北走，越過一帶像是廣大而開裂的水泥地的平原時，火車站變得越來越小，也越來越簡陋，而讓我們把我們的三十二口箱子取出來轉車的時間則越來越短。

在勒克瑙（Lucknow）的女用候車室裡有各式各樣的男士，使守規矩的女人都把面紗垂下來，那裡也有一間男用候車室，正被一些在聊天的女士占用，所以看來不管選哪邊都不是什麼了不起的事。猴子抓著窗戶，車站裡又臭又吵，而且熱得叫人受不了。從這裡就能看出我們後來把標準降低到什麼程度，因爲等我們兩個月左右後再回到勒克瑙時，艾芙蓮叫道：「哦！好可愛的車站啊！」

在沙格里聯軌站（Saguali Junction），我們的情緒降到最低點，那是離尼泊爾邊界不遠的一處會車站，位於炎熱又有瘴氣的特拉伊（Terai）平原。我們比原定的轉車時刻遲到了一小時。如果那個站長有影響力的話，原本可以留住那班我們要轉的車，可是印度的火車今非昔比，現在要按時間表運作了。我們那天的大部分時間都待在「上等階層婦女候車室」裡，躺在我們的防水布上。艾芙蓮和我以前一直不能瞭解印度那些能躺在蒼蠅飛舞的街上或月台上的人心裡是怎麼想的，現在我們自己也淪落到完全相同的情況，卻發現連揮開那些數不清的蒼蠅的力氣都沒有。

夜間的班車終於來了，載著我們穿過朦朧月光下的特拉伊，直達位於印度與尼泊爾國境上的雷克劭（Raxaul）。一名出身尼泊爾貴族雷納（Rana）家的年輕人，由印度商船隊休假回家，這時候黏上了我們，叫我們做「姊姊」，還拿紀念品和照片給我們看，其中有一張照片拍的是尼泊爾皇宮內部，背景牆上掛著一幅巨大的維多利亞女皇像，下面是尼泊爾的皇室人員。他滔滔不絕地談論宗教和他祖國的政治問題，還唱日本、南斯拉夫和澳洲的歌給我們聽。我們實在累得沒法理他。

在雷克劭，一名態度殷勤、說話有點口吃的小個子尼泊爾人領我們到印度大使館的小屋裡，我們用一個很大、很吵的洋鐵澡盆洗滌之後，馬上在一床破爛蚊帳下睡著了。

我們決定飛過特拉伊的叢林和丘陵地帶到加德滿都。當時要到尼泊爾首都還沒有可供車行的大路，雖然印度陸軍正在建造一條寬得夠三噸卡車走的公路，完工時卻正好碰上雨季的大雨，部分路段慘遭沖毀。除了坐飛機之外，唯一的辦法就是走車不能通的馬道，爬到海拔兩千一百公尺後，再下到加德滿都的山谷，而這就是幾百年來此地和外界的唯一連繫通道。

我們本想走傳統道路，但那要花上兩天功夫，萬一運行李的索道負荷過量或是碰上假日的話，花的時間會更多——而看來我們抵達時正好兩樣都碰上了。

尼泊爾人對他們的土地小心呵護到不准外國人搭建永久性建物，甚至連對教會醫院也抱持懷疑的眼光。跑道末端只有茅草房，沒有控制塔台，也沒有無線電。一名駕駛員把另一名剛飛這條路線的菜鳥錫克族駕駛員拉到一邊，大略地朝霧中一指，說：「你往那個山谷飛，然後順著飛過去。」聽到這話，我們都嚇壞了。

我們在群山中彎進彎出，有時轉彎轉得急到猶如在市街轉角。而當飛機已經從這些山谷裡飛出來，卻還是看不見再過去一點的山脈，因爲都裹在雲裡，可是我們很滿足地等著它們出現。

等我們在加德滿都降落後，我們感覺自己到了期望中的樂土。就像童話故事中傳統的小兒子尋寶情節一樣，我們完成了近乎不可能的考驗，服從了神秘指令而賺得了極大的報酬。

* * *

豐饒的加德滿都山谷海拔一三七〇公尺，寬約十四公里，長近二十四公里，占總人口百分之三點五的能讀寫的人都集中在這裡，而就政治上來說，這裡也是尼泊爾唯一重要的部分，這個國家的其餘地方都太偏遠也太落後得沒法有意見，也不在乎是誰當權。

幾百年來，這個山谷一直被陸地圍繞在喜馬拉雅山脈間，因統治的雷納家族禁止外國人進入而與世界其他各國隔絕。他們希望能保護他們的國家不受西方生活方式的污染，沒有人能因此完全責怪他們，但這也有一部分是因爲西方的觀念會威脅到他們的絕對權威。不過，這個山谷始終沒有和印度完全隔絕，漸漸的，經由德里廣播電台、印度的報紙，還有少數成功獲准進入尼泊爾的人，有關土地改革和選舉的概念在這山谷散布開來，最後在一九五〇和一九五一年交界，雷納家的高壓統治被推翻，以前一直只是傀儡的國王——因爲是毗濕奴大神❷轉世，在宗教儀式中不可或缺，才被保留下來——成爲這個國家的眞正元首。

這位國王就在我們動身前往印度之前駕崩，等我們到加德滿都時，還有很多人剃了頭以示哀悼。他的兒子繼承了王位，據說他是個很有能力且熱誠的人，但他卻面臨了一大難題。他想略過數百年的進化過程，直接把尼泊爾變成一個現代化國家，但他面對的卻是十五萬有政治觀念的公民，組成不少於六十九個少數政黨，而公共服務方面的行政管理更是沒有效率到幾同虛設。

我們和行政管理當局打交道的唯一一次經驗是在我們離開的前一天，我們想爲艾芙蓮弄一張尼泊爾的駕駛執照做紀念。考試的關鍵題有關道路交通規則：「若看到皇家禮車開過來，你會怎麼做？」

「慢下來，停住。」艾芙蓮隨便答道。

「太棒了，妳高分通過，一、兩個禮拜內就可以拿到執照。」

我們到警察局去，想把這事趕辦好，那裡的人擠來擠去，每個能在那裡擔任一個職務的人都蹺著腳坐在那裡得意於自己的好運。艾芙蓮的簽名被他們認爲大有問題，還要她捺指印和提出胎記來驗證。

我們在機場見到來接我們的英國大使館的蒲萊斯先生（Mr. Price），以及我們要去住的那間旅館的經理。和他們一起來的還有我們的腳伕領班明格馬．蓋爾金，很得意卻滿身大汗地穿著靴子和連巴拉克拉瓦盔帽的厚大衣❸，那是他們這個行當的商標。我們一眼就喜歡上他，而他似乎也很樂於見到我們，和我們很熱情地握了握手。他剛載貨去干城章嘉峰回來，還替干城章嘉峰登山隊的湯姆．麥金農（Tom McKinnon）帶來他的問候。「我很瞭解明格馬，」他在信上寫道：「妳們再找不到更好的人了。」

他們爲我們引見陸軍總司令和外交部長。他們倆都沒有穿著我們在書上看過的那種十九世紀的炫眼制服——上面英國龍騎兵和法國輕騎兵的軍徽和華麗的東方裝飾交織在一起——也沒有穿戴閃亮的皮鞋和鑲寶石的貂皮。但兩個人都極具軍人氣慨，言談優雅得讓穿著旅行用牛仔褲的我們感到極不自在。

我們輕鬆通過尼泊爾的海關，和我們所有的行李一起堆上了一輛貨車，一、兩個面帶微笑的尼泊爾人也跳上了車，一副看起來像特別指派來看顧行李的，結果卻是搭便車的黃魚。

就是在這輛貨車頂上，一路顛簸搖晃，彼此還不得不相互抱住的情況下，我們留下了對加德滿都的第一印象。我們看到雷納家當權時屬於他們的那座巨大而有列柱的皇宮，現在有些成了辦公室，看來乏人照顧而需要加一層油漆；而那些群集在空曠廣場的廟宇，因為負責建造的尼瓦里（Newari）工匠受印度教、佛教、印度藝術和中國藝術的影響，設計上十分豐繁；至於住家則有精工雕刻的牆與窗框，還有奇怪的神像用做柱石。這些由一個矮小種族所建造的房子，每層樓都有狹窄樓梯和火柴盒似房間，室內就連尼泊爾人也得小心翼翼，以免撞到頭。整座城市比我們從照片得來的印象更分散、破爛，可是我們仍然很喜歡這裡。

這裡的人穿著馬褲式棉布長褲，一件襯衫罩在外面，兩邊的口袋在腰下，頭上則戴著黑色布料或色彩鮮艷的漿硬棉布做的尼泊爾小帽。但這種帽子只有男人能戴，我們在市場裡試戴，就引來很多笑聲。女人穿著紗麗❹，我們看見有些上層階級婦女為讓臉色看來很白，臉上塗了厚厚一層粉，唇上胭脂也搽得很紅。

旅館很粗陋而方便——事實上，正是任何喜馬拉雅探險隊當總部的好地方。一直到兩、三年前，加德滿都還沒有這類地方，也無此需要。即使在一九四九年，也只有極少數外國人獲准進入這個國家。可是現在觀光客想取得尼泊爾簽證容易得多，很快的，被吸引到加德滿都和附近景點的人數就會增加。已經有人在說該在城裡設一間青年招待所、印風景明信片，還要在飛機跑道附近的波克拉（Pokhra）再建一家旅館。一九四九年，龍斯塔夫（T. G. Longstaff）就曾寫過：「神秘的波克拉，酷熱又低窪，背後緊貼著安納普納山巨大的群峰，仍然遠非我們所能瞭解。」

我們有很多事要做，雖然在加德滿都汽油差不多和威士忌一樣貴，我們還是坐著旅館經理的吉普車到處跑。

我們首先去拜會外交部副部長，由他指派一名連絡官給我們的登山隊伍。尼泊爾政府現在堅持所有探險隊都要有一名隨行連絡官，擔任通譯，協助與當地人民的往來。我們原以爲這個人會是個強悍的廓爾喀❺軍士，神氣十足地帶著闊彎刀和其他武器。現在才聽說他是一個年輕學生，很快就能說很好的英文，希望能學到一些自然歷史和登山技術。對自然歷史方面，我們還勉強可以應允，但我們覺得不能答應帶一個新手去碰可能會很困難而危險的冰河。再說，我們也沒有登山配備給這個小伙子。最後雙方同意他只到基地營區。

我們的結論是，尼泊爾政府除了希望協助探險隊之外，也急於讓他們聰明的年輕國民能拓展經驗，順便把和官方較少接觸的偏遠村落居民的消息帶回來，這很值得讚揚，可是我們也忍不住有點不高興，因爲這樣一個月要花掉**我們**兩百印度盧比（差不多三十鎊）。

我們現在必須去銀行，把旅行支票兌現，並弄來一大堆硬幣，因爲很可能我們路線上的那些村莊不收紙鈔。一名職員把值一百鎊的硬幣鋪放在地上，那些硬幣從他手裡轉成一行行明亮的花飾，而銀行經理則在一旁大談外國郵票。似乎很多尼泊爾人都對這個很有興趣，大概因為尼泊爾還不是世界郵聯的會員，只有國內郵政的緣故。談到交換郵票，想必能讓他們大占便宜。

這時候，艾芙蓮正和我們的雪巴腳伕把我們所有的配備分別打包。他們把帳棚、繩索等等綁在我們的箱子上，每一馱的重量維持雪巴腳伕認為正合適的二十七公斤，外加他們自己的東西。我們帶來一台簇新的彈簧秤，但是明格馬以手和眼來估算負載之精準，讓我們佩服得丟下了這件度量衡工具，後來也始終沒為此後悔。

這些事讓艾芙蓮有大好機會和我們的雪巴腳伕們混熟，等到莫妮卡和我到場時，發現她和他們相處得非常好，雖然她沒法和他們交談，只除了明格馬，他會說一點點英語。

明格馬很沉靜而有禮貌，普通常識豐富，不過我們起先擔心他能否管住他的手下。他的喜馬拉雅俱樂部手冊上載明他在擔任登山腳伕和工頭兩方面都很有經驗，曾去過聖母峰、卓奧友峰❻、高力山卡（Gauri-Sankar）和很多其他高山。冊子上也說他是個一流廚師。嚐過我的美食，又不願自己下廚的莫妮卡和艾芙蓮看到這點，就毫不掩飾地表示滿意。

明格馬還帶來他的表弟安格．坦巴（Ang Temba）。安格．坦巴是個生氣勃勃的年輕人，壓抑不住他歡樂的天性。他是我們的雪巴腳伕裡經驗最少的一個，我們以為他很可能會過分燥急，在山上需要嚴加管束。這點我們判斷正確。

齊皮拉（Chhepala）是唯一還蓄長髮並梳成西藏式辮子的人，他用紅羊毛線把頭髮編成辮子後盤在頭上。我們很喜歡他這點，還有他的含蓄寡言，我們後來聽說在聖母峰上，大家都說他是個悶悶不樂的傢伙，可是我們並沒有看到他的這一面。他很快就證明他很聰明。我們給他的指令從不必說兩次，而要是他對某件配備感興趣，不管是一支特別的火把，或是一個羅盤，他會拿開來，自己學會怎麼操作。

可憐的庫桑（Kusung）就不一樣了。他過去曾跟過好幾支探險隊，但他手冊裡的最後一次紀錄是一九三六年由席普頓（Shipton）領軍的隊伍。我們不知道爲什麼沒有後繼的資料。不過他很熱心，熱心到會衝過來急切地看他能爲我們做些什麼，然後一張誠實的臉上寫滿失望地轉身離開，卻沒注意到，比方說，桌子上三個用過的杯子。每次我們看到庫桑前來幫忙的時候，我們就說「哦，天啦」，然後假裝我們什麼都沒在做。可是我們後來非常喜歡他。親愛的老庫桑！他實在是非常的卡通，除了他故意耍寶的時候。

我們的雪巴腳伕還有庫桑的侄兒巴尤（Bahu），以及他的小女兒安·朵瑪（Ang Dorma），巴尤是個魁梧的年輕人，一直在自言自語地發出一些聽來很焦急的小聲音，就連他很快樂的時候也一樣。不過安·朵瑪卻是家裡最機靈的一個，她是個可愛的小女孩，大約十六歲，我們第一次見到她時，她毫不怕生地走到我們面前，把耳朵貼近我的手錶，笑得很開心。她揹的東西幾乎和她自己一樣大，卻毫不抱怨，而因爲她是這群雪巴腳伕裡唯一的女性，我們也特別疼愛她。這兩個都是隨我們一道登山的搬運工人。

這些雪巴腳伕似乎一點也不在意要聽從女人的使喚，事實上，他們反而對這一點感到很得意。他們知道是因爲他們很可靠才被特別挑選來陪我們，而這點足夠讓我們一開始就和他們相處融洽了。

我們給了明格馬足夠的錢讓他爲那些雪巴腳伕購買到基地營區前後時間裡所需要的食物和茶，因爲他們當然會比較喜歡他們自己的食物：米、木豆（dhal）和粗麥粉（atta）。到高山上之後，他們才吃我們的口糧，因爲那些東西比較結實，在高山上也容易調理。在這段時間裡，他們偏好我們的食物裡某些比他們的食物好吃的東西。有一次，一整瓶果醬以驚人速度消失不見，我們於是很技巧地詢問果醬哪裡去了。「哦，腳伕們吃掉了。」安格．坦巴很坦白地說。不過，明格馬讓我們獲得足夠的洋芋和新鮮雞蛋，好做很公平的以物易物。

利用我們給他的那筆錢，明格馬也買了給雪巴腳伕抽的香菸，以及一個類似醃菜用的大鍋子，用來融雪和在山上煮飯。讓他們抽菸是當地的習慣，而沒有任何人特別來告訴我們說只有巴尤抽菸。

我們把雪巴腳伕的配備給他們，因爲每個人要揹他自己的東西。他們毫無怨言地接受了我們所給的東西，儘管有其他探險隊的雪巴腳伕穿著更漂亮的衣服到市集上並在他們面前走來走去。除了庫桑之外，我們所有的雪巴腳伕都有從先前探險隊那裡得來的登山靴，比我們買得起給他們的工人穿釘鞋要好得多。他們只苦笑道：「我們穿我們自己的，孟莎希卜（女士）❼。它們比較好。」

他們很喜歡他們的充氣床墊。那些全是紅色的。我們是想到若事後他們要把這些床墊賣給共產黨員的話，顏色比較合適，因爲我們聽說他們會這樣做。他們的皇家空軍救生衣讓他們很困惑（這種衣服看起來的確很像米其林輪胎廣告上的胖子裝）。他們以爲那是嚴寒時穿著爬山用的，所以搞不懂爲什麼腳底縫合了。等我們向他們說明那是當睡袋用的之後，他們覺得非常好玩，花了好多時間把拉鍊拉上拉下，還發表了很多俏皮的評論。

等所有東西都發配好後，我們要明格馬讓我們看那些租來給雪巴腳伕用的冰斧和鐵鉤，那些是安排好由他從大吉嶺（Darjeeling）帶來的。明格馬一臉茫然地回答說沒有人給他這些東西。莫妮卡大叫「哎！慘了」，然後跌坐在一個工具袋上。這並不是她的錯。我們是被人擺了烏龍，因爲這事老早安排好，而且相當肯定。要是我們不能弄到一點的話，我們不如根本不要去了，而這些東西在加德滿都是找不到的。

最後承蒙喜馬拉雅俱樂部在加爾各答（Calcutta）的分店好心借給我們，把這些五金器具用空運趕送給我們。那其實是相當簡陋的一批貨，可是看到那些器具像水電工的工具似地從外交郵袋裡露出頭來時，我們還是感激不已。

等我們的準備工作完成，我們就去和馬上要到朗坦成爲我們隔壁鄰居的雷蒙．藍伯特問好。中等身材的他穿著特製鞋子，因爲他所有足趾在阿爾卑斯山遭凍傷後就切除了。他說沒有腳趾頭，他現在反而爬得更好。他是一個很單純的人，很有個人魅力，談起他自己和他的計畫來一點也不讓人覺得煩悶無聊。

「我看人看得很準，」他說：「跟一個人爬過一次山之後，我就能對他徹底瞭解了。」

我們覺得他是個很有衝勁又熱心的人，而尼泊爾到處都有人說起他的魅力。在雷克劭有一位小個子的計時官員，只跟他以少數幾個雙方都懂的英語單字交談過一下子，就爲雷蒙要從另一條路回家而覺得悵然若失，而即使我們大擺姿勢讓他拍照，他還是無法釋懷。

我們正要動身的時候，一名自以爲是的年輕人走了過來，自我介紹說他是我們的連絡官。我們都不喜歡他。

他說：「我想看看妳們替我買的靴子。」

這傢伙看來很不適於走遠路，很可能會給我們帶來麻煩。如果是在格拉斯哥❽，他想必會留著平頭，穿著有墊肩的西裝。他並沒有資格證明，我們懷疑他是想硬混進來，以爲事後可以跟外交部副部長說：「那幾位女士選上了我。」我們很堅定地說：「沒有靴子給你，可是你會走很多難走的路。晚上帶好你的文件再來。」

我們後來再也沒見到他。另外一個沉靜的小伙子，穆拉里．巴哈杜（Murari Bahadur），帶了一封政府給村長的推荐信前來，他看起來大約十五歲左右，不過後來我們發現他其實已經滿二十歲了。他靦腆到不肯看我們。我們認爲他不會太主動，這點我們看錯了。不過在另一方面，他看來也不會惹麻煩。他很羞怯地問他會不會有東西吃，但我們並不因爲這點而對他產生什麼反感。我們拍拍他的背，叫他早上帶著他的舖蓋捲和一些暖和的衣服來報到。

我們還有幾個鐘點的時間，就去參觀古老的布達拉宮。在加德滿都的佛教徒，包括我們的雪巴腳伕在內，都去那裡祭拜。這寺廟建於五世紀，有一座大佛塔，像一個倒著放的布丁盆，整個是白色的，只有頂上尖塔砌成金色，還畫上了菩薩無所不見的眼睛。兩眼之間的鼻子在西方人眼中覺得很不對勁，因爲看來就像個問號。牆腳四周全是轉經輪，另外刻著一些外來的印度教神祇，上面則漂亮地裝飾著祈禱的旗子。大喇嘛齊尼（Chinni）的女兒帶我們四下參觀。她是個活潑而摩登的年輕女子，戴著有鮮艷彩框的眼鏡。

她帶我們去看一間旁邊的小廟，廟裡常年點著牛油燈。她還告訴我們一個年輕法國人的故事，那個人假裝是個學西藏語文的學生，濫用了喇嘛的款待盛情。

「他不喜歡我們的飲食，」她說：「他常常跟我們要好幾十個蛋去做火燒薄餅❾。他說那是請我們吃的，可是他根本不會做，而看到我們不吃，還居然膽敢說我們冒犯了他。」

她帶我們上樓去見齊尼喇嘛，還偷偷地對我們說：「當然啦，媽咪和爹爹都很十八世紀。」然後以西藏酥油茶、一種叫亞力酒❿的烈酒和一大堆醜聞傳言來款待我們。

最後那天晚上我們和英國大使館的一等秘書普勞德上校（Colonel Proud）共進晚餐，他是個很讓人開心又有趣的主人。他告訴我們說有些很有名的登山者習慣把一罐罐除虱粉留在客用臥房裡，而這種事有時不會在下一個客人住進去之前發現。他自己也很愛爬山，對我們很客氣，一再向我們保證說尼泊爾的人民很好，而我們一定會發現他們既有禮又友善。這點我們發現果然完全正確。一般說來，尼泊爾西部的某些部落和西藏一樣在傳統上就沒有法律規範，而另一些部落則是商賈，世故得不會對陌生人做簡單而誠心的歡迎。但是在尼泊爾中部和東部，每個人都天性好客，而這裡的人喝得越醉就越有禮貌。

向普勞德上校保證說安全歸來比登上任何一座山頂更重要得多後，我們匆匆離去，趕在十一點宵禁前回到旅館。莫妮卡指出從加德滿都的監獄出發去喜馬拉雅探險可算是很新奇的事，可是艾芙蓮和我都覺得就算剔除這點，將來新奇的事還多得很呢。

【注釋】

❶帕西人（Parsee）：公元八世紀時爲逃避伊斯蘭教徒迫害而由波斯移居印度的瑣羅亞斯德教徒之後裔。

❷毗濕奴大神（Vishnu）：印度教三大主神之一，守護之神。其餘二神，一爲婆羅賀摩（Brahma），亦稱梵天，創

造之神，一爲濕婆（Siva），毀滅之神。

❸巴拉克拉瓦（Balaclava）爲克里米亞海港，克里米亞戰爭之著名戰場，參戰士兵所穿著的連盔式帽之厚大衣，即以該地命名。

❹紗麗（Sari）：印度女人裹身包頭或裹身披肩的整段布料或綢緞。

❺廓爾喀（Gurkha）：英國和印度軍隊中所任用的尼泊爾拉杰帕特（Rajpat）族人，是善戰的山民。

❻卓奧友峰（Cho Oyu）：位於西藏和尼泊爾的邊界上，海拔八二〇一公尺，是世界排名第六高的巨峰。卓奧友峰是一座登頂率較高的八千公尺級巨峰，比起稍低的希夏邦峰（Xixiapangma，八〇一二公尺）或更高的珠穆朗瑪峰（Qomolangma，即聖母峰，八八四八公尺）都容易些，所以每年春秋兩季都有很多登山隊來此報到。參考高銘和《超級任務》一書的中國百岳一覽表。

❼孟莎希卜（Memsahib）：從前印度人對歐洲的已婚婦女，尤其是英國官員的妻子之尊稱。

❽格拉斯哥（Glasgow）：蘇格蘭中南部的港市，也是英國造船業中心。

❾火燒薄餅（crêpes suzettes）：一種小小的薄餅，折成四分之一的扇形，或捲起，以牛油、糖、橘汁或檸檬汁、磨碎的乾酪及香料酒（如柑香酒）調製成汁，將薄餅置之其中煎熱，再淋上一、兩小杯干邑白蘭地和橘味白酒，利用酒精之可燃性，在上桌前先行點火。

❿亞力酒（arak）：亦作arrack，是用椰子汁、糖蜜、米或棗子釀製的烈酒，產於亞洲。

第三章　越過喜馬拉雅山脊

我們於四月十三日離開加德滿都。儘管這個日子不吉利，那天早上又下著大雨，我們起來時卻感到愉快又興奮。挑伕們在早上七點到達，還有那個「巴里安奈克」（Barianaik），也就是人力仲介經紀人，他向我們保證說，在禮賓司司長要求下，他爲我們選了特別可靠的人。他們看來是組織得很好的一隊人馬，雖然有點衣衫襤褸。和他們一起來的是他們的領班，看來我們別無選擇，只有接受這個人，雖然他知會我們說他是不揹東西的。他有張憂鬱的面孔，雖然有時候會突然換成咧開大嘴的笑臉，還是讓我們覺得他不是個領導人才。

來提供服務的人數超過我們原先的安排，這點倒是我們運氣好，因爲那些配備不管我們怎麼變，現在分成了三十一包，包括那個連絡官的東西，還有那個裝錢的箱子，兩樣都比我們預期的重得多。在算計方面比莫妮卡和我都老派得多的艾芙蓮讓那些人按了手印，照規矩給了他們預付款。讓我們意外的是沒有爭吵，也沒有人偷偷摸摸地調換該揹的東西。

我們說到坦巴塘的時候，他們一臉茫然。然後我們試了試帕奇波哈里（Panch Pokhari，意爲「五座湖泊」），那是坦巴塘以西幾哩外一個朝聖的地方。

「知道，」他們笑著說：「對，我們知道去帕奇波哈里的路。」要是我們有更多和尼泊爾人打交道的經驗，我們就會知道這只表示他們聽說過那個地方。當時我們覺得安心了，而且雨也停了。

爲了彌補因爲冰斧和鐵鉤而損失的一天時間，我們決定坐貨車到距加德滿都十三公里的山庫（Sankhu）去，從那裡再過去就沒有路了，只有很多小徑。現在貨車來了，靠著仔細安排，那些挑伕想辦法連同他們揹的東西一起擠上了車。等坐好後，就連塞個開罐器的地方也沒有了，想必更不可能有人抓癢。

我們一擺脫掉所有的記者，就乘著吉普車跟上。關於征服高峰的話已經說得太多，我們很怕在報上有更多不適當的渲染，萬一我們甚至連求嘉喜馬都沒能進去的話，就會顯得愚蠢了。我們不斷堅持說我們只是要去探測一個新的區域，可是他們根本不聽，只一再問我們：「妳們要去攀登的高峰叫什麼名字？」

「妳們今晚會在山庫宿營嗎？」又加了個問題。

「當然不會。」我回答道，爲這種假設大爲惱火，因爲我們大約上午十一點就會到山庫，還有大半天的時間哩。

可是這種說法卻是戰略上的錯誤，這些記者發現等一下不能在山庫拍我們的照片後，馬上跟著我們。我們追著貨車，而他們追著我們，儘管沒人能開到時速六十五公里以上，感覺還是像警匪片一樣非常刺激，因爲路上有好多坑洞、轍痕和雞群。

等我們趕上貨車，眼前出現讓人提心吊膽的景象。車子不斷左右搖擺，厲害到每次傾斜時坐在下層的人好像都能從貨車下面看到另一邊的風景。在一次特別讓人難過的顛簸之後，車子停了下來。司機下了車，很誇張地檢查車子的底盤，結果發現下面斷裂了。他對損壞的

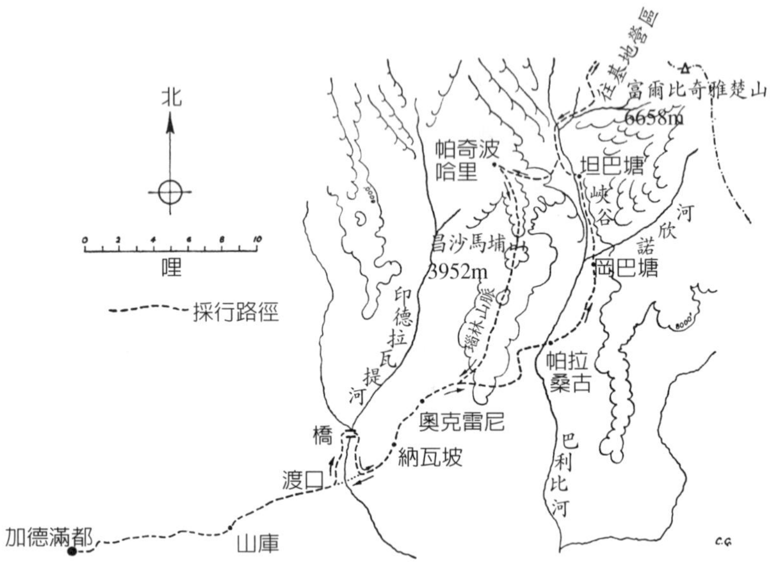

車子搖了搖頭，很表非難地看著車上擠得像沙丁魚的人。我們沒有想到的是，他緊接著又發動了車子。在這次的穿插表演之後，我們確定車子的底盤想必在我們動身前就已經斷裂。我們給了那個人額外的二十個尼泊爾盧比（不到一鎊）以爲補償，他很滿意地離開。

要想安靜地逃離山庫是完全沒有希望的，因爲不到兩分鐘，興奮的群眾就在我們四周擠來擠去，想瞄一眼我們的吉普車內部，而我們拍的每張照片也都有人想擠進來搶鏡頭。我發現有隻不知哪裡來的手伸進了我的口袋，好在口袋裡除了髮夾之外什麼都沒有。村長很神氣地走了出來，顯然在用尼泊爾話說：「好了，好了，這是怎麼回事？」

我們沒想到穆拉里會出面處理這個情況，他帶著我們的介紹函走上前來解釋說我們是得到尼泊爾政府的准許來的，必須給予各方面的協助。他不許那份重要文件在大家手裡傳來傳去，還守在村長身後，等他辛苦地抄下所有的細節。

「三個女人？」那傢伙好像很不解地說道，一副我們沒有站在他面前的樣子。「你是說，要去求嘉喜馬？」

最後他覺得滿意了，以很友善的態度向我們行額手禮❶。我們穿過山庫市集卵石街道後的一道拱門，走到外面空曠的鄉野裡。這些新印象占據了我們所有的心思，甚至於沒有想到我們從現在開始兩個月左右時間，將把報紙、電話和無線電甩在後頭。但我們也不急於回到這些現代生活的事物旁邊。事實上，我們回來時有記者問我們對大選結果的看法，我們的回答是「什麼大選？」而且一副興趣缺缺的模樣。

起先我們走得很快活，可是時間接近中午，每一處樹蔭和每一間啤酒店都是挑伕無法抗拒的誘惑——更不用提「坐大拉」（Chautara）了。「坐大拉」是一種牆，築成讓挑伕靠著休息時屁股可以坐在位子上，而他所揹的東西則放在上面的胸牆上。我們的挑扶們對提供這些坐大拉的人尊敬到連一處也不能錯過，那怕是下山時也一樣。

在想辦法跟上他們和讓他們不致分散這兩方面，我們覺得自己表現得像菜鳥。我們的結論是老手大概會大步走在前頭，在確定舒服莫過和走得最快的挑伕在一起之後，就能盡情享受宿營的每一天。可是在尼泊爾到處都是小路，而我們的地圖又不總是很清楚指示該走哪一條，我們只好還是和挑伕們在一起。所有的小路看起來都一個模樣，蓋著厚厚一層閃亮塵土，每個地方都印著走這條路的人腳趾張開的赤腳印。我們很快就發現任何挑伕要是被塵土遮掩住的話，就表示沒有全速前進。當然，讓挑伕往前走是領班的責任，可是他只拿著一盞燈籠慢慢跨步走著，眼睛像個閒人似地看著風景。有時他會留在後面跟脫隊的挑伕在一起，可是在這種情況下，他看起來好像在向他們表示同情，而不是在勸說他們揹上東西趕上隊伍。等過了一天左右，這些人有了比較穩定的步伐，而且他們總能在早上七點做好出發準備，並願意一直走到下午四點，如果必要的話，甚至到下午五點。

有天清早，明格馬找到機會和莫妮卡談天，很恭敬地打聽我們每個人的過去。他把所有能蒐集到的資料都再轉述給其他的雪巴腳伕——我們的生活方式、我們的家人，還有我們的工作等等細節。他們對莫妮卡的子女特別感興趣，非常喜歡看她因爲想家而隨身帶來的孩子們的照片。明格馬問了我們的姓氏，但因爲他發音有缺陷而覺得很難唸，結果只能勉強說出「貝蒂女士」和「艾芙蓮女士」。那些腳伕都用這樣的稱呼，而莫妮卡則是「小女士」，不過有時也會用她的姓來稱呼。

我們起先經過看來很富裕的鄉下，房子都用漂亮的磚頭砌成。有雕花的門楣和窗台，窗前還放著一盆盆花。孩童看來很健康，衣著也很好，但即使如此，那裡的婦女還是從同樣很方便地成爲主要下水道的溪流裡取水和洗滌衣物。

過了這裡之後，我們順著一條林地裡的小路走到約一千八百公尺高的一道分水嶺，在那裡可以看見四周的鄉野。在我們底下是印德拉瓦提河（Indrawati river），第二天我們就要渡河而過。長長丘陵上一個個棕色和綠色的圓圓山頭，彼此相重，漸行漸遠地消失在一片紫色中。處處都加以開墾，處處都修成梯田，以防止在雨季中遭到浸蝕——一層又一層地約有幾百千尺高，是好幾百年勞力的結果。似乎只有我們立足的那道分水嶺逃過了這無限耐心的開墾，但即使是這裡也有整修過的樣貌，像是一座公園。

我們在這裡取出了地圖，和明格馬以及停下來圍著我們的過客一起討論良久。我們看到一道向北而約略偏東的丘陵，我們認爲那就是瑙林山（Nauling Lekh）。這一道山丘大部分以一條三千多公尺高的山脊相連，一直通到昌沙馬浦（Chang Samarphu）那座將近三九六〇公尺高的山。瑙林山脈直通帕奇波哈里，那是坦巴塘上方一處有五座湖泊的聖地，我們要走的就是那道山脊上地圖所標出的一條朝聖者小路。剛開始攀爬一段後，這條路會比穿過下面山谷的路更涼快，讓我們獲致在高處行走的樂趣，有助於我們適應，也讓我們對求嘉喜馬山脈一覽無遺，妥善安排深入那個地區的計畫。不過，其中也有障礙。在像瑙林山脈這樣的山脊上，每年這時候水都很少。在地圖上，帕奇波哈里旁邊印有一行字：「年度市集，七月。」朝聖的人只在這個慶典來臨時使用這條路，那時正逢雨季，他們也許可以在水蛭和爛泥中得到福報，也能出奇不意地找到水。

不過，我們看見最高的山頂上仍有積雪。要是我們紮營前能走到積雪處，那我們找水的難題便能得到解決。另一方面，明格馬指出不可能讓挑伕打著赤腳走過雪地。要是雪在我們走到那裡之前已經融化的話，那麼那些挑伕倒願意走這條路，可是這麼一來我們供水的問題怎麼辦呢？我們好像進了死胡同。

下午四點左右，明格馬建議在一座村莊外紮營。我們一點也不願意。在這種人口不少的鄉下，我們當然一定要堅持把我們所有的水煮沸後再使用，不論在哪裡紮營都一樣，但是不該選在對我們大感興趣的民家門口。即使在村外，我們也很難找到一塊沒有開墾的地方，我們滿懷希望地看著一座長滿雜草和灌木的小山，可是山頂上卻有印度教的神廟，所以我們不能用那個地方。最後我們找到一些長著草的台地，每一塊都寬得夠搭一頂帳棚。這讓大家都很滿意，看熱鬧的人可以在我們上面的台地像看足球賽似地把我們看個清楚，而我們在下面則有足夠的活動空間。

我們三個人睡在艾芙蓮的「銀鬃帳」裡，那是一座歷經滄桑的帳棚，那些雪巴腳伕用「小屋帳」，那是一座脊狀帳棚，空間很大。他們果然很高興能得到這座帳棚，迫不及待地吹起了他們的充氣床。看到這種情形，我們馬上決定充氣床對我們的舒適來說也屬必要，雖然我們原先只打算在冰雪上使用。

爲床充氣是齊皮拉的工作，他一點也沒在這上面浪費他的肺活量，卻由說明書上的圖解馬上學會使用打氣筒。安格．坦巴侍候我們用餐，他眞是有模有樣，把一塊擦碗布像塊雪白餐巾似地搭在手臂上，讓我們有時不禁以爲他會遞出酒單來。後來被各式各樣像那塊擦碗布般來源不明的雪巴腳伕衣服取代了原先那塊紅白兩色格子花布罩的裝藥櫃子，被精心布置成我們的餐桌，而三個裝食物的箱子則是我們坐的椅子。

一切剛安排得令我們滿意，而水也檢查過確實煮沸後，馬上來了一陣暴風雨。天上到處有閃電，雷聲隨之而來，大雨敲擊在我們的帳棚上。村民飛奔而逃，挑伕們跟在他們後面，毫無疑問地是想找比我們的帳棚更實在的遮風避雨所。明格馬在帳棚之間跑來跑去，撐著我那把從此後再沒有人像先前那樣看不起的二手貨大黑傘，庫桑則冒著弄鈍他斧頭的危險努力挖著排水溝。不過所有的帳棚都沒有漏水，暴風雨也沒有讓我們很久不能入睡。

到了早上，空氣很清新。我們由帳棚裡出來，看到群山向北伸展，其下的平原消失在遠方的藍色中。我們習慣於蘇格蘭景物的兩眼，起先把山上那條模糊白線看成晨霧或白雲。等我們再看清楚後，才又驚又喜地發現從東到西整個水平線都是大喜馬拉雅山脈。從地圖上看到有這麼多座這麼大的山是一回事，眞正看到它們的美和令人驚歎的結構卻完全是另外一回事。在令人目眩神搖的群峰會聚之間，每座山都還保有其特殊之處。

早上七點，我們已經收拾好準備出發，往下走到印德拉瓦提河的一條支流，那裡的梯田已經有了綠油油的禾苗，而一棵棵的榕樹和菩提樹都長得極為高大，我們在這裡發現一具磨玉米粉的小水車。磨粉廠的老闆很得意地示範給我們看，然後向我們要一根香菸，盡量擺出姿態來表示他不是乞討而是在交朋友。路上的人很多，大部分的路人都帶著貨，稍有錢的人都有鞋子，不過通常都拿在手上。讓我們覺得有意思的是大部分人會「回頭再看一眼」，在他們發現我們不是他們每天都會見到的事物之後再回頭看看。我們越往前走，習慣於見到歐洲人的人就越少，即使是在加德滿都，我們還碰到一個人只顧看我們，結果從腳踏車上摔了下來。

「他們是男人還是女人？」他們會彼此詢問，或是問我們的某個挑伕，因為艾芙蓮和我都比一般的尼泊爾人高，而且我們走路時都穿著牛仔褲。

大約九點左右，我們到了印德拉瓦提河，每年這個時候，這條河會縮成一帶溪水，流在滿是曬乾沙土和卵石的寬闊河床中間。但即使如此，還是得當一條河來看，它的水力集中在中央又深又急的河道，大約有五十公尺寬。地圖上標明有一處渡口，但那並不一定表示那裡還有渡船。在我們要求下，穆拉里到我們在河岸上所遇到的第一個村莊裡去詢問渡河的問題。那裡的人告訴他說附近的確有一艘渡船。不幸的是，走在前面的明格馬不知道渡船的事，卻去查問有沒有橋。他一聽說上游有一道橋後，就飛快趕去，於是超前我們好一段距離，根本沒法呼叫他。我們立刻動身追趕，沿著河上斷崖邊一條路氣急敗壞地爬上爬下，最後等莫妮卡追上他的時候，他離渡口已將近三公里遠，他說他想找的那條橋想必再拐個彎就到了。我們很懷疑到底有沒有那條橋，因爲地圖上並未標示出來，不過還是決定再往前走一點點，看看會不會比走回去好。果然，再往前走不到兩公里路就見到了那條橋。可是，過橋後，我們發現那裡沒有路可以直接通到我們計畫中的下一個紮營地納瓦坡（Nawalpur）。我們必須沿印德瓦提河的岸邊往回走，忍熱負重地走回渡口的另一邊，然後才能走上我們要走的路，這一趟讓我們至少多繞了八公里路。

莫妮卡趁其他雪巴腳伕都不在附近時把明格馬拉到一邊，不動聲色地責備他不該不和我們商量就衝到前面去，也提醒他說我們有地圖。他滿懷歉意，也有點垂頭喪氣。

「那些尼泊爾人說他們認得路，結果根本就找不到路。」他說，很快地怪罪別人。我們覺得有意思的是他不把自己當尼泊爾人，也不把那些挑伕當他的同胞。

我們現在在封閉的谷地裡熱得舉步維艱，連脾氣都發不出來，而且脫水嚴重到無法進食。早上時我們把瓶子裡裝滿了開水，可是不時喝口水卻只讓我們更覺得乾渴。我滿懷渴望地看著那條河，還有那些正用油膩黑帽子舀起水來灌進喉嚨裡的挑伕，爭論說必定有人喝下這種水後並沒有死於傷寒。我們這樣壓制自己，我說，只表示對上帝和預防針缺乏信心。可是在東方待過的莫妮卡和對熱帶病有研究的艾芙蓮根本不理我這一套。

我們每碰到人便詢問到納瓦坡還有多遠，可是他們就像所有的山地居民一樣，只願意給讓人高興的回答。不管我們走了多遠，他們都用很鼓勵的語氣說「ek kos」（二公里），其中只有一個人（說話語氣比其他人都肯定）說還有十三公里，結果差點因爲他的坦白而引起挑伕們靜坐罷工。

等我們走到的時候，往納瓦坡的路從印德拉瓦提河岸邊陡直往上，沿著一條紅土坡水道前進，那水道因使用了幾百年又被雨季洪水沖刷而殘破不堪，如今更是乾燥龜裂，讓人看來眼睛極不舒服。現在我們向遇到的人打聽納瓦坡的時候，他們的應答聲會提高到像在吱吱叫（這是他們碰到不得了的事情時的表達方式），好像他們再怎麼樣也說不清那裡到底有遠，還要爬多高。我們的決心動搖了，更有甚者，現在已經下午四點，而有些挑伕還落在很後面。我們決定今天到此爲止。

我們的人想選擇當地人所建議的第一個紮營地點，那裡有水從被牛群踩爛的黑色泥土中滲出來。可是我們儘管又熱又累，還是馬上加以拒絕，莫妮卡和穆拉里四下去找流動的水。（看來很諷刺的是，我們先前做準備工作的那幾個月裡，一直在擔心有碰上洪水的危險，結果卻碰上了乾旱。）最後我們找到了一道細細水流，流過一片葉子，可以用那片葉子當飲水的嘴管。而那道水流上方則是一塊休耕田地，切割成一塊塊大平台，我們就在這裡紮營。

等水燒開後，我們喝了桔子水，然後喝茶，然後喝湯，然後又喝了茶。（除了艾芙蓮。那些雪巴腳伕都不明白她爲什麼不愛喝茶，只喝桔子水，對雪巴腳伕來說，茶是生活裡不可或缺的東西。）我們決定不再受這種苦，就翻找出淨水藥丸，有白色和藍色兩種，順序如果用得對又唸對了咒語的話，就能讓溪水變得可以安全飲用。

當地人又聚在我們上方，不過也有一、兩個孩子發現從底下偷看我們更好玩，還懷著被我們追趕的希望。那塊田地的主人也在場，很和氣地看著我們。我們因爲不知道該到哪裡找他，並沒有事先徵求他的同意就紮了營，可是他好像對我們擅自闖入這事覺得很高興。

第一次有人來找我們給予醫藥治療，都是因爲有個挑伕臉頰被燙傷而艾芙蓮幫他敷藥的關係。她開始問診，穆拉里在旁翻譯，而穆拉里試著讓大家排隊，卻一點用也沒有，因爲在尼泊爾根本沒有排隊這回事。有個可憐的老女人兩眼患白內障已經幾乎全盲，她在清晨我們準備動身的時候來到。艾芙蓮很難過地解釋說她對此無能爲力，因爲她不想只爲了安慰對方而給眼藥水，以免對方因此懷抱她無法實現的希望。

「也許等妳再走這條路回來的時候可以幫我的忙。」那個老太太很可憐地說。

我們沒能按照原計畫在那天抵達納瓦坡，都有一點失望，可是我們開始瞭解在喜馬拉雅山腳下要學的第一課就是「耐性」，而越快學會越好。

【注釋】

❶額手禮：印度教和伊斯蘭教徒以右手置額頭鞠躬為禮。

第四章　峽谷裡的火

我們的生活漸漸成了很原始的例行公事。天亮就起床——大約清晨五點鐘——天黑就上床——大約下午七點鐘。說得更精確點，是天一亮我就起來了，開始煮麥片粥，一邊罵人罵到其他人覺得非得從睡袋裡爬出來不可。事實上，我這一趟的早起次數多到讓我後來爬山時睡到很晚都還能維持我熱心的美譽。艾芙蓮總要賴到最後一刻，後來有一天當她還在和最後一段褲子拉鏈對抗的時候，熱心的雪巴腳伕突然來拆帳棚，結果帳棚就垮在她的身上。

雖然我們性格各異，卻發現我們在一起很處得來，這是件好事，因為在一頂帳棚裡可容不下歧見。莫妮卡在我們目前的環境下顯得比平常更輕鬆，而她的洞察力和很快就能看到事情好玩一面的特質，使她成為最宜人的同伴。艾芙蓮則從來沒有什麼大小事會讓她產生不當的煩惱，她是個很單純而好相處的人，從來不跟人生氣。至於我呢，我通常太在意別人怎麼想。可是在喜馬拉雅山裡，似乎什麼都不值得擔心，就連每天碰到的麻煩也一樣。

到納瓦坡花了一個半鐘頭的時間，所以我們並不後悔前一天晚上決定不再趕路。我們得花些時間在那裡買米，因為我們聽說納瓦坡是這條路上最後一個規模大到有市集的村子，而在穀物有限的情況下，四十個人是很難過日子的。我們讓明格馬去討價還價，因為我們知道可以信任他，也因為這樣買來的米會比我們自己去買便宜得多。這時候，我們坐在那裡，聽著和這乾旱地顯得很不搭調的杜鵑鳥熟悉叫聲，另外還有一種鳥在叫，莫妮卡說那是隻綠色的擬啄木鳥❶。

在市集裡有幾家小店舖，每家店前面都有木頭刻的招牌。老闆盤腿坐在貨物中間的地上，所有的貨都可以隨手取得——辣椒和香料全和便宜的香菸、手鐲以及塑膠髮夾等等這類連鎖商店的貨品混雜在一起。大部分這樣的店舖門口都放著一把長嘴銅水壺，供路過的人飲用。這比打折更能吸引顧客。有一家店舖有一份一九五〇年的廣告月曆，很得意地掛在外面，像是面獎牌似地。村子裡有些房子裝了木板套窗，上面用粉筆畫著無所不見的佛眼。不過，村子裡也有一間供著印度象神的小廟，就在十字路口，表示有值得讚賞的包容性——或者是爲著不要遺漏供奉什麼神明吧。

我們得把米留在納瓦坡，等我們找來額外的挑伕來搬運，因爲那些米重達四「莫恩德」❷（一百四十五公斤）。明格馬聽說往上再走一點有座雪巴人的村子叫奧克雷尼（Okhreni），指望能在那裡雇得到人，而不要在納瓦坡雇人。

「這些人啦，」他不屑地說著，並朝在一塊布製棋盤上擲骰子的一群人揮了下手臂，把所有不是雪巴腳伕的人全包括在內：「這些人沒辦法揹東西。」

一個從奧克雷尼來的雪巴小女孩說要帶我們到她村子附近的一個廣場（一塊平坦草地），我們也許可以在那裡紮營。她讓我們走在她前面，每次我們走錯路都讓她很高興有機會把我們叫回該走的那條路來。鄉村景色現在有了相當大的改變。瑙林山的斜坡矗立在我們前方，山坡上起先都是細細小樹，夾雜一塊塊光禿禿土地，再往高處則滿布常綠樹林。至於奧克雷尼周圍則有些種植玉米和馬鈴薯的田地，但其餘都是荒地，這裡的房子也不一樣——在設計上很像瑞士的農舍。同樣的屋頂，房子是木造的，牆面下半部抹上灰泥後漆成白色。這裡是一個眞正的佛教國家。我們看到第一座喇嘛教神龕，還有一道新建的祈禱牆。這裡的人似乎比較開放，女人也大膽些。

穆拉里總和我們走在一起，至於是爲了保護我們（這其實全無必要）或是爲了他自己的威信，我們就不知道了。他是個很正直的孩子，大概覺得他該隨時收拾莫妮卡每次停下來時會忘了帶走的東西。他告訴我們說他一家有七口人，他父親經營尼泊爾境內唯一的一間旅行社，但因爲尼泊爾人通常都守在家裡，所以生意並不興旺，難以養活一家大小和讓孩子們受教育。

我們發現碰到有人問起穆拉里從哪裡來的時候，他總是說「尼泊爾」，好像我們不是在尼泊爾似的，結果讓我們那種不眞實的感覺爲之大增。可是他解釋說以前的尼泊爾指的是加德滿都山谷，這些人到現在還認爲那才是尼泊爾，而把他們自己看做帕哈里人❸，也就是山地人。

那天我們很早就到達那塊長滿草的廣場，時間大約是下午兩點鐘，我們只走了近十公里路。通常我們每天要走十六公里，可是我們沒把食米的問題安排好，也沒辦法再往前走。明格馬大下功夫，好像要以此彌補他前一天的錯誤。他說動了兩名奧克雷尼的年輕雪巴腳伕跟我們一起成行，充當挑伕，另外兩名隨後跟來。他帶著幾個老手來回去了兩趟納瓦坡，把米運了來。他把米盡量包裝成四大份，剩下的才分配給加德滿都來的挑伕。等他最後一趟交涉完回來時已是深夜，所以我們的結論是他們想必邊討論邊喝著一壺青稞酒（chang，村子裡自釀的啤酒）。

讓我們失望的是，我們發現無論是青稞酒或是由米蒸餾製成的米酒（rakshi），我們都不喜歡。我們喝這種米酒時所犯的錯誤是一點點地啜飲。這種東西應該一口喝掉。青稞酒其實並不那麼難喝，不過得用一根吸管從加蓋的酒壺裡吸出來，否則那液體看了叫人倒胃口，因爲它看來就像消毒水，雖然一點都不衛生。

我們很高興能在那個廣場度過一下午，那裡就像山下一處長滿草的岩棚，三面都是叢林，第四面則面對壯觀的群山，我們認得那是求嘉喜馬和朗坦喜馬。我們能看到瑙林山的山脊緩緩上升到昌沙馬埔山，山頂像個小小的按鈕。我們也看見最後一些積雪在眼前消融。但是整條山脈長滿了很多高大的樹木、杜鵑[4]和松柏，我們得意忘形地認定只要有樹的地方就有水。明格馬跟我們一樣急於走這條路，成功地讓一名奧克雷尼青年表白說他知道山脊上什麼地方找得到水，可是那些挑伕並不相信。入夜後，那裡涼快得讓人開心，因爲我們現在身處海拔二千三百公尺的地方，一陣微風從永不融化的積雪那裡直接吹了過來。我們決定除非萬不得已，否則都要走在高處。

這時候，我決定蒸個布丁請大家吃。據說在喜馬拉雅的廚子都不可以受到一點點讚美。我則根本一點也沒受到讚美。我的朋友們說的是，就她們而言，以後絕不要再做布丁。整件事對我們的雪巴腳伕來說是個大笑話，我只好把剩下的布丁埋進地底，以免得自承失敗。

穆拉里總來和我們一起吃飯，他會微微轉開身子，不看著我們吃東西。起先他從來不自己添菜，即使硬把食物夾給他，他吃的量就他這個年紀的年輕人來說也嫌太少……比方拿安格·坦巴來比較，後者每頓都能吃掉好大一盤子飯。穆拉里很能走，可是吃得這麼少，不知他能維持多久？不過那天下午，他回到他的帳棚裡不久後，我們看到明格馬把同樣好大一盤飯送進去給他。經過進一步的觀察，我們發現穆拉里每天攝取的卡路里多過其他任何人。等他後來不那麼靦腆後，就公然地既吃我們的也吃雪巴腳伕的伙食，兩邊兼而得之。

第二天早上，挑伕的工頭還在很可憐地就著營火暖背，讓明格馬和我們的雪巴腳伕們協助他手下挑伕揹著他們的東西站起來的時候，發生了激烈的爭吵。有個挑伕說他揹的東西很不公平地增加了。我一直在蒐集很有用的尼泊爾話，突然想到我不知道「重」該怎麼說。穆拉里教了我，我於是自顧自練習著，根本沒注意到他們的爭執。「garhun」，我大聲地說：「garhun。」說了一遍又一遍，想把發音練對。「對，夫人，garhun。」那個不滿意的挑伕轉向我說。然後，好像他的苦處有人知道就夠了，他戴上頭帶，再扣上他那頂小小的黑帽子，出發了。

想學尼泊爾話很不容易，因爲這隊人裡使用的其他語言太多。挑伕們說一種叫「塔曼格」（Tamang）的方言，雪巴腳伕們有他們自己的語言，而抵達雪巴人居住區域前所碰到的村民都說尼瓦里語（Newari），和尼泊爾話相當不同。我們的人大部分略通印度斯坦語，而一般都說尼泊爾話。我每回在四周雜沓的話語聲中聽懂一個字時，總會過分高興得非要告訴什麼人不可。

那天那些挑伕走得非常慢，比平常多停了好幾次以鬆動一下重負，或是非常刻意地咳嗽吐痰。（我們隨時都會聽到這種聲音。不過我總自我安慰地想到未來某個週六夜晚，當我在格拉斯哥的有軌電車裡聽到這種聲音時，將會很懷念地想起尼泊爾來。）不論是明格馬「快，快！上，上！」的催促聲，或是他們工頭的命令，都不能加快他們的腳步。他們也不像平常那樣吹口哨和唱歌。我們自己從來沒對他們大聲叱責過，但今天艾芙蓮走在隊伍最後面，故意等著那些休息得太久的挑伕。這個辦法成效不彰。那天我們只有一次看到一名挑伕揹著東西加快了腳步，但這反應並不是因爲誰的命令，而是純粹因爲安．朵瑪揹著東西輕快地超前了他。他們之所以不情願往前走，是因爲他們對走瑙林山這條路感到不安。

莫妮卡和我帶著穆拉里走在最前面，希望藉此鼓勵那些挑伕。在大約兩千四百公尺高處，我們停下來和幾名揹了帶葉樹枝綑下山餵牛的山民說話。

「有的，」他們對我們說：「上面有泉水。」當他們形容那泉水多遠又多高時，聲調變得好尖，這讓我不敢在談話中絲毫提到求嘉，深怕他們之中有人叫破了喉嚨。我們等著那些挑伕，希望這個消息能讓他們安心。可是適得其反……提供情報的人一看到我們這群人的陣容就馬上退卻，說他們的泉水太小了。我們得在瑙林山上再走三天，他們說，然後才能找到夠這麼多人用的水。要是我們不相信的話，沒關係，我們可以自己走著瞧。

這話引起了軒然大波。所有的挑伕圍住莫妮卡，有的求，有的勸。

「我們都會死在上面，夫人。」有一個很戲劇化地說。

「不對，你們不會死的。」回答很簡單。「要是上面沒有水，我們就走低一點的路，如此而已。」

我們很失望，尤其是明白我們現在只能考慮唯一的替代方案——走一條讓人傷心的路由瑙林山西側再下到印德拉瓦提河，在蚊蟲和村落之間無窮無盡地繞行。可是想不到的是，一名新來的雪巴挑伕說我們該走另外一條路，從瑙林山的東側下行到巴利比河。在我們的地圖上，這條路在離坦巴塘幾公里外就斷了，因爲那裡有一道從很深峽谷流出來的河。我們先前根本沒考慮過這條路。我們原想勉強通過的峽谷已經夠多了，不必刻意也不必要再多找一個。可是那個雪巴男孩向我們保證說這條路一直通到坦巴塘，而且聽他說來好像那是一條大道。

「那路寬得容得下一條犛牛呢，夫人！」他大聲叫道，好像這樣說得再清楚不過了。

我們走了這條路，現在所有人都很快樂——那些挑伕是因爲這下子他們不會死了，明格馬則是因爲他能對他們說：「好了，這下如你們的意了，不准再每五分鐘就停下來。」至於我們三個人則是因爲這條路不是讓人懊惱的改道，而是一條能讓我們沿著一條正是從求嘉喜馬流出來的冰川走過去的路。

我們很快地往山下走，繞過瑙林山的樹林，漸漸往下朝河邊走去，一路越過很多條清澈溪水。那的確是條大路，鋪了石板，有杜鵑樹遮蔭。可是讓我們失望的是，那些紅花已然萎謝，散落了一地，像是酒會閉幕後殘留的裝飾。近黃昏時，我們發現置身在一道陡直臨接巴利比河的山脊上，便在往下一點的一塊寬台地上紮營，那裡有一間類似穀倉的建築，開放給旅人使用，就成了挑伕們的過夜處。

我們的視野現在因凹凸不平的山側而變得窄小，河兩邊都是陡峭山壁，直通到下面的深邃河谷。不久後就不可能再由路徑上逛到荒野，或再往前行，而必須進入巴利比河的峽谷。在這些峽谷之外，我們能看到求嘉的群山。我們在那裡躺了好久，利用地圖、指南針和望遠鏡找出西邊的多吉拉克帕（Dorje Lakpa）和東邊的富爾比奇雅楚（Phurbi Chyachu），它們是這群山中唯一取了名字的兩座山，大概是因爲這兩座山在其他各山的南方，從加德滿都看過去時更顯著的緣故。我們私下把這兩座山稱爲喬治（George）和鳳碧（Phoebe）。在我們看來，多吉拉克帕看來是整群山中最醒目的一座，而且有兩個很可愛的細長山頂。整個山脈的名字很可能就是因此命名，因爲「求嘉喜馬」大略就是「雙峰頂」的意思。

我們不得不承認提爾曼認爲求嘉喜馬難以攀登的說法很正確。那些山嶺之美在於陽光下閃耀的陡峭高峰，大量懸垂冰雪和光滑山坡，使它們看來完全無法攻陷。在這兩座取了名字的山峰之間還有另外一座山，大概高一些，當然在更遠的地方，向上隆起形成一個線條優美的峰頂。山嶺的角度似乎比較平緩，儘管其較低的壁壘很可能陡峭得多，也會有更多的問題，但在目前看來卻很具鼓舞性。等到天光消失，把群山變成大塊黑影，灰得像戰艦般，我們四周的山上亮起了堆堆營火，我們也回到自己的營火邊。

到這時候，我們的團隊已然成形，也有了某些不成文的規矩。比方說，挑伕們的工頭堅持不揹東西，還穿上一雙看來很神氣的靴子，那雙靴子毫無疑問是從一支聖母峰登山隊來的。我們的雪巴腳伕都是高山搬運嚮導裡最頂尖的，是索拉孔布（Sola Khombu）人，行進時不必穿上漂亮的靴子炫耀。另外，他們有很適用的登山背包（雖然齊皮拉用頭帶來揹東西，不肯更改）。穆拉里是個友善而謙虛的孩子，各個階層的人都很喜歡他，卻也用一頂防水遮陽帽和一副讓他看起來很有學問的墨鏡來強調他的地位。我們把望遠鏡交給他帶著，只是怕雪巴腳伕不小心弄掉了，可是那件東西很讓人神氣，所以明格馬後來硬戴在頸上。持平而論，明格馬揹著望遠鏡時，倒是經常加以使用。

第二天下山的路上，我們一直碰到人，有些還只是小孩子，背上綁著從高處森林裡砍伐下來的巨大長方形木塊，準備到加德滿都去。因爲路很窄，坡很陡，有些地方要跟他們擦身而過還頗爲困難。

這條路往下通到巴利比河，雖然那條路繼續沿河的右岸而行，我們的雪巴嚮導卻說我們該由一道大鏈索橋過河走對岸的那條路。那道橋是由兩排粗糙又狹窄的木板構築成，木板算是釘在一起，兩條當扶手的鏈子輕率地連在木板上。這條便橋擺動得很讓人提心吊膽，懸在急流上空十五公尺左右，如果有兩、三個人同時上橋，橋就會上下震盪。我的陽傘（我的朋友們都稱之爲「那把傘」）的把手不停卡在鏈索孔裡，且通常都是我正好看見底下有個轉個不停的綠色漩渦的時候。有一名挑伕還嚇得不肯揹著東西過橋。

這一頭的村子叫做帕拉桑古（Palam Sanghu），我們聽說這裡有一名喇嘛，主持方圓數十公里地裡唯一的一所學校。就在當地人看著我們，而我們出於自衛也看著他們的時候，我們的雪巴腳伕和挑伕三三兩兩地溜到賣青稞酒的店裡，想必是要恭賀他們自己平安通過索橋。明格馬自己也去了幾趟，其間則大聲叫他們來集合。齊皮拉下行到河邊沖洗他的長頭髮，再抹上油，把頭髮披散在肩上晾乾。我注意到有些大得能到處跑的小孩子還在吃母奶。小一點的孩子都光著身子，只有一、兩個穿了襯衫，但那衣服破爛得像掛著晾乾的抹布。有個做媽的看到我們要拍她孩子的照片，就一把抱起那個肚子圓鼓鼓的男孩跑開。這讓我們大感意外，因爲尼泊爾人一向很喜歡上鏡頭的。這些都不是雪巴人，從沒住過低於海拔約兩千三百公尺的地方，而他們的村落儘管很好看卻很骯髒。雪巴人的村莊則向來都很乾淨。

沿著巴利比河左岸的路很難走，也很難找。有時爬高到河上的一個村落，有時又彎彎曲曲向下，有好長一段走在河床的白沙和卵石上。莫妮卡扭傷了腳踝，因爲在下坡路上比較疼痛，所以這趟時起時伏的路讓她走來非常辛苦。我熱得要命，雖然我碰到溪水就把我那把被人瞧不起的傘浸到水裡，然後撐著傘，讓水滴在我頭上。後來我們兩個都對艾芙蓮很不開心，因爲齊皮拉的示範激發了她的靈感，突然決定要在河中洗頭，那些挑伕正要渡河，結果看到她滿頭是洗髮精的泡沫。「眞是的，艾芙蓮，妳也應該選個不那麼公開的地方吧。」我們疾言厲色地說。可是等到她讓我們消氣地答應下次會隱秘點的時候，我們不但軟化了，還決定碰到有合適的時間和地點，我們也要把頭髮洗一洗。

那天晚上我們在巨石堆間紮營，帳棚邊有一棵很高的大樹，星光在枝椏間閃爍，宛若蟲子。整個下午不斷有煙霧從上游的山坡那邊飄來，當時我們沒怎麼理會，現在卻看到天際亮著紅光，鮮明得像是工廠熔爐的火光而不像山坡著了火。

第二天，我們進入巴利比河在坦巴塘下方彎曲流過所形成的狹窄河谷，兩邊的山坡除了一些荒涼的大石板和岩牆外全長滿了樹木，直伸進河裡，穿插在下面的岩石中。我們必須不讓我們的眼光往上看高度令人目眩的多吉拉克帕，或往下看陡峭的山壁，因爲這裡一步也不能踏錯。山坡上是一條羊腸小徑，有時不清不楚地標示，有時則有擺放得很好的石階。有

一、兩個挑伕對這樣的地勢有點遲疑，但沒有任何人表示想走回頭路，這點讓我們深爲感激。可是我們也開始擔心他們到巴利比河上游之後怎麼走法，因爲根據地圖和提爾曼對他到坦巴塘經歷的記載，我們大概什麼蹤跡也找不到，說不定得披荊斬棘、爬山越嶺，甚至攀登懸崖。

繞過一處陡峭轉角，我們看到了一片荒涼。前天照亮天際的火就是在這裡焚燒的，剩下的只有燒焦和斷裂的樹木、燻黑的山坡，還有積在地上的厚厚一層灰燼。就在我們越過這一帶時，一塊因火燒而鬆動的巨石從上面朝我們落了下來，而且不是一路彈跳讓我們有所警覺。這石頭靜悄悄地落在艾芙蓮和莫妮卡之間，她們看到上面還黏著正燃燒著的草皮。

這是我們所遇到的第一條被火吞滅的林帶，卻不是最後一處。當地的人在雨季來臨前會燒草，以促長新生的草來餵養家畜，可是因爲那正是一年裡最乾燥的季節，火勢通常會失去控制，珍貴的林木損失之外，也在陡峭的山坡上造成侵蝕，使山崩的危險大增。

我們匆忙離開這個地方，來到一處由巨石構成的岩層，往下可以看到諾欣河（Nosem Khola），這條溪流由求嘉喜馬東南的一些小冰川匯流而成，在坦巴塘下方流入巴利比河。小路在這裡陡然轉向東方，直落到諾欣河。可是就在我們面前，擋住我們前路的，正是那場森林大火，仍在熊熊怒吼，在樹木間劈啪作響地燒著，黑煙繚繞。明格馬走過去仔細看看後回轉來，表示他的看法是我們必須至少等上一個小時之後動身才安全。我們沒有別的辦法，只有坐下來，盡量耐心一些。

可是莫妮卡說：「我眞的不明白爲什麼我們不能就繼續往前走。我們在南印度也碰過森林大火，只要你保持警覺，就可以直接從中間走過去。」

她話剛說完，從谷底深處就傳來一陣轟然巨響，大團黑煙冒了上來。一時之間，我們以爲另外一場大火從底下直接向我們撲來，然後我們想起我們所站的地方，才發現一切早已燒得乾乾淨淨。突然間，我們看到一大片烈焰從對面山坡一路燒上來，速度就如大雪崩般快得可怕。火勢掃過如果我們一直走在巴利比河右岸的話就會走的那條路，而那條路上的一切全沒逃過大火的魔掌。

驚嚇之餘，我們再次轉過來面對我們前面的大火。這裡的樹林混雜著落葉樹和常綠雨林，很像莫妮卡熟知的南印度林地，不會像對面那些乾燥的針葉樹和乾竹子等易燃林木那樣一下子全燒起來。風似乎把我們的火吹得慢慢往山上延燒。等那一個小時過去後，一名奧克雷尼村的雪巴男孩再下去探查。他走了回來，一言不發地揹起東西就走，我們都盡快跟了上去，火仍然在燒著矮樹叢，路兩邊的樹林裡都有火在燒，熱得可怕。我們很擔心安·朵瑪的長裙，還有那些打赤腳的挑伕，因爲我們穿著運動鞋都感到就快被燒起泡了。可是著火的卻是莫妮卡背部的襯衫，幸好莫妮卡注意到了，馬上將火撲滅。等我們走到那一帶火場的另一端時，明格馬和我盡量不讓火沿小路東側延燒，好讓所有人都能走到範圍之外。可是我們剛撲滅一處，小小的火舌又從另一處朝我們伸了出來，最後我們覺得徒勞無功而宣告放棄。

這時候，我們已經很接近諾欣河，很慶幸終於到了那裡。我們在近處岸邊找到一塊非常完美的營地，那裡的空氣聞起來甜美而乾淨，還有隻小鳥在唱歌，我甚至認出那是一隻小鷚❺。莫妮卡、艾芙蓮和我一丟下背包，就抓起肥皂朝上游走了好長一段路，找到一泊隱蔽水潭洗澡，把這一天的塵土和灰燼洗個乾淨。水很冰，所以我們只能尖叫著衝進去再衝出來，而等我們把頭髮洗好，我們的頭皮也冷得發麻了。

【注釋】

❶擬啄木鳥（barbet）：產於熱帶，羽毛甚美，嘴大而堅硬，喙邊長有硬毛。

❷莫恩德（Maund）：印度及土耳其、伊朗等中東國家所使用的重量單位，通常合三十七・三六公斤。

❸帕哈里人（Pahari）：印度語中之「山民」，指居住在印度恒河以南以西的印度次大陸東北部山地的人。所使用的帕哈里語是印度雅里安語系的一支，通行於喜馬拉雅山麓。

❹杜鵑科的植物約有八百多種，台灣習見的是灌木，也有高達十二公尺的常綠喬木，但花色艷麗之特色則一。

❺小鶲（flycatcher）：鶲鳥能在飛行中捕食蠅及其他小昆蟲。

第五章　坦巴塘——求嘉喜馬的門檻

我們現在很接近坦巴塘了——說眞的，要不是因爲那場火，我們那天晚上可能就已經到了那裡，而不是在諾欣河邊紮營。

第二天早上，我們渡過了河，由一條走起來比較像梯子的小路往上陡直走了六百公尺。尼泊爾的人上山都是直路，而不是用比較平緩而轉折的路往高處走。

谷地的兩邊險峻又貼近，像是一本書裡正要合攏的兩頁。山坡上偶爾會出現一小塊綠地，一處犛牛吃草的地方或是一塊洋芋田。坡度比較平坦的地方則都開墾了。我們看到遠處有一帶林木茂盛的山脊，我們推斷那下面想必就是帕奇波哈里的五座湖泊。另一條從帕奇波哈里到坦巴塘的崎嶇道路必須沿著那道山脊走。

一名沒有挑東西的男人從後面趕過我們，他滿頭灰白頭髮，彎腰駝背，脖子上圍了條像足球啦啦隊用的條紋長圍巾。他在經過時對我們說了一些話，穆拉里告訴我們說他想替我們找挑伕，供我們下一段路雇用。我們想他不知道我們打算到山裡去，不過猜想還落在後面的明格馬先前想必抓住他拉拉雜雜講了一大堆。

坦巴塘是一座雪巴村落，海拔不到兩千四百公尺，我們的腳伕急著趕到那裡去見他們的族人。明格馬想在這裡召募新挑伕，找跟他說同樣方言的山民，把那些在他眼中比英格蘭仔❶好不了多少的加德滿都挑伕送回去。（我們自己則開始稱那些挑伕爲「尼泊爾人」，以和我們的雪巴腳伕有所區別，雖然我們的雪巴腳伕當然也都是尼泊爾人。）他大概也想要事權統一，甚至還說要雇犛牛，不過在峽谷越來越窄、路越來越崎嶇之後，我們就很少聽聞他提及這個計劃了。

在我們接近一道傾斜岩層上的村子時——那岩層就高踞在直下河裡的懸崖峭壁頂——他眼中帶著「雪巴人才行」的表情衝向前去。我們大約在中午前到了村頭，發現那裡幾乎空無一人，一名非常老邁的男人躺在陽光裡，好像已到了死神的門口，一條皮包骨似手臂橫擱在臉上；兩、三個女人正編著長長的草蓆，還有一名男孩在梳羊毛。我們的結論是所有身強力壯的人都在躲挨家挨戶拉伕的明格馬。等到他回來後，唯一確定的消息是在坦巴塘外的河邊有一處很好的營地。那天要再往前走已沒有希望，因爲我們必須從當地人那裡盡量多問到些和求嘉喜馬相關的資料，如果可能的話，至少要找一個人來當嚮導。我們也要安排好把糧食存放在這裡的事宜，以供回程使用。可是營地本身就足夠成爲我們逗留的藉口。河岸上長著粗草和棘刺樹，間夾著一條條在陽光下閃閃發亮的白砂，一對白頭紅尾鴝在我們附近的石頭上跳來跳去。我們紮好營，坐在光滑的白色巨石上，把腳泡在河裡，沉醉在河水快速又優雅的流動中。

現在是四月十九日了，我們行程的第一階段已經完成——從加德滿都到坦巴塘的八十公里左右路程。要不是有那麼多小小的延誤，本來可以在五天內走完，而不用花上六天半的時間。不過，當下如此愉悅時光，讓我們不再憂心時間問題。我們也不過分擔心馬上就會碰到的問題。

那個圍著紅綠兩色長圍巾的老頭子過來和我們說話，他好像是村子裡舉足輕重的人物，而我們後來才發現他叫倪馬喇嘛（Nima Lama）。對於我們所提的急切問題，他說有一條路順著巴利比河到高山上幾處犛牛牧地，最高的一處距坦巴塘有三天路程，在一條冰川旁邊。他說他本人曾經上到幾乎近得可以把手放在冰上的地方，他願意跟我們一起去，為我們帶路。

我們士氣大振，這眞是大好消息。這和提爾曼所聽說的正好相互矛盾，我們後來認為原因不在坦巴塘的人最近改變了做法，又回去用那些高山上的草場；更可能的是，一九四九年他們在說那些路徑時盡量說得很負面，讓提爾曼不要在雨季上山。然後，路和橋也眞的沖斷了，而他們不想被說動了陪他上去。

現在我們既然知道有那麼一條路，就開始考慮那條路可能通往哪裡。

在地圖上有三道由求嘉喜馬流下的河水形成的河谷，由北向南，彼此大致平行。其中正中和東邊的兩道都有大冰川。

這些尼泊爾的地圖都是由很有進取心的印度測量人員製作的，雖然比例尺很小——每哩縮成四分之一吋——但就那些山麓丘陵看來還算頗爲精確。但是我們知道那些山脈是在相當距離外測繪的，求嘉山脈的一些山峰是用三角測量法測定的，很可能是從坦巴塘西邊上面的山脊測量，而三道主要河谷是確實可採信的事實，但除此之外，這一帶的地圖大部分還是出於想像的作品。

因爲我們來時走的是一條很低的路，沒有辦法藉由我們自己的觀察來蒐集資料，可是我們的決定是，假定地圖上的三道主要河谷是正確的，那麼中間那道想必會通往我們所中意的那座位於多吉拉克帕和富爾比奇雅楚之間的山峰。在路上，我們只看到這些山脈的上面一部分，但即使如此，這座高峰還是我們到目前爲止所見到最能攀登的一座，而我們希望能在更近的地方加以細察。當然我們的眞正目的是探測，而不是登頂，但地圖上的等高線顯示中間那道冰川坡度很平緩。如果眞是如此的話，那就像由一條大路直達求嘉的中心。西邊的河谷包含很多比較小也很可能彼此不相連接的冰川，而最東側河谷裡的冰川則比中間那道陡峭得多——這個問題可怕多了。綜合所有因素加以考慮後，中間的那道冰川似乎最有可能成爲我們所選定的一條路。

我們無法決定倪馬喇嘛的路會通往哪條冰川。他說那在富爾比奇雅楚（他稱之爲富拉瓦奇雅琴〔Phurawa Chyachm，我們的雪巴腳伕馬上就學會了）和多吉拉克帕之間，這樣的話就很可能是中間的冰川或是很困難的東邊那一條。不過，最合理的路線就是先跟著那老頭子的路走，在路上再觀察地形。

倪馬喇嘛又說那條路很難走，而且很陡，一面很懷疑地看著那些尼泊爾的挑伕，好像在掂量他們能否應付他預期中的險阻。明格馬又讓他把這話說了一遍，以防我們沒抓到要點。

我們還在研究地圖的時候，發生了一次小危機。在聽說我們打算增加雪巴人後，挑伕的工頭來說他的人已經簽了要到基地營區的合約，如果現在要送一部分人回去的話，那他們所有人都會回去。當然沒有人會跟當地的業餘票友一起揹東西。他非常激動，到了慷慨陳詞的高潮階段還吐了口水。

這紙最後通牒讓事情更爲複雜。我們希望能保留幾名年輕點的尼泊爾人，因爲明格馬最多只募集到十一、二名村民。即使把部分糧食留在坦巴塘，我們仍需要將近二十五名挑伕跟我們一起走到基地營區。

私底下，我們傾向於明格馬的計劃，因爲坦巴塘的人自己有足夠的糧食，不過他們的補給卻不夠供給那些食物似乎已漸短缺的尼泊爾人。而且要是我們雇用坦巴塘的人，就只需要留一、兩個人在基地營區，遇事再叫他們找其他人來，而不用付錢給一大堆尼泊爾人在那裡閒坐。可是我們警告明格馬說，我們辭退那些尼泊爾人的先決條件是他能找到整組雪巴腳伕，男女不論，但必須準備和我們一起一路回到加德滿都。

那些尼泊爾挑伕把所有的交涉留給他們的工頭。他們在營地四周生了火，有一群人裡，幾名年輕人在玩一個很吵鬧的遊戲，朝彼此丟石頭。這遊戲重點在接住石頭或躲開，可是我們覺得接到石頭和被石頭打到根本一樣慘。

我們發現明格馬和挑伕工頭兩人私底下比公開討論時講理得多，而那天下午就在外交手腕和鬥智中愉快度過。會談間，安格·坦巴用那把笛音壺爲我們泡了茶。這把壺對我們來說是極大的安慰，對莫妮卡尤其如此，因爲笛音鳴響就表示水裡所有的細菌都徹底消滅了。安格·坦巴要是認爲我們忘記留神笛音的話，他把壺提過來時就會一邊搖晃出最後一點微弱的聲音，一邊咧嘴笑著，好像在說：「看到了沒？水開了！」

安·朵瑪找到一堆各式各樣刺人蕁麻，並表示說很好吃。她用闊頭彎刀砍下一部分，用水燜煮，之後徒手把那一大堆蔬菜像擰擦碗布似絞乾，然後用奶油一炒。還眞好吃。

雪巴腳伕們把那個下午都用來改善營地。他們一向很會生火，只不過引火時用的石臘油很多；他們會在帳棚四周挖排水溝，就連晴天也照挖不誤。他們很喜歡使用每天自己發明和製造的新工具。這一天他們砍下一根樹枝，削去枝上的葉子後豎起來，把杯子掛在上面。那一天又把兩根樹枝豎著，中間垂著一棵長長的小樹當做曬衣繩。我們裝食物的箱子在騰空後正好用做廚房裡的桌椅，齊皮拉還用一只鐵盒蓋來當烤盤。我們的雪巴腳伕用粗麵粉做像芋泥餅似的烤薄餅時，並不像傳統手法那樣用兩手翻來翻去，而是拿一根用粗樹枝做成的擀麵杖很專業地在板子上擀出薄麵皮，再小心地用一把闊頭彎刀修圓。在紮營的事情上他們唯一不擅長的是搭帳棚，主要的原因是他們釘樁打得太開，讓帆布拉得太緊。大概是群居生活養成的習慣，他們希望每頂帳棚裡的空間盡可能擠進最多的人。可是在準備野營——或用蘇格蘭話叫「豪夫」（howff）——的工作上，他們可說無可匹敵。

到了早上，明格馬很得意地爲我們展示他新找來的一隊挑伕，至少有二十五個人。很狂野而襤褸的一群，滿頭亂髮，模樣很像強盜，闊頭彎刀神氣地插在腰帶裡。整體說來他們看來夠狠，但有些還只是孩子，有一個則是愚侏病患者❷。明格馬解釋說村子裡大部分男人都到山上樹林伐木，不過我們來到的消息已經傳開，而這些人是先趕下來湊熱鬧，聽聽對他們有利的事。

他們看起來好像一支混雜的種族，因爲不是每個人都有索拉孔布雪巴人的蒙古人種五官。他們就像尼泊爾挑伕，打赤腳，圍著腰布，襯衫長得蓋住瘦瘦的大腿。有些人穿著短羊毛外套，都是自己家裡織的，另一些穿著從加德滿都市集買來的西式套頭毛衣，有一件還是很可怕的紫色。幾乎所有人都戴著彩色珠串或耳環，還有黑色尼泊爾小帽。有個傢伙的項鍊上掛著一把舊牙刷，另一個則掛著一枚AFS（英國輔助消防隊）的圓形徽章，想必有一段輝煌的歷史。

我們很快就發現他們是個很單純的民族，但並不是完全孤陋寡聞。他們每年要去加德滿都三、四次，用他們的「葛希」（ghee，印度的液體奶油）去換米及他們自己不能生產的衣服。等後來我們和他們一起回到那座大城市時，我們發現他們對汽車的唯一反應只是嘲弄的噓聲，這表現和我們自己的感覺高度近似。

明格馬告訴我們說這些人要求日薪七「莫爾」（mor）。我們以爲「莫爾」是「盧比」的雪巴話，令我們大吃一驚，差點當場請他們回家。後來弄清楚一個「莫爾」等於半個盧比，他們要求的只是我們付給尼泊爾挑伕的價碼，我們就假裝很勉強地答應了。

我們很快就和我們的雪巴挑伕交上了朋友。他們從一開始就對我們很有好感，因爲他們天性好客，而且毫無疑問的覺得我們很有趣。我們的友誼因爲醫藥箱和送他們空鐵罐子而更爲堅定。鐵罐子在尼泊爾簡直跟錢沒兩樣，只要是我們丟棄的，馬上有人搶走，然後再出現時，通常沒有洗過，就成了骰子筒或酒罐。有時候，一名年輕男孩會像兀鷹似守在我們的帳棚附近，因爲他認爲我們有可能——比方說，清掉最後一點果醬後又空出個鐵罐子來。通常我們都會心軟，而讓他的策略奏效。就連硬紙箱也仔細看了又看，確保沒漏掉任何用途，而孩子們爲了一些碎彩紙都可以爭得你死我活。

他們所有人都喜歡那個醫藥箱，可以站上好幾個鐘點湊近來看裡面五顏六色的東西，還會捏造出病徵來拖長時間。有一個人比其他人更有原創性，想到爭取艾芙蓮的同情來治他長了硬皮的腳底。她給他的黑色油膏讓圍觀眾人大爲著迷，一時之間腳痛成了流行病。

有些人是眞的生了病，像我們前一天見到的一名可憐的老人，他瘦得只剩皮包骨，因爲感染痢疾而非常衰弱。他是艾芙蓮最滿意的個案，她用磺胺片爲他治療，後來聽說他完全痊癒，並想要更多神奇藥片。可是磺胺製劑使用不當的話非常危險，結果她爲他寄了維他命去。那些維他命是亮桔色的，對方收到時更加喜歡。

另外有些人得了各種結核病，大部分由牛隻傳染而來。最常見的是眼疾，好多人因爲角膜上的舊傷疤而部分失明。

我們在付錢遣散那些尼泊爾挑伕時，盡量把硬幣用掉，因爲我們發現小額紙幣在坦巴塘還是有人收的。我們也發現尼泊爾人不在乎雇主怎麼跟他們討價還價，像我們現在在爭的是他們回去的路要走幾天，但他們只要能拿到小費，哪怕最後總數一樣也無所謂。我們給尼泊爾工頭他要的推荐信，表示我們對他和他的手下很滿意，還有最後一批寄回家的信。他們唱著歌離去，很高興能離開這個對他們並不客氣的鄉下地方。

和那些坦巴塘的人簽雇用合約就像在開派對一樣，他們全擠了過來，急著說他們的姓名，蓋上指印。他們由他們的發言人管理，那是名駝背小個子，穿了一件年代久遠而發綠的衣裳，直直的頭髮從帽緣伸出來，像一支掃煙囪的掃把。因爲這緣故，我們叫他做「單純的西蒙」❸。可是他一點也不單純，事實上很能言善道，他眞正的名字叫譚興喇嘛（Tensing Lama）。

我們拒絕了一名還不滿十二歲的男孩子，可是他一再回來，希望我們會把他當做另一個人，因爲他不想留下來跟那些女人在一起。我們本來也要拒絕另一個比他大不了多少的孩子，可是孩子的父親說他第二天就會來把他兒子換回去。他自己現在不能馬上來，因爲他的一隻犛牛剛死掉，得燻好牛肉以備日後食用。

在佛教國家是不能殺生的，更嚴格一點的佛教徒甚至連自然死亡的動物的肉都不吃。可是這些雪巴人不是那麼講究，這一點在後來的幾個禮拜就讓我們很清楚，因爲就是這隻犛牛的肉在燉煮時飄出的氣味逼得我們離開那堆再好不過的營火。

最後，明格馬有了他的雪巴人挑伕，因此笑容滿面；我們動身往河的上游行去，走一條時斷時續的小路，進入一個在我們之前從來沒有白人進去過的地方。

【注釋】

❶此處作者用了sassenachs一詞，是蘇格蘭人和愛爾蘭人蔑視英格蘭人的稱呼。

❷愚侏病（cretin）：高山常見的病症，患者發育不良，常有畸形的甲狀腺腫。

❸單純的西蒙（Simple Simon）：源出英文童謠一人物，意指「傻瓜、獃子」。

第六章　往冰川去的路

有一陣子那條路一直在河床上，領我們往北走。我們從林木間可以看到冰川的水，像綠色的牛奶，由巨石間沖下來，在緩緩迴流的水潭裡集聚起力量。

莫妮卡的膝蓋又讓她很難過，爲了以防我們不幸脫隊，倪馬喇嘛決定擔任我們的嚮導；他在他所揹的東西上很象徵意味地掛了盞燈籠，和我們三個還有穆拉里走在一起。我們開始跟著他的習慣在每個陡坡頂端祈禱旗邊丟撒樹葉，爲我們能克服這段路而表示感謝之意。

另一方面，譚興喇嘛決定他是工頭，雖然他並不打算控制別人或者在言行方面和他們有什麼不同。不過，他既不要求額外多付他錢，也沒說他不揹東西，所以我們並不反對。

顯然坦巴塘的人把這趟登山之行當做遠足，不想把事情看得太認眞而破壞了那種度假的氣氛，比方說，他們就不會匆忙趕路。起初我們懷疑是不是趕走了一隊訓練有素又會考慮自己名聲的專業挑伕，而且取而代之的是一群即使討喜卻很沒責任感的無用混混。

他們走得比那些尼泊爾人快——揹著東西跑都沒問題——可是他們經常停下來享受生活，考慮下一步怎麼做。不久後，我們不但不是跟在隊伍後面，反而發現自己打了頭陣。

這種奇怪的事情，如莫妮卡所說的，是典型的西藏人行徑，毫無疑問，這些有獨立個性的雪巴人的祖先是從西藏來的。即使又催又趕，也絲毫不見效。在他們看來，他們訂的合約是在三天裡把我們送到一個特定的地點，而他們只想照自己的法子完成，反正最後不會爽約。就算我們願意給他們三天的錢讓他們用兩天的時間送我們上去，他們也沒興趣，也完全不會改變他們的做法。

有次停下來時，我們向他們打聽一座很小的村子「馬哈潭」（Mahatan），我們的地圖把它錯畫在坦巴塘的北方，可是我們誤說成「馬它潭」。這話引起了哄堂大笑；他們不但學我們說錯的音，還把那個地名的發音說得越來越滑稽。事後只要談起這件事就完全沒辦法正正經經。

接近中午的時候，倪馬喇嘛表示我們必須渡過那條河，沿從東邊匯入的一條支流走。「巴利比河」這個名字是當地人對整個溪河網的總稱，地圖上則概略標出三條主要支流，流進三處主要冰川河谷。我們現在所站的地方，是從朗坦喜馬的幾座外圍山峰往南，以及最西邊河谷的一些小冰川流出來的朗坦河（Langtang Khola）和普爾莫坦河（Pulmutang Khola）的匯流處。普爾莫坦河是從最東邊的河谷流出來的，由富爾比奇雅楚的幾條冰川匯流而成。其間拉克塔河（Rakhta Khola）約略往東南流，匯入從中間冰川（也就是多吉拉克帕冰川）來的普爾莫坦河，而我們急著要去的就是多吉拉克帕冰川，所以我們該沿拉克塔河而行。

我們從坦巴塘走了還不到六公里半路，我想我們還不可能走到朗坦河與普爾莫坦河的交會點，因為在地圖上，那地方離坦巴塘更遠得多。我抱怨說我們跟著一條小支流走岔了路，會走到主山脈以南的小山丘去。可是就在我對自己的理論越來越起勁時，艾芙蓮滑下去勘查，發現這條新河流就是一條冰川，裡面滿是白色沉澱物。這條河只能是普爾莫坦河。

在合流點以北，朗坦的山勢形成峽谷，沿著右岸完全圍了起來，左側的山坡則十分陡峭且長滿樹木。倪馬喇嘛認定說沒有路通過這道峽谷，也從來沒有人曾逆朗坦河而上。這就是一九四九年提爾曼從高處俯瞰過的朗坦河。我們的路爬上這會兒在朗坦河那邊面對我們的山肩，最後到兩河會合處的上方高處，據倪馬喇嘛說那裡有一處我們現在還看不到的營地，大約在我們上方三百公尺處。我們決定在那裡紮營，下午往北繞過這個山肩，想開出一條路來沿朗坦河左岸而上。對那些挑伕來說也幸好決定那天就走到那裡爲止。

我們經過一道維修得很好也很堅實的木橋渡過朗坦河。在上面那道幾近垂直的一段路上，樹幹直直地長得像階梯，砍伐切開的地方成爲扶手和踏腳。我們爬到一塊長滿草的平地，站在那裡就可以看到富爾比奇雅楚圓鈍的白色峰頂君臨著向東迤邐的普爾莫坦河谷，也就是我們第二天要進入的地方。幾座茅屋圍在馬鈴薯田外，高處有一座鎖了門的小貢巴（gompa，寺院），院前的牆上畫著色彩艷麗的佛教神鬼。我們詢問可否進去，但挑伕們說喇嘛出門去了，鑰匙在他丈母娘手裡——這也就是說，沒得商量了。再過去是令人心曠神怡的草坪，四周全是花朵盛開的野薔薇和杜鵑樹。我們恍如置身在一處維護得很好的庭園裡，到目前爲止，這就是我們看到的求嘉喜馬那不可能通過的河谷。

北邊的情形就大不相同。我們三個人啓程出發，繞過山肩，最後又來到兩河合流處的上方。我們試著保持和我們營地相同的海拔進入朗坦河的河谷。經過那一方方小田地之後，我們發現自己置身在一個小灌木叢裡，緊接著是雜生灌木的針葉樹林，處處都有巨石在樹間突起，矗立在樹梢之上。這條路很難走，進度很慢，要是我們能有斧頭或闊頭彎刀來砍開纏在我們腳邊的有刺物就好了。攀上一塊巨岩後，我們發現前面的路仍然非常難走，極目所及一直到山肩後我們看不到的地方爲止，全是多刺荊棘。我們腳下的地面陡直通往河裡，我們欠身出去就能看到河水在底下岩石間像煮沸般激起水泡。對面的山壁非常高。上面的山坡也許會有一條通往上游的路，但我們這邊的路看來更加實際，只是並不是說好過多少。

我們聽到附近樹林裡有樹枝折斷的聲音。就在這時候，莫妮卡說我們很可能身處有熊出沒的地方。我們全體一致同意返回營地，等把其他所有山谷都探查完後再來看朗坦河。

我們才回來，就發現營地上擠滿了雪巴人——莫妮卡說：「別人家有老鼠，我們有雪巴人。」——他們興奮的話語和那些年輕挑伕們說個不停的尖利聲音，讓我們震耳欲聾。他們急切地想看所有我們做的事情和吃的東西，而且毫不客氣——我們決定世界上沒有靦腆的雪巴人這種東西。這很可能是因爲他們以前從來沒見過白種女人，尤其是在他們自己的谷地裡，還帶著帳棚、氣墊和望遠鏡。

我們覺得最好讓他們一次滿足所有的好奇心。他們對地圖很感興趣，有一個人還把下巴擱在莫妮卡的肩膀上，好看清楚點。在我們把他們自己的山和谷地所在指給他們看的時候，他們好像明白了那些地點是怎麼畫成的，還幫別人再找到那些位置。指南針、剪刀、火把，所有的東西都仔細查看，可能的話還拆開來；我們還來不及伸手壓著，我們的刀就被抽出了刀鞘。可是在他們和我們在一起的時間裡，我們只遺失了一塊鋪地的防潮布，被丟在一叢小樹後面。

到了近黃昏時，附近茅屋裡的一名老婦人爲我們送來熱馬鈴薯，連皮烤熟的。看到我們爲她而誇張地爭搶最大的馬鈴薯並大歎好吃時，她發出了沙啞的笑聲。我們其實眞的很高興，因爲我們的菜單早吃膩了，只要有任何東西能帶來一點變化，都教人高興。

我們決定那天晚上要爲我們自己生一堆火，因爲現在太陽下山後氣溫比以前涼多了，而且我們也覺得爲什麼大家都可以圍著火交談，我們就不行呢？我們只撿起一、兩根枯枝，大家就明白我們的意圖，馬上就有好多雪巴腳伕和挑伕開始把枯樹砍倒下來。我們很清楚那些挑伕的熱誠是基於急著想試用我們的斧頭而引起的，因爲他們覺得那是件相當無聊又無用的東西。在亂搞了一陣子之後，他們回頭去用他們的闊頭彎刀，那玩意兒除了最粗的樹枝外，可是有用多了。

我們生營火是一大錯誤，因爲這讓坦巴塘的雪巴人能更舒服地觀看我們，搞得我們不得安寧。有一回他們全圍在我們四周，用火烤他們的背，還擋得我們完全看不到火。譚興喇嘛得意得很，每次我們一交談，他就假裝接嘴而加入談話，或者發明一個個雪巴雙關語來模仿我們剛剛說過的事情。他的舉動大受歡迎，他因此重複了好幾回他最好的那些笑話。後來，在回加德滿都的路上，他自己也習慣於和我們相處後，譚興喇嘛在叫別人做事這方面變成最多管閒事的一個。

晚飯時分，我們對他們說我們希望吃飯時不受打擾，聽了這話，再加上明格馬推了一兩把，他們才不情不願地走開，好像覺得我們這樣子很不夠意思。吃過晚飯之後，我們唱歌自娛，有些年輕一點的孩子又爬回來聽。

爬進睡袋前，我先到樹叢裡。過了一下子，兩、三名挑伕拿著燒得很紅的一支竹子火把走過，我偷偷往後退一步卻一腳踩空，就在這時我聽見河水的聲音由下面傳了上來，聲音很響，帶著警告意味。我向下墜落時伸手亂抓，我的手抓住的那根樹枝雖然因爲我的體重而彎了下去，但並未折斷。我很快地爬了上來，可是到了早上，我才看到我險些掉落到幾百公尺深的黑暗河谷，一路墜到普爾莫坦河裡。

第二天早上我們沒有很快動身。大部分的挑伕睡在山洞裡，但有些躺在塗了焦油的防水布底下，把防水布像床單似拉到下巴，等我們早飯吃完了，他們還在防水布下解溲。一直到了八點鐘，明格馬才讓所有人動了身，但即使如此，在第一個轉彎口就發現有人「休息」，臉上還帶著忍不住的笑，就像一群很麻煩的小孩子。

漸漸的，河床升高和原本在河上的高低起伏小路相接。有時候我們走過長長的草叢，有時穿過由樹苔形成的簾幕，那些半透明的東西好像更該用做《科摩斯》❶一劇的舞台布景，而不是出現在一座活生生的森林裡。

有一回停下來時，我們聽到穆拉里很困難地說著雪巴語。他是個很聰明的孩子，很熱中於學習，但是他和我們一樣有發音上的困難，而他的努力也讓大家覺得同樣滑稽。現在所有人都加了進來，我們原以爲他們是有音無字，誰知大謬不然，安・朵瑪讓穆拉里替她把我們的數目字以尼泊爾文寫出來。那一個上午我們都隨著他們發出的「chik, ni, soog, shi」節奏齊整步伐，而那些雪巴人則聽我們回應「一、二、三、四」。

看起來好像是以香菸來獎賞走在前面那些挑伕的好時機，可以表示我們的好意，也可以鼓勵落後的人加快腳步，可是唯一的結果卻是譚興喇嘛之後一直不斷向我討香菸——英國香菸可是了不起的好東西。他們自己做的菸是用粗菸草捲在一張葉子裡，然後握在拳頭裡「喝」。

另一次停隊休息時，喜歡把糖果紙丟在風中看它們被吹走的安・朵瑪，想出了一個新遊戲。她把小石頭包在糖果紙裡，放在路上拐騙那些後到的人。只要碰上有人上當，那就玩笑開不完了。雪巴人對笑話非常「省儉」，這樣的一個笑話可以樂上好幾個禮拜。

走了一小時左右，我們到了兩間竹屋前，有一小家人正在放牧他們的家畜，一半是犛牛，一半是母牛。挑伕在這裡停下來吃頓飯，聊個天，簡直沒法讓他們提起腳步離開。我們覺得自己就像絕望的女教師帶著一班無法無天的學生。艾芙蓮最有辦法，她不動聲色地一個個叫他們動身，只有一個留著稀疏鬍子、帶了把口琴的傢伙公然反抗，還想拿她來取笑。我們決定一有機會就把他開除掉。

將近中午時，我們抵達了普爾莫坦河和由我們左邊來的一條大河的合流處。我們認爲這就是拉克塔河，可以把我們帶到多吉拉克帕冰川。可是倪馬喇嘛卻說我們該過河去，而不是順著河走。我們很擔心地看了看，想看看他的路是不是沿著對面的河岸走。我們馬上就看出來並非如此。就在和普爾莫坦河合流處上方，拉克塔河從光禿巨岩的大裂縫裡流出來。這道河谷就像兩棟公寓大樓之間的一條小弄堂，卻是進入我們要走的那條冰川的門戶。我們相當確定即使現在這條河的水位正在最低點，也不可能勉強穿越這道河谷。

我們仔細查看兩側的山坡，右邊是巨大板塊，稀疏地長著草，左邊則是陡直可怕的尖坡，樹木不多，可以看見骸骨似岩石。我們深信這道尖坡上有路，可是卻不適合負重的人行走。後來我們發現有很少數的當地人找到路帶領他們的羊群上去過。不過，當時就算知道這條路的人也小心地不去提起，惟恐我們出現什麼想法。

即使現在，那條河都很難渡過，我們只能設法架一座橋。我們找到先前曾被用來當做橋的三棵幼松，然後小心翼翼地放在一邊，再把這三棵樹架在那條激流中段的地方，並用石頭草草地將它們壓緊在一起。那些雪巴腳伕對要過這道橋的事很不在乎，雖然那幾棵松樹很可能會在腳下滾動。

到了下午一點半，艾芙蓮才和最後一批挑伕趕到，他們宣布說我們得在這裡歇腳，因爲接下去有很長一段路都找不到紮營的地方。我們覺得這話很可疑，卻無法反駁。就我們看來，拉克塔河岸上也沒有營地，而如果原先是我們主張在這裡紮營的話，我們相信必定會引起反對聲浪。結果，他們在河上方的林子裡把一些小空地加大，在很短的時間裡就清出足夠搭幾頂帳棚的地方來。這幾處空地都以相通的階梯和穿林而過的走道相連。這塊營地很像是一間設計得很差的大雜院，卻有這類房舍特有的舒適感覺。那些挑伕發現用一根青皮棍子在水罐上磨擦，就能發出三種很奇怪的音，結果一下午他們都在用這件樂器做即興式演奏。

莫妮卡和艾芙蓮到上游去確定一下那裡眞的沒有可以沿拉克塔河而行的路，我則用一個小小的帆布水槽洗澡，結果除了我自己之外，把帳棚裡的每一樣東西都弄得濕透。她們倆在濕滑卵石所組成的河岸上滑行，在大石頭上跳來跳去，河水撲擊著她們的腳跟。就在河谷的裂口下，河流變窄，水量集中成強而有力的激流，從間隔很寬的巨石間衝過。遇雨季，這裡想必是很可怕的地方。這個河谷的門戶讓她們想起了《伊利亞德》❷裡會動的巨石，隨時準備合攏來夾住膽敢從其間穿過的人。她們很慶幸自己不能再往前走。

她們從比較高的一條路線走回來，但並沒有更多發現，只發現莫妮卡那雙特爲她定做的新靴子的後跟部分太寬了些。如果我們要攀岩的話，事情可能就會很嚴重，因爲她穿著這雙靴子沒法讓腳在很小的落腳點踩準。這個問題在雪和冰上倒不是大問題。

我們已經開始有點感到呼吸急促，這件事加上那麼多樹苔，讓我們想到我們目前想必已在海拔三千三百公尺高處。我們取出兩支都是借來的高度計，查對一下我們估計的高度，因爲各種各種的原因，我們在離開英國前沒有機會加以檢測，現在才發現兩支高度計最高都只到兩千四百公尺。就算把兩支的總數加在一起，我們也沒法丈量喜馬拉雅山的高度。

明格馬知道我們對今天只走了很短的路頗爲不快，於是建議第二天清晨及早啓程。我們六點時動身，沒有走多久就看到一個巨大洞穴，根據當地的傳說，有一回西藏人入侵時，曾經有一千名喇嘛藏身在這個洞裡。入侵的人想必是從諾欣河源頭翻過山路而來，或是在更南邊一點的地方，把當地的部落趕進山谷裡。可是目前我們卻尋思著，說不定他們正是採行求嘉那個馬蹄鐵形山裡的一條小路，而我們正要重新發現那條古道。挑伕們在洞裡生起了一堆火，燒的是竹子，他們利用煙爲我們展示了那些令人想像不到的出入口。

我們所走的路現在穿過地下鋪滿落葉和艷麗櫻草花的樹林，我們來得太早，還不是櫻草花最盛開的季節，地上到處還有一灘灘的積雪，像是野餐之後留下來的垃圾。樹林過去是一片很廣大開闊的草地，有一條清澈的溪水從草地上流過，不是冰川的水。這片在朋沙（Pemsal）這個地方的草地本來應該是前一晚最理想不過的營地，我們很懊惱事先沒有人跟我們說起。那些坦巴塘的人一點也不覺得這是瞞騙，而是在逗弄沒耐心的外國佬，因爲這些外國人不明白其實最後一切都是同樣的結果。

現在他們說這條清溪是方圓數公里之內唯一的好水——冰川水裡的沉澱物被認爲是種有害的刺激物——建議在這裡吃早餐。他們說我們選的這條路下一段會很陡，因此必須增加體力。我們以前也聽說過這樣的故事，除了坡度略增之外，根本純屬虛構，我們覺得及早動身不過是鬧劇一場，只能坐對愁城地望著富爾比奇雅楚山。雖然與我們原意不符，卻越來越接近了，這座山峰矗立在我們之上，有著一條陡峭的冰川，坡度之難行是我們前所未見的。這還不是富爾比奇雅楚的主冰川，眞正的富爾比奇雅楚布冰川目前還看不見，但是我們相當確定我們正往富爾比奇雅楚布冰川走過去，而那裡會和這條小得多的冰川一樣陡峭難行。

我們的雪巴腳伕找到了另外一種蔬菜，這次是一種水芹，用牛油炒過之後，有種很好聞的堅果香味，我們幫忙安·朵瑪採了好多放在她的圍裙裡。

我們的路現在突然轉向北方，直往山上走。這次挑伕們倒是說了眞話，我們爬了大約九百公尺，一路陡峭的程度絲毫未減。我們大聲喘氣，兼用斧頭撐著身子。但是對那些挑伕來說卻並不麻煩，他們很酷地揹著東西往上走，看著我們受磨練，心中暗笑。現在聽不到我們催他們快走的叫聲了，我們只能盡量趕上。

我們現在可以看到富爾比奇雅楚山的全貌，從巨大的圓禿山頭到她那件冰雪衣飾拖在骯髒、移動的冰磧石裡的裙邊。我們問那些挑伕，這座山的名字是什麼意思，以爲會得到提高嗓子的回答。「哦！意思是指那座山的樣子像隻小雞。」他們含糊地說。

最後坡度平緩了，挑伕們覺得該休息一下。我們跌坐在一塊雪巴腳伕說是象頭的巨石邊。那塊石頭完全不像大象的頭，實在也不像大象的任何一個部位，讓我們懷疑當地人是不是都這樣為他們的山川和地標命名，就像小旅舍的老闆為他們的小旅舍取名一樣。

「這段路讓妳們很麻煩，是吧？」一名挑伕咧嘴笑著說道。毫無疑問，爬這一趟對揹了東西走完前一天的路之後的挑伕來說是太過分點。

倪馬喇嘛說他建議我們用做基地營區的地方現在已經很接近了。不久之後，我們就到了那裡——一帶很寬的岩板，在海拔約四千四百公尺處，形成一個山腹洞穴的地面，這裡的名字叫朋巴塞瑞布（Ponba Serebu）。完全沒有倪馬喇嘛讓我們以為會有的積雪。上面是一道針狀岩石形成的高牆，其間多處缺口是寬大如扇形的雪谷，隔在我們和主要的多吉拉克帕冰川之間。山腹洞穴的地面在我們所站的邊緣之外斜下去，邊上有一座小湖，四周是沒有屋頂的石屋，這些內鋪竹蓆的小屋是坦巴塘的牧人雨季前到這裡放牧犛牛時的住所。他們怎麼驅趕那些牲畜渡過拉克塔河爬到這麼高的地方，我們完全無法想像，不過一旦到了這裡，他們就必須留在山上，等到雨季過後河水退了再下山。

這些石屋讓我們想起蘇格蘭高地荒廢的小農場，四周滿布蘇格蘭北部和西部那些孤寂之地的危險氣氛。我們寧願到斜下去的地方。我們在那裡找到一片在很多堅實巨石間的平坦草地，一條從小湖流出來的清澈小溪從中間流過，在一側有一棟單獨的石屋——是給我們挑伕住的理想「豪夫」。那裡有很多杜松樹叢和其他矮小的針葉樹可以當柴火。除了這裡可能是個死胡同之外，朋巴塞納布似乎是當做基地營區的理想地點。

我們希望可能的話明天就付錢給那些坦巴塘來的人，讓他們回去，因此不能浪費時間，馬上要弄清楚我們是不是在一個有利的戰略位置。

吃過午飯之後，我們分組成兩支勘查隊。莫妮卡和我直接往上攀爬矗立在營地上方如牆巨岩中最陡峭的雪谷，希望能找到翻過這道岩牆的路，或至少看看另外一邊有無可能的路徑。艾芙蓮和明格馬穿過小湖東邊的草坡去找那道主要的富爾比奇雅楚冰川，找出是不是有可行的路由冰上溯冰川而上。如果兩路勘察都沒結果的話，那就只有回頭，想辦法勉強從我們在下面經過的一處河谷上去。

莫妮卡和我未能成功，雪谷裡的雪又軟又黏，表面風乾得很奇怪，像蜂巢一樣。兩側各有一道大雪崩滑落的痕跡。我們不停地往下看，心裡想著最壞的情況下，雪崩不過是讓我們摔落到滿是小石子的山坡上。不過話說回來，身子在有石子的山坡上刮擦可不是件舒服的事，我們可能全身是傷，得在營地療養而根本沒法登山探險。

大約上了雪谷一半的地方，我們在一塊岩石邊休息，天開始飄雪，霧氣的長長手指伸向高峰的山脊。我們現在看到雪谷有一道往左側走的分支，最後終止於一帶陡峭而長著草木的岩石，看來不是樁好買賣。我們覺得主雪谷路還好走些，可是再繼續冒險也沒什麼道理，因爲我們現在已經確定從頂上什麼也看不見。霧已經合攏來，還能看得見的似乎非常沒有吸引力。我們再滑下來，一路總會有一隻腳被卡住，害我們往前摔倒並滾下斜坡。和喜馬拉雅的雪初次見面著實有點讓人氣餒。

艾芙蓮對她的消息得意到趕來迎接我們。「我們眞找到路了。」她說。她和明格馬發現他們往下可以看到富爾比奇雅楚布冰川形成一道巨大而結凍的階梯狀分段瀑布向下直通普爾莫坦河谷。她看到有一條路往下到那處冰磧，到達冰瀑往上超過一半路的地方，她認爲我們可以經由一道大而開敞的冰斗隙❸在左側形成的走道繞過。她在霧中看到幾乎就平伸在冰川上方的一條大路，她很有信心地預言說那條路就通往求嘉喜馬的中心和西藏的邊境。這實在遠超過我們膽敢希望的狀況。

一看到我們出擊歸來，我們的雪巴腳伕們都走出來行禮，帶著微笑，顯然爲我們現在在坦巴塘的雪巴人心目中完全恢復了登山者的地位而感到高興。

所有的雪巴腳伕、登山者和挑伕當夜都在那個「豪夫」裡盡情歡樂。好久好久之後才都累得話說到一半就睡著了。我們發現當地人對我們要去他們山上探險的事毫不在意。他們似乎並不把那些山峰視爲神聖不可侵犯，也不在乎我們到不到得了那裡，只要我們能帶來新的趣味，讓我們的雪巴腳伕們有個開派對的好藉口。

【注釋】

❶《科摩斯》（*Comus*）：《失樂園》的作者英國詩人約翰·密爾頓（John Milton）所寫的假面劇。

❷《伊利亞德》（*Iliad*）：相傳爲荷馬所作的古希臘史詩，敘述特洛伊之戰最後一年的故事。

❸冰斗隙（bergschrund）：指位於冰河上游較巨大的裂隙，通常是與終年冰層的擠壓造成。

第七章　大發現——海拔六千公尺的新山脈

我們現在有一天的時間可以休息，可是，像通常一樣，卻比很多登山的日子更忙。

我們付錢遣散了坦巴塘來的人，只剩下兩個，倪馬喇嘛和一名充滿活力的年輕人拉克巴（Lakpa）。這兩人留下來幫著把東西搬到冰川邊，還要在我們準備回加德滿都時先去召集一些他們的人來。明格馬在留人下來的時候碰到困難，最後沒先和我們商量就答應留守基地期間付全額的酬勞。我們爲這件事吵了一頓，但還是尊重了他的承諾。我們一向勇於出面糾正到現在還很普遍的錯誤看法，以爲探險隊有的是錢可以亂花。比方說，那些雪巴腳伕非常誠實，可是這點並不會讓他們不用盡一切他們認爲是合法的方法來榨乾我們的錢。一般的印象似乎是我們不會在乎。

在坦巴塘來的人離開之前，莫妮卡請他們一起拍張照片。他們馬上收起平時的活潑，變得僵硬又正式，活像維多利亞時代的家族。大家不能笑一笑嗎？她問道。他們覺得這問題荒謬得可笑，全部打從心裡哄笑出聲，還笑得在地上打滾，花了好久時間才讓他們停了下來。

然後艾芙蓮和我要準備足夠的高山妫糧，以備我們自己和雪巴腳伕們在探測富爾比奇雅楚布冰川的五、六天中食用。我的方式是把所有的東西拿出來堆在我腳邊，一直到看起來很多的時候爲止。艾芙蓮則是把不同的食物分門別類堆放，這裡是沙丁魚，那裡是糖，然後抱怨說她喜歡的東西我們都不夠。她甚至還會偷我的食物清單，要是看到有個三、四個禮拜之後才會打開的箱子裡有好吃的，就會來纏著我要「預支」點堅果，或是煮熟的火腿什麼的。

我們再次檢試所有高山用的儀器設備，露天點上高山專用的普利茅斯牌攜帶式煤油爐，並架起高山用帳棚。特別一提，這些高山用帳棚中，有一頂借來的帳棚非常重。它的所有支柱必須穿過厚帆布外面的開口，而且不可能在這樣做的時候還保持密接，我們想這在暴風雪來襲時可麻煩了。明格馬極端不喜歡這頂帳棚，他問我們是不是把那頂銀鬃帳棚帶去給雪巴腳伕用。銀鬃帳棚不是設計來頂住強風用的，可是有一張門簾，所以我們決定試用一下。

我們晚上已經要用兩個睡袋。內層是平常度週末時使用的睡袋，爲保暖還縫上一張床單，外層則是供極寒地區使用的特製睡袋，這種睡袋附有鴨絨頭罩，很蠢地在廣告上稱之爲「棺材」型。

我們找出了我們的網眼背心，用來在皮膚和羊毛衣物之間形成一層有空氣流通的空間，讓汗水能夠消散，使身體不致太熱或太冷。莫妮卡非常喜歡她的網眼背心，宣稱她永遠要貼身穿著一件這種背心。我們給了明格馬一只錶，而他總是留神讓其他人知道他懂得怎麼用法。他看日頭就能把時間說得很準，但給了他那只錶後，卻能達到讓他及早把其他雪巴腳伕叫起來上路的預期效果。

第二天，也就是四月二十四日早上，我們到了艾芙蓮和明格馬繞過的那處草坡的頂上。富爾比奇雅楚布冰川的冰磧在很深遠的下方，一大堆厚雪覆蓋的巨石連著像沙一樣的冰塊，兩邊似乎都找不到任何舒服的地方。而要到那個很不吸引人的地方，好像也不大可能像我們

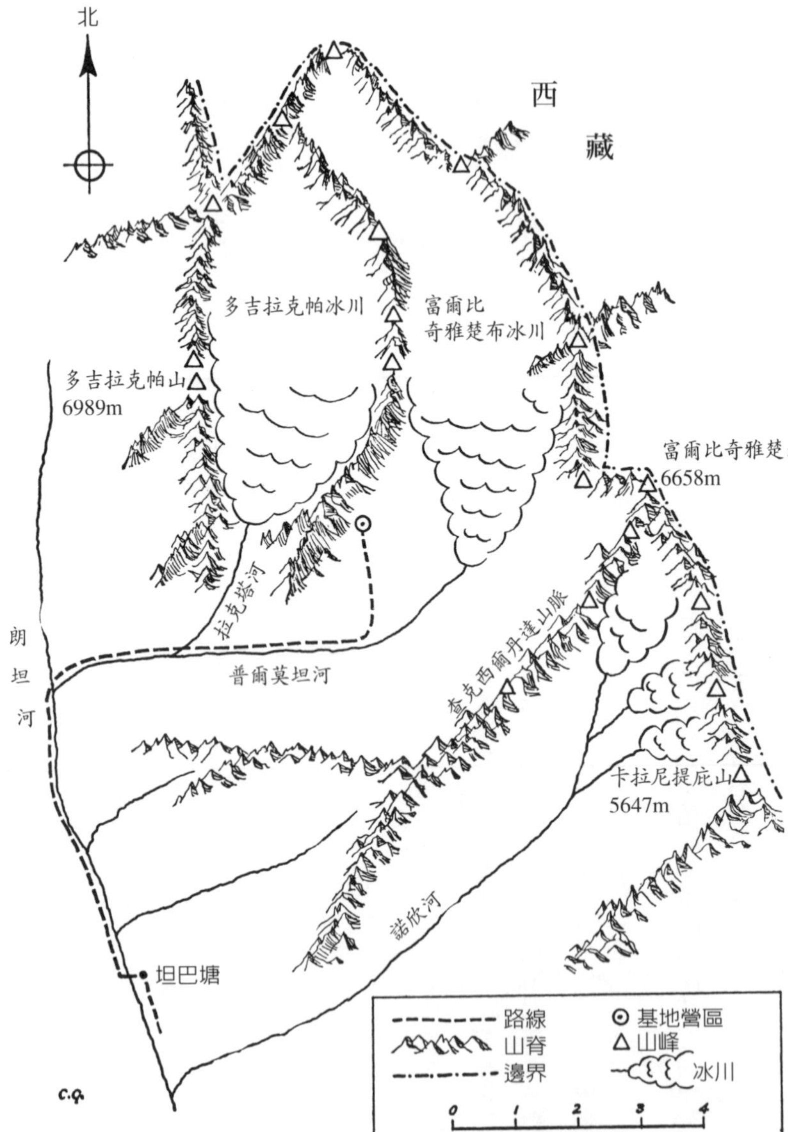
北
西
藏
多吉拉克帕冰川
富爾比
奇雅楚布冰川
多吉拉克帕山
6989m
富爾比奇雅楚山
6658m
拉克塔河
朗
坦
河
普爾莫坦河
奎克西爾丹達山脈
卡拉尼提庇山
5647m
諾欣河
坦巴塘
c.q.
路線
山脊
邊界
基地營區
山峰
冰川
0
1
2
3
4
哩（約數）

聽了艾芙蓮的話後所想像出得那麼容易。往下去的路，我們必須先往左邊移動，越過兩處很深的小峽谷，那谷裡滿是積雪，兩邊則滿布爛泥和一踩就會崩落的小石子，像一堆堆綿延不斷的礦渣。在第一道小峽谷處，積雪四周是一圈看來凶險的棕色——那是落石的痕跡。到了半路上，一陣小雪崩讓山坡露出結凍的爛泥，一些石頭卡在中間，像是布丁裡的葡萄乾。我們就踩著這樣的路過去，一面踢開已經鬆動的部分。安・朵瑪揹著一綑她沿路撿來捆得不很扎實的柴火，走得很困難，全靠艾芙蓮倒退著攙扶著她的手才過得去，可是穆拉里卻走得很快又穩，只依靠我那把黑傘支撐。

所以，我們全然沒想到他會宣布說他要回去，尤其是他那天早上還急著要跟我們一起來。我們告訴他守在原地，等安・朵瑪和挑伕們回來再說。

這時候雪落下來了，比前一天早了很多。我們當時還不知道，可是一道西南氣流已經來臨，帶來午後的雲層和降雪。在先前的路上，我們整天都可以清楚地看見那些山峰。現在，如果運氣好，要到下午一點才起雲，可是通常在中午就有了雲，而整體說來，隨著時間過去，雲來的時間一天比一天早。通常因此阻礙了我們的探測。

留在後面的穆拉里覺得很冷，而且因爲他生長在城市裡，忍受不了太久的孤獨。雖然最後他一直走到冰磧的營地，但基於實在厭惡酷寒和醜陋的冰塔[1]，之後也就沒再說要跟來。這樣方便多了，雖然不免讓我們傷感。他很敏感，有冒險精神，而且相當機伶，可以成爲一名好登山者，我們實在不想看到這些特質白白浪費。

挑伕們打著赤腳不戴手套地走過雪地，倪馬喇嘛把他羊毛襯衫的長袖子放了下來，但是在討人喜歡之外還很具戲劇性的拉克巴卻早已成功地讓艾芙蓮借了雙手套給他。她現在要他歸還手套。他兩眼露出難以置信的表情，緊接著眼眶裡盈滿淚水。他可憐兮兮地用嘴朝著開始由手套裡退出來的手指呵氣，她實在不忍心堅持，就想起她背包裡還有一雙備用的。顯然在雪巴語裡沒有「借」這個字。

我們打發他們兩個和巴尤回去，給了他們一些香菸當小費，他們以雙手捧接過去。穆拉里也要一支，強調他自己和安·朵瑪一起陪他們下去。

然後我們轉過身來查看我們的新營地。冰川的冰磧從來就不會好看的。這地方讓我想起了火車站的洗手間。冰就像沒清洗的磁磚地，落石和雪崩的聲音就像毫無目的來往的火車，冰塔和上方的冰塊形狀猥瑣而帶著嘲弄意味。我們置身在一處小小的山丘上，一邊可以防傾倒的冰塔，另一邊可以防落石，因爲這是我們第一個眞正位居喜馬拉雅的營地，本來就不會浪漫，甚至不會舒服的，所以我們毫不抱怨地安頓下來。

整體而言，我們這處高山營地要比我以前在嚴寒的蘇格蘭冬季領受過的舒服多了，那時候我的配備少，又沒人替我燒飯。

我們自己有兩頂小的高山帳棚，一頂帳棚裡睡兩個人，另一頂則睡一個人。我們一直變換床位，好讓彼此間的關係保持良好。有時候我發現獨自一人用一頂帳棚時，能按照自己的意思放置東西（不一定很整齊），能換內褲或擤鼻涕而不必擔心造成別人不便，是件很輕鬆的事。（她們都說我擤鼻子像在吹大喇叭，而且可以依此判定到了該起床或熄燈的時間，這完全是誇大其詞。）但也有些時候我想要知道其他人在說些什麼，或笑些什麼。

吃飯的時候，我們聚在一起，通常是在那頂住了兩個人的帳棚裡。到了這時候，帳棚裡就會變得有些混亂，水壺顫危危地擱在背包上，果醬則悄悄地從罐子裡流到睡袋中。在餅乾上塗牛油或果醬以及調酒的工作，則由因爲動作太慢而坐得最靠近門口的那個人來負責。

第二天早上，雪仍然不斷悄悄落下，一層積雪罩住了我們的帳棚、路徑及冰川的縫隙，好像故意要把一切變成什麼也看不出來的一片銀白。我眞的生病了，頭抬不起來，感覺上就像有一個令人痛苦的重量壓在頭上似的。很難說是什麼原因，因爲我們所在的地方並不比基地營區高多少，而我在基地營區時根本沒有感覺到任何缺氧造成的不良影響。奇怪的是，這也是我唯一一次得了高山症。對我來說，要適應環境就像穿越聲障一樣，一旦過了對我危險的高度後，就沒什麼大問題，剩下就只是胃口不好，當然還有點呼吸困難。莫妮卡形容這是「對上盤就服水土了」，就她而言，那關卡是在直直登上基地營區的時候。

有一件事讓我聽了很放心——就是高山症並不純粹是一種心理反應或是某種想法的結果。莫妮卡就用很不屑的語氣談這種病症來鼓勵我。

「只要有足夠的毅力，百分之九十九能克服高山症。」她說：「大部分人要是從沒聽說過這玩意，大多不會有什麼麻煩。最好的辦法就是假裝根本沒那回事。」聽了這話讓我更加擔心，心想我一定會因為清楚證明了自己缺乏意志力和容易受影響而更痛苦。不過，那種難過很快就消逝，再也不會吃不下東西。

另一方面，艾芙蓮很理智地根本不費心思考這種問題。可是她比我更難過，有時還會連續好幾天不適。不過如果我們在山裡的時間更長的話，她也能很舒服自在地到更高的地方。

我們決定那天不要在惡劣天候裡進入陌生地區，但是到了下午，天略微放晴了。因為艾芙蓮也覺得有點不適，而在這樣的海拔高度，莫妮卡是最健康的一個，所以她和明格馬以及安格．坦巴一起去探查一條穿越營地上方冰川陡峭部分的路。我們焦急地望著他們沿冰川裂縫的狹長通道往上爬，繞過了冰川中間的冰塔和小尖峰，通往冰川上半部。這條通道隨時處在落石的威脅下，非常不安全，我們老早就認定不能穿過那兒上山。那天下午，聽起來就好像有人在擲石打仗，有些石頭落在離營區很近的地方，滾落的時候一路重擊著路上的一切，好像因為離了原位而十分憤怒。艾芙蓮和我看到其他人找到路上達冰上後鬆了口氣。在那之後，我們只偶爾看到他們的身影，匐伏在被雪覆蓋的巨大石崖上或停在冰柱頂上。

對莫妮卡來說，這次探路想必就像一本正經地玩一場地形圖上曲折上下的遊戲。現在他們走錯了一條路，通往一條死巷，只有一個又大又黑的冰穴在那裡等著，是他們走錯路的懲罰。現在他們找到了對的路，就有一處光亮的小山頭做爲獎賞，讓他們通往下一道關卡。明格馬快而有力地鑿出踏腳的階梯——在這種情況下他總是最能發揮力量——而莫妮卡跟在後面，在兩級中間再鑿出一級來，其結果是正合她的步度。但儘管上面有冰塔的威脅，下面又有很多裂縫，明格馬卻不情願繫上安全繩索。

不願意用繩子，這是我們和腳伕之間唯一談不攏的事。我們要去的地方他們都去，尊重我們的判斷，雖然明格馬對路線等等所提的建議都非常好，卻還是把最後決定權留給我們。明格馬和安格·坦巴在爬山方面比其他人更爲進取，明格馬是個既有能力又有經驗的登山者，尤其熱中於前導。我們不會澆他們冷水，因爲最好能和雪巴腳伕一起分擔開路和鑿踏腳階梯的工作，而他們的體力顯然比我們強得多。結果，這做法讓他們對我們的計劃更加認同。他們並不覺得女人來做這種事有什麼奇怪，因爲他們自己的女人儘管不在冰雪上登山，卻也是蹔強悍又深具冒險精神。不過，雪巴人並不受他們的女人指揮，所以對他們的管理如果毫無手腕的話，那可就很慘了。

我們很慶幸明格馬和安格·坦巴很有登山的精神和對冒險的熱愛，即使那樣會讓他們開心地忽視了客觀的危險（除了落石，這點他們倒是很注意的）。到目前爲止，很少有雪巴人會自己想去登山，也從來沒有人自己組過探險隊。當然，丹增❷是很有名的例外，將來也會有人追隨他。最後雪巴人很可能成爲嚮導和領隊，就和瑞士的嚮導一樣，這些從十九世紀中葉農人挑伕進化而來的瑞士嚮導，爬得比業餘玩票的登山客好得多。現在雪巴人還不大會看地圖、用指南針，也不懂高山救難，但是在大吉嶺已經爲他們開了一間登山學校。

繩子繫上了，明格馬很草率地教安格·坦巴怎麼固定安全繩。安格·坦巴把斧頭插進一、兩吋深的雪裡，萬一滑落根本撐不住。這樣的做法繩子不但無法保安全，反而更危險，有好幾次莫妮卡不得不堅持要固定得更好些。

「Thik hai，女士。」安格·坦巴毫不在意地說，意思是說一切都沒問題。我們覺得唯一能治好他的方法就是讓他掉進冰縫裡——可是我們不希望這種事發生在我們的探險過程中。

他們走到冰川上幾乎是平坦的部分後才回來。莫妮卡回到帳棚裡，爲我們帶來滿懷的熱誠和滿身的雪。

「哎，有一條穿過冰瀑既簡單又好走的路，」她說：「我們可以由這條冰川直接往上走。」明格馬俯身站在外面，表示也參與傳送這則大好消息，而我們只看到他那張咧著大嘴的笑臉，就像童話故事《愛麗絲夢遊仙境》裡的那隻柴郡貓。

第二天清早天氣晴朗，而我也覺得病好了。我高興得在清晨五點前就起了床，其他人覺得我的「生之喜悅」（joie de vivre）來得不是時候，先前趕路時很早就起床的雪巴腳伕們，這會兒在冰川上卻沒那麼容易從他們的救生衣裡爬出來。清晨冷得要命，而我們好像又在太陽最後才照得到的地方。雪泛著藍色，而且鐵硬，連腳印都留不下，我的手指一下子就凍麻了。最後莫妮卡和艾芙蓮終於起床，穿著她們所有的衣服，坐在氣墊床上，擺出一付不高興的樣子，等著太陽照到我們。最後陽光照射到我們那不動如山的營地，就像喚醒睡美人的那一吻似的，爲雪地、雪巴腳伕們還有我們都帶來了生命和光采。

我並不是說我們當時的外表有什麼美麗的地方，我們在這個營地裡的確洗過臉，不過我們馬上就不再做這件事了，因爲我們所有的水都得從融化白雪得來。我們是在一個很乾淨的世界，而且反正也太冷了。我們雖然偶爾會梳梳頭，可是我們的頭髮都變得又直又垮，我總把我的頭髮藏在一頂黃色帽子下，或是戴上那頂巴拉克拉瓦盔式帽❸，兩頂帽子輪流當假髮用。莫妮卡的頭髮顏色變淡又變乾，因爲她在離家前「燙」得太兇了，結果開始脫落，她只好在頭頂上把蓖麻油膠囊擠破，用膠囊裡的油搽在髮根上。

儘管印度新聞界出現過一些肯定的報導，我們在登山時卻不化粧，也不搽口紅，更不用說在海拔六千公尺的地方了。化粧可能會極其危險。即使塗了厚厚一層冰河泥加以保護，讓我們看來好似舞台上令人不快的角色，我們卻還是會被那個高度陽光中原本就很強烈而經過雪的反射又再加強的紫外線燒傷。我的嘴唇，因爲掙扎著吸氣而始終張開著，結果內側冰河泥被舔掉的地方就被燒傷得很嚴重。就連喝橘子汁對我來說都成了酷刑。

每次我們的營地一移動，所有的東西都得跟著一起搬，活像挑擔子的流動補鍋匠。有時候我們會找個地方存放食物，可是沒辦法把帳棚留下來。在嚴寒中打包一般都得花費很多時間，雖然日子久了後，雪巴腳伕們的動作越來越熟練。通常我們得等到陽光照射到帳棚，讓外面那層閃亮的冰殼和因爲結凍使得帳棚緊嵌在雪裡的帳棚周緣融化開來。

第一天早上我們進入冰瀑的巨大迷宮中時，已經過了八點鐘。明格馬揹著東西比其他人都早出發，一路清除前一天鑿出來的階梯上的新雪，等他上到第一道斜坡一半的地方，我們才趕上他。我們別無選擇，只能在那個很尷尬的地方繫上安全繩，第一條繩索由明格馬領軍，第二條繩索由艾芙蓮帶頭。我緊跟在明格馬後面，因爲萬一他掉下去的話，我比又小又輕的莫妮卡要能拉得住他。我覺得有點緊張，因爲他揹著重物，所以每次碰到決定性行動時，他就會像他在賭博時那樣發出恐慌的怪聲音來。幸好每次也緊跟著有骰子擲出好點子的勝利呼聲。

有一個地方，我們必須越過一道很窄的冰橋。另外一處我們得爬上一道邊緣銳利如刀鋒的冰牆，再跳過後面意想不到的一道裂縫。我們只顧著找路，沒有注意到起了雲，結果發現自己被雲霧包圍。

等我們抵達冰川上方的平坦處，仍然被縱橫交錯的裂縫所困擾，卻能看到中間一道被雪覆蓋但可見處處隆起的長冰磧，往上直伸進霧中——這就是這條冰川的脊柱。我們取出指南針，在霧來前先定出方位——十五度——然後在上面走了一個多小時。但是到達比較好走的地方後，首先要停下來改變我們繫繩的順序位置。莫妮卡取代明格馬的領頭位置，因爲我們希望由我們自己來找路。無論如何，就像她對明格馬說的，萬一她掉進意料外的裂縫裡的話，她比較容易被拉上來。和明格馬那大塊頭加上他揹的東西比起來，她輕得像顆梨子。不久後，這話得到了證明，因爲她眞的滑進一條隱藏的裂縫裡——還好其深只及腰際。她說那就像是踩破了一扇天窗掉下去，底下的冰叮噹響得像玻璃。

雲只偶爾微微散開。冰川似乎變窄了，一道冰瀑出現在左前方。我們決定在還能確保沒有雪崩危險的時候紮營。我們找到一處平坦的地方，明格馬和安格·坦巴上上下下走著，把雪踩平後弄出一塊地方來搭帳棚。這是經常要表演的所謂「帳棚舞」。同時我們也踩出一道跨越兩條冰縫的路到這條像脊柱的冰磧另一邊，找到了掩蔽處。

雪巴腳伕們總會觀察我們用了哪塊大石頭或哪個空洞，然後悄悄地另選他處，通常是更難走到的地方。要是他們碰到我們之中哪一個剛由「女廁所」回來的話，就會假裝根本沒看到我們，如果碰巧這又是大清早第一次見面，就會等第二次碰頭時再打招呼問好。

這個下午跟很多其他的下午一樣。我們用一只睡袋圍著腳或肩膀，坐在帳棚裡聽著冰雪尖利的爆裂聲，或是飄雪輕柔地落下聚積，然後裂成一塊塊滑落下去。安格·坦巴會爲我們送來用茶葉泡的茶或是用阿華田沖泡的「阿華茶」，在這麼高的山上，後者更受歡迎，此外還有沙丁魚和麥維他餅乾。他通常會一邊唱著一首他剛剛用營地裡所發生的事編成的小曲。下面這首就是他學會「葡萄乾」這詞的時候所做的，內容是：

古德龍，葡萄乾。

古德龍，葡萄乾；古德龍。

葡萄乾；古德龍，葡萄乾。

他也爲我們送晚飯，而要是雪巴腳伕們想到什麼特別的大餐，比方說鮭魚，庫桑就會跟著來，然後把頭從門口伸進來，大叫「妳們好，各位女士」，一邊咧著大嘴，好像表示這整件事都是他的主意，然後坐下來看看效果如何。

我們一直看書或寫東西到傍晚，多是選些實用的書。有人勸誡我們多用腦筋，這話一點也不錯，不過艾芙蓮發現要唸她的《應用心理學》未免太過分了。我自己最喜歡看《灰衣主教》❹，因爲我都跳著看，所以對其中含意不甚瞭解。莫妮卡花了很多時間看《盧梭懺悔錄》❺，不過他的那些缺失錯誤變得有點冗長乏味了；《卡拉馬佐夫兄弟》❻先前大受歡迎，後來才發現我忘了把這本書的第二部帶來。莫妮卡把大部分時間花在計劃換新裝上，艾芙蓮和我則大多在想著即使並非豪華盛宴至少也能大吃一頓的餐點。我有時候很渴望能聽到好的音樂，雖然我在家時並不常聽音樂。

吃過晚飯之後，我們鑽進兩層睡袋裡，把我們濕掉的襪子和手套也帶進去，放在兩層鴨絨之間去晾乾。我們的靴子也必須帶進去，整晚蓋在腳上，就像一張蓋在肚子上的冷薄餅。即使如此，到了早上，靴子通常還是凍得硬硬的。

我夜裡唯一不舒服的是不能像在家裡那樣把頭整個縮進睡袋裡，如果這樣的話，就會半夜醒過來掙扎著拚命吸氣，而臉會碰到冰冷的拉鍊。頭伸在外面也夠慘的，我發現自己在翻身時，或甚至想要翻身又改變主意時，都會喘得像使了好大力氣似的。

第二天早上，帳棚壁都被新雪積壓得往內彎，從裡面往外打一、兩下就清除了積雪，太陽也照了進來。我掙扎著爬出來，還在半睡狀態，完全不知道我會看見什麼。外面的冷空氣和景色所帶來的衝擊，使我立刻驚醒過來。在冰川的頂部有一座我以前從沒看見過的山峰，形狀非常美，在朝陽的金黃色光輝中閃亮著。它就好像從深藍色天空中一躍而出。我只感到好像突然有一陣極美的音樂劃過天際，而我想高聲呼喊。我眞的叫了，要其他人快來看，抱怨的聲音也馬上停止了。

每天早上，我們的高山營地都瀰漫同樣令人興奮的感覺，這種感覺不見得一定能讓我們從睡袋裡爬出來，可是──這正是最特別的迷人之處──可以讓人享受那種期待和舒適。我們永遠說不準往外看會發現什麼；在前一天的迷霧中會有什麼新的未曾攀登過也沒有取名字的山峰現身，或是我們已經見過的高山又有什麼嶄新和也許很可怕的一面讓我們感到震驚和渺小。要是我曾想過在這些山裡「證明自己」什麼的話，現在也永遠拋到九霄雲外去了。

這天早上太陽比平常早些照到我們，平坦覆蓋所有地方的白雪上現出了水珠，閃閃發亮。我們也及早啓程，不過艾芙蓮卻突然在雪地裡嘔吐了。那些雪巴腳伕喃喃說了些表示同情的話，像平常那樣很有禮地轉開眼光而沒有大驚小怪。這場不舒服最糟糕的是，大吐後並沒有讓她好過點。她還是繼續往前走，只不過很慢，也很努力，常常停下來擦拭她起霧的護目鏡，也常爲了要停下來而擦拭她的護目鏡。

我雖然很同情她，卻止不住感到興奮。我們正越過冰川下面那部分尖端的狹窄頸部，從那裡往後，冰川開展成一個巨大的白色馬蹄形，四周是雄偉的山峰，各有其冰川，都似冰瀑般懸在中央的大冰川上。以前從來沒有人到過此地或見過這一切。

我們現在所經歷的感覺，大部分人都不可能持續很久，而我們置身在這個美不勝收到難以想像的馬蹄形裡時，大部分的時間和注意力都花在世俗的瑣碎小小事上。但只要想到這些瑣事——比方說，安格．坦巴把斧頭上下顚倒地拿著，在雪上畫圖作樂——就會回憶起我們當時情況的光采奪目，以及我們所感受到的驚喜和歡樂。

等我們踏上這個新盆地的中央時，我們決定紮營。霧已經升起，遮沒了四周雄偉的群峰，代之以捉摸不定的灰牆。不過，我們已經看到我們盆地的邊緣，北邊和東邊就是形成尼泊爾和西藏邊界的山脊，在富爾比奇雅楚峰和我們在冰川頭發現的那座很美的山峰間低斜成一處凹地。我們可以從營地上方一道長而陡的山脊走到那裡，從那裡看西藏。我們也希望能仔細看看富爾比奇雅楚的北嶺，那兒山峰陡直，但隨後就平緩了。這個山峰在好些地方看起來並不比一片冰實在多少，我們卻被它的角度騙得認爲我們可以沿著山找到一條路走。同時我們也想去檢視一下凹地北方那座漂亮的山峰，她令我們大大著迷，我們開始稱之爲「仕女峰」，後來被別人說我們太過急切了。山峰西邊的輪廓線在較低的地方很陡直，可是以我們缺乏經驗的眼睛看來像一塊很寬的拱壁，可以爬得上去。

一等我們停下腳步，艾芙蓮就跌坐在一個鼓突的背包上，安格·坦巴和齊皮拉很快地把她安頓在帳棚裡，動作快到像是圍著她把帳棚搭起來的。齊皮拉很快就弄熟了我們那套帳棚輪調的辦法，在安放我們的背包和睡袋上從沒弄錯過。可是庫桑就沒法搞得清楚，總是愁眉苦臉，好像在說：「不會又換了地方吧？」

到了清早，又有一件意想不到的事突然出現在我們面前，我們從帳棚裡出來時，看到西邊矗立一對山峰，陽光像溫暖而明亮的潮水從山峰表面的岩石和冰塊滾下。其中一座山峰比另一座略高，而這兩座山峰很像我們在遠處指認爲多吉拉克帕的那座山。只要再走一小步就能確定這「正是」多吉拉克帕，而因爲我們覺得可以隨意地完全否定那張地圖，我們也發展出一套理論，認爲在求嘉山脈沒有兩條主要的冰川，而只有一條。「反正」，我們天眞地以爲：「整個求嘉喜馬不可能有兩條像我們現在正在探測的這麼大的冰川。」在我們基地營區上方的那道山脊只隔開了我們和西邊山谷裡的一些小冰川，我們說，求嘉那馬蹄形部分的所有主要山峰此刻在我們上方很壯觀地綿延成一帶。

今早艾芙蓮覺得好多了，決定和我們一起爬到盆地邊緣位於「仕女峰」和富爾比奇雅楚峰山之間的凹地。往東通往上方那處凹地的陡坡有一層藍色絲光，表示一層雪下藏著冰。那道坡一直到接近頂上的地方才有裂縫，可是很可能隨時會成爲一條很大的快速滑行道。我仔細研究了一陣，然後伸手去拿我的那雙冰爪❼。

現在輪到我和明格馬就安全繩的領頭位置，他現在不必揹東西就飛快向前，把艾芙蓮拉在他身後，速度快到每十五公尺左右，她就得叫停一次。如果她是以自己的步伐攀登的話，就可以持續走下去了。我本人並不反對偶爾停一下，每次我都讓自己和小組成員和其他人保持同一步調，但是莫妮卡的狀態很好，走得也快。她和明格馬應該丟下我們其他人、自己往前衝的，因爲雲已經追上了我們。可是我們沒有及時注意到這點。

莫妮卡狀態之好不單是因爲她曾在錫金登上六千四百公尺海拔高山，因此第二次更容易適應的緣故。事實上，在海拔較底的地方，不論是平路或上坡路，她都走得很快。她童年和青少年時期大部分時間是在南印度的叢林裡度過，在打獵中追著她那有點心不在焉、大步而行的父親。莫妮卡的身高只有一百五十五公分。就登喜馬拉雅而言，對男人並沒有什麼理想的身材大小——從登聖母峰和干城章嘉峰的探險隊員高矮胖瘦不等就可得到證明。可是女人要小個子才會登上很高的地方，只要她夠瘦又有精神。法國女登山家克勞黛・柯根（Claude

Kogan）一度比世界上任何女人都高，但她脫了鞋子身高只有一百五十二公分。我想第一個站上聖母峰的女人一定骨架細，身量又小。

有些地方地表的白雪和底下的冰緊緊黏在一起，我們可以用腳尖踢出階梯來。我們爬上一道綿長白色山脊的左邊，而就快接近山頂時，山勢變得陡峭起來，冰暴露在外，閃亮而危險。我們一起停下來，裝上冰爪──只有安格．坦巴例外，說他覺得他的那雙冰爪太大了。毫無疑問，他對沒帶冰爪來唯一感到後悔的一點是，現在若能看到自己穿著冰爪四處滑來滑去一定很好玩。

我發現我那雙原先在加德滿都看來容易又高雅的冰爪，它們那應該不會有問題的繫扣卻因冰凍而卡住了。安格．坦巴把一隻靴子抱在懷裡，齊皮拉抱住另外一隻，但是都沒有用。反正就是扣不上。庫桑給我一條繩子，很得意於他終於也想出好點子，但只走了一、兩步，繩子就斷了。我決定還是開鑿階梯，反正對安格．坦巴來說也有必要。無論是表層細雪或是硬如鐵石的冰，都沒法徹底固定冰斧，自然沒法扮演他的保護繩。

我翻過山頭，只覺得自己好像一路開路爬上一個翻轉過來的巨大布丁碗，而安格．坦巴懶洋洋地跟在後面。

這條路通到山脊頂上一個小小的空洞，大約比前方山脊低一百五十公尺。那裡很快就充塞濕霧，而我們知道一時要霧散是沒希望的。我們從頂上什麼都看不到，再往前走也沒什麼道理。

我們安慰自己說爬這一段對我們的適應力來說大有好處——我們大概到了海拔五千六百公尺，因爲我們當時覺得一定有六千公尺了——我們轉而下山。

等我們往下走到我開鑿出來的冰階時，我關照庫桑和安格·坦巴要小心地走，想要他們瞭解我沒辦法撐得住他們。可是他們一點也不擔心地滑來滑去，一面開出更大的階梯來取悅我，結果反而讓原先開鑿好的也亂了。

回想起這時刻來叫我汗毛直豎，可是當時我大概只是覺得不高興而已，登上高處會讓我們不那麼焦慮，甚至會比我們攀爬低一些的山脊時少了些責任感。

我們所見到的山脊有時正如我想像中那般可怕，我們走在其間非常愼重而小心。第一次看到一條令人毛骨悚然的冰川裂縫，像在珀瑟芬[8]腳下開啓的冥府之門，爲我們留下難以忘懷的印象，日後回想起都滿懷敬畏之情。然而，當時我們看待這些景象倒是相當客觀。矛盾的是，不論在家裡或在阿爾卑斯山上，我從來不曾像這樣在每天要出發探測之前感到高度緊張或不安，這正是爲什麼登喜馬拉雅的經驗與我在別處任何一次登山都大不相同的原因之一，在某方面說來，也更愉快——我是說，一直到我們到達海拔六千公尺的高度，那時候每一步路都要花費太多力氣，結果只感到痛苦。

另外，似乎我們採取預防措施是緣於習慣和訓練，而不是出於害怕。即使沒有其他理由，單爲這個原因，我們認爲一支登喜馬拉雅的探險隊裡大部分成員都該有在冰雪上攀爬的經驗，這一點相當重要。

這種減少焦慮的情緒，有時增加寧靜的感覺，再加上隨時始終注意周遭的環境，對我們彼此之間的關係有意想不到的影響。出乎意料的是，這些關係在山裡總是很好的。大部分登喜馬拉雅的人都有這樣的經驗，就是那些平常週末登山時似乎是最好的同伴，在高山營地裡卻變得彼此憎厭，每個失誤都被突顯出來，每個態度都變成無法忍受的刺激。W．H．莫雷甚至說：「要不是需要向親戚朋友做煩人的解釋，我眞會高高興興很快一個接一個地把我的每個同伴都殺掉。」因爲這個緣故，在選擇大探險隊的成員時，脾氣穩定和登山技巧可是同等重要。

有一些登喜馬拉雅的人認爲海拔高度與這些麻煩無關，至少在低於六千公尺左右時不會，而是因爲長久住在同一頂帳棚裡，以及不舒服和煩悶無聊所導致。我們的經驗證實了這一點。我們很想推論說女人比較能忍受這些不舒服的地方——在必須生活於喜馬拉雅營地裡的漫長時間裡能各有事做。

無論如何，海拔高度對我們相互之間關係的唯一影響就是讓我們彼此情感更深厚。不錯，艾芙蓮有一段時間完全失去了平常的活力，但卻有了一分新的尊嚴，而且極端不自私地擔心自己會拖累我們——其實並沒有。她眞的發展出一種以往從來沒想到的眞正很美的性格。只有在印度的平原上，我們苦於酷熱和沙塵，又始終在擔心該對記者和海關官員說些什麼，擔心要在火車上或候車室裡用打字機打清單、文件索引和文章等等的時候，我們吵過架，然後我們也像某些人想像我們在山上會發生的那樣有過小小的不快和爭執。

我們想過在第二天很快衝上邊境的山上，可是那樣的機會已經失去了。那天早上天氣陰沉，鐵灰色的雲朵占據天空。我們只剩下一點點糧食，必須在那天回到基地營區。我們很快也很起勁地趕了回去，因爲我們一心一意想要盡快再回來更徹底地探測這條冰川。

我們在一段堅實的雪地上沒有繫安全繩走了一陣，兩隻胡兀鷹，也就是喜馬拉雅那種嘴邊有鬚狀羽毛的兀鷹，在我們頭上盤旋，翅膀幾乎一動也不動，我們想牠們必定是半閉著眼睛在打量我們。這讓我們想起自己還是有生死大限的凡胎俗體，就堅持再繫上安全繩，雖然我們還在冰瀑上很高的地方，而明格馬顯然覺得我們太小題大作。不久後，他自己很快地連續掉進兩、三處冰縫，不過因爲他揹了東西，倒不致沉下去，因爲揹的東西橫卡在被他身體撞破形成的冰洞上。第二次掉下去的時候，安格·坦巴跑過去拉他上來，結果自己站在其實並不安全的雪地上，而不是一個堅實的立足點，艾芙蓮和我同時大聲叫他，可是激動之下卻把名字叫錯了。

「庫桑！回來，庫桑！」我們大叫道。

可憐的老庫桑盡量轉過身來說：「誰？我嗎？」而安格·坦巴則繼續拉扯著，好像蓄意要讓他自己和明格馬隨時一起掉進深處。

在霧裡要找從冰瀑下去的路從哪裡開始，碰到了困難。雪完全抹去了我們的足跡，就像一名大驚小怪的家庭主婦在客人起身還沒來得及走之前就開始清掃。雲層先至，暴風雨隨之而來，現在越發強烈。照亮陰暗天色的只有快速的閃電，還有輕輕落下又隨雷聲震動的雪花。我們的雪地護目鏡變得模糊，很讓人生氣，尤其是莫妮卡，因為她的鏡片是有度數的，平時也都戴著，現在不管戴著或不戴都看不見。更糟糕的是，她總說若沒有了眼鏡，她也就聽不見了。我們對她這話半信半疑，後來才注意到每次談話變得有趣的時候，她就會伸手去拿眼鏡來戴上。

經過大冰縫最後一小段的時候，明格馬急於離開落石的威脅，就大步奔跑，把還踩在冰坡階梯上的莫妮卡拉了下去，使她的膝蓋又扭傷了。

我們接近營地時，聽到一陣突如其來的叫聲和碰撞的聲音，讓我們知道是巴尤來了。明格馬關照過他，從我們離開後的第五天開始，每天要到冰瀑下面來找我們。他看到我們似乎非常高興，毫無疑問的是因為他不必再跑來和我們碰頭了；他還帶了一些犛牛奶，放在一個保溫瓶裡，還是溫熱的，那是坦巴塘的雪巴人送的禮物。我們覺得氣味很重，表示那是個很髒的容器，裝過的東西都還留了些在裡面，有可可、麥片粥和蛋奶糊。

短暫休息過後，我們啟程回基地營區，挑伕們和安．朵瑪出來行禮迎接，而穆拉里則很不自在地說了聲：「你們好。」但是基地營區並不是我們想像中那溫暖而快樂的天堂。帳棚四周全是融雪，而且看來被風吹得透涼，火堆冒著煙，而暴風雨仍盤旋在天際。如果這種天氣不變的話，我們再難回到邊界，也再看不到什麼別的。在沮喪的沉默中，我們睡了過去。

【注釋】

❶冰塔（sérac）：冰河通過陡坡時由於相互擠軋而形成塔狀冰塊。原字爲法語中一種白色硬乳酪，因爲形似而轉用，英文作serac。

❷丹增（Tenzing Norgay）：指一九五三年與紐西蘭人希拉瑞爵士（Edmund Hillary）一同首登聖母峰的雪巴人，在此之前他已參與多次聖母峰遠征行動。

❸巴拉克拉瓦盔式帽：包頭護耳，長及肩部的盔形帽，參見第二章注釋。

❹《灰衣主教》（*Grey Eminence*）：原爲法國修道士、紅衣主教黎塞留的秘書皮爾．約瑟夫（1577-1638）的外號，因其穿灰色袍服，有別於紅衣主教。此人在幕後弄權，故「灰衣主教」一詞又轉爲「幕後掌權（操縱）者」或「秘密代理人」等意。

❺《盧梭懺悔錄》（*Confessions of Rousseau*）：盧梭（Jean Jacques Rousseau, 1712-1778），法國大思想家與文學家，其思想與著作對法國大革命及十九世紀歐洲浪漫主義文學產生巨大影響。《懺悔錄》是他的自傳。

❻《卡拉馬佐夫兄弟》（*The Brother Karamazov*）：俄國大文豪杜思妥也夫斯基（Feodor Dostoyevsky 1821-1881）的名著之一。

❼冰爪（crampon）：譯作「登山用鞋底釘」或「帶鐵釘鞋底」，登山或在冰上行走時防滑用，通常以帶子綁至登山靴或鞋上。

❽珀瑟芬（Persephone）：希臘神話中天帝宙斯和司農事與豐產的女神狄蜜特所生的女兒，原爲春神，後被冥王普魯陀擄至冥府，娶爲冥后。

第八章　重要通道

回到基地營區的第二天早上，也就是四月三十日，明格馬四下張羅著，想讓營地更爲舒適。他派了兩名挑伕到我們上面的廢棄小屋去拿下一根長而粗的祈禱旗桿，還有一些當屋頂的半腐爛竹蓆。他把那根旗桿橫放在他們的「居所」上，做爲一根主梁，再把竹蓆和我們的防水布搭上去，就成了一處可以遮風避雨又很像樣的倉庫和廚房。我們不在的那段時間裡，外面的廚房鋪上了石頭，挖了下水道，還添了放東西的架子，而迎風面更以柴火堆起一面半圓形圍籬，蓋了些杜松枝葉，另外一些引火用柴火則放在一旁突出的大石塊下以保持乾燥。

我們的精神完全恢復，還想要洗澡，找出了一個四方形的帆布澡盆。幾個雪巴腳伕爲這件事非常興奮，豎起一面帳棚門簾當浴室隔間，在裡面挖了個洞來放澡盆，還開了一道小溝當下水道。他們在澡盆旁邊放了兩個大鐵罐，一個裝滿熱水，另一個裝冷水，還有一個竹編的籃子給我們放髒衣服。

這些我們都沒有說起——完全是他們自己想出來的。他們對於自己能想出很多讓我們高興的招數，頗爲自得其樂，而且都記在腦子裡，將來再提那些成功的事情。這一次，他們比我們更開心，因爲我們承諾除了用來洗澡之外，不做其他用途。

爲了好玩，我拍下我兩個朋友在澡盆裡的照片，照下小屋裡堆堆積雪和她們臉上痛苦的表情。但不幸的是，我把其他底片寄到美國沖洗，供簽約贊助我們的一家很受歡迎的雜誌使用時，卻忘了把這捲底片抽出來。我兩位朋友大爲緊張，想像她們會一絲不掛地出現在那本雜誌的封面。打了電報，傳了口信，想盡一切辦法要拿回這捲惹麻煩的底片，不過最後發現裝著所有底片的那個馬口鐵盒延擱在德里，沒人理會。至於那捲馬上抽出來的底片，居然很適切地標注著「史塔克十九」❶。

我們修補了日曬和雪灼對我們臉部所造成的傷害，雖然我們的銅鏡刮痕多到沒法映照清楚，但這想來也是大幸。我們起先一直不知道我們的臉變得有多粗，後來在孟買的大英婦女協會一次會議上，有個陌生女子來找我們，自我介紹說她是美容專家，並很關切地詢問我們能否讓她爲我們每個人免費做一次臉。

安．朵瑪把我們所有的衣服拿了去，徹底洗乾淨，把擦了肥皂的衣物在石頭上用力搥打，打到最後沒有什麼肥皂還剩在衣服上，不過我們覺得打完之後衣服也薄多了。我偷偷地把一些內衣交給她，可是過了一下居然發現是被叫來幫忙的巴尤在百無聊賴地搓洗。有一個雪巴腳伕的襯衫褪色，染到我們的網眼背心，形成一層漂亮的紫色。我們覺得這事很滑稽，或不如說是我這樣覺得，因爲我的背心沒有送去洗，可是庫桑的自尊心卻大受打擊。他把安．朵瑪好好罵了一頓，然後再把那些背心重洗一遍，把紫色洗掉，好像在說：「好了！事情還是得我自己來做。」

雪巴腳伕們也按時徹底清洗，我們聽說他們除了信仰虔誠之外最不講究整潔，但事實絕非如此。他們每個人都有肥皂和鏡子，還會偷偷地用我們的指甲銼刀。他們不刮鬍子，因爲雪巴人就連長稀疏鬍子的人也不多，不過他們會用大得像手鉗般的鑷子來拔下巴上的毛。他們這樣做的時候不喜歡被人看到，經常會轉身背對我們，等拔完了再轉回身來。

他們也洗衣服，通常是在我們的飯鍋裡洗，還會補衣服。庫桑有一件襯衫，他老是剪這件襯衫的布下來打補釘，弄到既沒下擺，也沒袖子。由此看來，這類手工還是保存了下來。坦巴塘的雪巴人比較粗野，覺得這種事太過柔性。也許是我的鼻子已經太過於適應鄉野，可是我注意到，自己只聞得到燒木頭的煙味和山邊的香氣。

第二天早上，我迫不及待地想再試著找一條越過我們基地營區上方山脊的路，雖然我們不再相信那道山脊隔在我們和中央那條大冰川之間。我們既已認定這並不存在，就想在另一邊找到一連串小冰川。

我們決定要莫妮卡留下來，讓她受傷的膝蓋好好療養（艾芙蓮已替她包紮好），同時準備好下次到冰川探測時所需要的口糧。而艾芙蓮和我則到基地營區上面去勘察。

我們橫繞過我們所在那片山側凹地的外緣，沒有理會到達當天莫妮卡和我試過的那道小峽谷，因爲我們看到那裡的積雪比以前更加不結實。我們希望找到一條到基地營區上面山頂的路，朝左邊陷下去的地方尋找一條很容易攀爬的岩石路徑或峽谷。我們進展得很順利，然後非常突然且料想不到地來到了我們世界的邊緣。一塊巨大的懸崖從我們腳下直落而下，我們望著底下的深谷，只覺得頭暈目眩。過了一陣子我們才定下神來，認出了這正是我們先前曾經過的普爾莫坦河谷。我們甚至可以看到現在遠在我們下方的那座很小的綠色「貢巴」（寺院）。我們的基地營區在一個小小的突出凹地上，那樣清楚地出現在陡峭的山側，就好像是用一根湯匙舀出來的一般。很顯然的，我們不能再向左走，而必須把我們的注意力轉向就在我們正上方的峭壁。這些懸崖峭壁陡直得讓人心寒，難以攀爬，長滿青苔，又很濕，艾芙蓮和我毫無疑問可以很困難地爬上去，但我們找不到一條能讓揹著東西的人走的路。不過，有一個地方或許有可能，那是一道我們看不見內壁的裂縫，我們必須先看清楚裡面再確定這處峭壁的確無路可走，因爲那道裂縫說不定就是我們正在找的一道好走的山溝。

一排很黑的雲正在山谷那邊堆積升起，更讓人感到山谷之深非比尋常。那些雲的來勢很慢，但毫不容情，雖然現在只是上午十一點鐘。我們不能再浪費時間。我們跑上積雪覆蓋的草坡，一直到一塊相當陡的巨礫地，那裡馬上讓我們慢了下來。巨石一個靠著一個堆起來，大得像老式餐具櫥，其間是大堆大堆看來其中有詐的積雪，我們得用冰斧敲打，聽音辨位地找實在的落腳處，因爲底下可能藏著大洞和陷阱。等我們到了岩石底下，看到那道裂縫並不是一道眞正的裂縫，而是在靠我們這邊有一道角度很陡的岩板擋住的一處窪地，那塊岩板根本沒有可落腳處，最模糊的路線只是少數雪片積在那裡的地方。而我們剛弄清楚，這道岩板就不見了，烏雲已經趕上了我們。起初那些雲像平常那樣在眞正把我們包圍起來時看來不那麼黑，也不那麼可怕。可是即使如此，那還是暴風雨的雲。風刮了起來，雪用力撲打在我們臉上，大片大片的雪花不時被雷聲震撼。我們兩個都不想再往下由巨礫之間摸索回去，那些巨石現在可是滑得就像剛抹上肥皂一樣。我們走了高一點的一條路，越過一大片小一些的巨礫往營地走去，花了兩倍長的時間才回到那裡。

等我們回到帳棚，莫妮卡告訴我們令人沮喪的消息。明格馬見莫妮卡正準備重新出擊而備感不安，就宣稱所有新雪以及即將落下的雪都又深又軟，會讓我們往上爬時極端困難而吃力。揹了東西的雪巴腳伕會陷到深及大腿的雪裡，碰到有冰縫的地方更是危險。他覺得我們應該等天氣好些再說。他認爲再等個四、五天就能再回富爾比奇雅楚布冰川去。

我感到很煩惱。五天！在我們急著往前推進的時候，五天就好像長得過不完。我搜索枯腸，想記起我所看過關於登喜馬拉雅的書裡有什麼線索能讓我們知道現在該如何決定。如果我們往前走的話，會不會遇上危險。或者，比方說大雪崩什麼的？在這樣惡劣的狀況下，我們會不會徒然浪費了時間，卻沒多少進展，反而失去了興致呢？莫妮卡認爲明格馬是對的，而艾芙蓮也很表同意。我不想逼大家做出一個結果很蠢的決定。我們必須等著看。

我整個下午坐在那裡，悶悶不樂地望著帳棚外夾著雪花的霧氣，然後翻找一本好看的書。我想莫拉維亞❷的《羅馬一婦人》（*Woman of Rome*）正合我意，準備把所有的懷疑暫時丟在那充滿陽光的書頁中，可是直到暮色早臨時，我只看到一些灰暗而淒涼的篇章。

幾隻雪巴人稱之爲「提鈴」（Tilling）的小鳥從我們頭上飛過，發出牠們奇怪的召喚：

「提鈴，提鈴。」那就像麻鷸的叫聲，屬於荒涼的野地和山邊。

最後，穆拉里的帳棚被積雪壓垮了，他只好到那棟石屋「豪夫」去過夜。不過他這回很安然承受，因爲到這時候他已經不像先前那樣緊張不安，而和大家打成一片了。這可憐的傢伙身體不很舒服，我們注意到他自己在吃「好力克」，因爲他認得那是加德滿都的醫院裡會開給病人吃的處方。

第二天早上醒來時，我們發現所有的帳棚都半埋在雪裡，雪巴腳伕們正加以清理，把大塊大塊的積雪由帳棚上抖落下去。在雪光照射下，營地的一切似乎都沒了顏色，我們很不願意戴上雪地護目鏡，塗上即使在這裡都在軟管裡凍得硬硬的護臉面霜，因爲花了力氣卻沒有冒險活動和成就感以爲補償。巴尤對這件事掉以輕心，結果那天後來得了雪盲症。

由天色看來，我們確信還會有更多雪會落下，我們還不能冒險再探富爾比奇雅楚布冰川。不過，我們可以再嘗試尋找一條越過基地上方山脊的路。我們再把注意力轉回我們抵達這裡第一天時莫妮卡和我去試過的那道小峽谷，很早就動身，希望能在新的積雪下找到已經很結實的雪地。

我們停下來把我們的計劃告訴明格馬的時候，發現他覺得如果被屏除在外簡直是對他的懲罰，而他想越過山脊去看看的興趣和我們一樣濃厚。我們很感激地同意把我們所有的口糧和備用衣物放在他的背包裡，而大感意外的安格·坦巴被派去揹這個背包，明格馬則繼續吃他的麥片粥，有把握很快就能沿著我們開好的那條小路趕上我們。

安格．坦巴也在輪到他的時候負責踢出階梯來——或是在積雪情況最壞的時候「游」上去。每次輪完一段，他就會跟我們一樣覺得很高興。雪還沒有完全結硬，看起來和動起來都像堆得很高的米。每走一步，我們就會陷身其中，有時深及胯部。我們越往上走，地勢就變得越陡峭，路面也越光滑。小球小球的雪，像糖麵包般旋轉著，從上面滾下來，留下虛線似的痕跡。如果那些雪球是橫著滾動而不是往下滾落的話，我會以爲那是設計好「沿虛線裁下」，因爲積雪看起來就好像隨時會裂開而整個崩塌下來。

最後莫妮卡把我們所想的那惱人的事說了出來。

「你看這裡安全嗎？」

當然不安全。這時候我們已經到了那塊巨石，石頭上現在鋪滿了新的積雪，上次莫妮卡和我就是在這裡折回的，這回又再次看到往左的那道分支內部。可是現在水平的岩脊和岩岸的突起部分形成了一處入口，先前並不明顯，如今卻被積雪突顯出來。這當然很「行」。更好的是，整條分支的隘谷坡度平緩，積雪既不那麼深，看來也不會崩落。

進入支谷後，我們走得很快。等我們到了岩石邊，就開始用安全繩往上攀，即使這條路相當容易走。莫妮卡領頭，安格．坦巴緊跟在後，可是他不把安全繩固定好，卻跟在她後面爬上去，還擋了路，我們大聲叫他下來。

「什麼事?」他說著，一面假裝忙著攀岩，裝聾作啞。等爬到上面，他轉過身來，對我們露出可愛的笑臉——「你們說什麼?」

他也常對明格馬使這招。

這時候，在上面的莫妮卡不停發出驚歎和勝利的呼聲，她到底說些什麼，我們就像聽收音機裡老太太含糊不清的話語，什麼也聽不見。我們大聲叫道:「我們不要聽妳的感言，把那$#&%❸的繩子弄好，讓我們自己來看。」

當我的頭伸到岩頂上時所看到的第一樣東西，就是山脊另一頭很平緩易行的雪坡，將來可以從那裡下去。也就是說我們發現了一條理想的路。後來從另一邊看回來，才知道我們碰到了這帶山脊上唯一可能越過的點。如果當時我們堅持沿河谷右邊的支線走下去的話，我們最後會身處狀況惡劣、積雪很厚的岩板和不穩的尖峰上，往下走就很不安全。

我當時沒有時間思考這些，因爲刺進藍天裡的三座優美白色山峰，馬上吸引了我的注意。面對我們的是一座既美又複雜而且完全出乎我們意料之外的大山。貨眞價實，毫無虛假。高聳、冰封而閃亮的三座高峰，對它們自身的難以征服極具自信地矗立著。它們在我們心裡沒喚起要回應它們挑戰的慾望。我們只是坐在那裡看著。

可是那到底是什麼地方呢?我們有種不安的感覺，覺得那想必是多吉拉克帕。一時之間，在眞相與希望保留太容易得出的理論之間有一番掙扎。這正是多吉拉克帕。至於形成富爾比奇雅楚布冰川邊界的那巍然聳立的雙峰，我們一直當做是多吉拉克帕的，其實是別的山峰，沒有取過名字，也沒出現在我們的地圖上。

在我們正下方，主要的多吉拉克帕冰川以可怕的景觀和如雷巨響宣示它的存在。這裡還有另一件意外的事等著我們，因爲這條冰川可不是一條好走的路。陡直，困難而危險，只能帶給我們挫折感，我們眞要爲不是先到這裡而感謝幸運之神的眷顧。那裡亂糟糟地滿布堆積得很高的碎冰，由破碎的冰塔和粉碎的冰柱所形成。我從來沒見過一條像這樣全是碎冰的冰川，看起來好像是好大好大一鍋馬鈴薯泥，正在巨大的響聲中不斷崩塌。

我們在想像中把兩條冰川當做一條，證明我們完全沒能掌握喜馬拉雅的規模，現在才被逼得有所體會。

我們沿著山脊走了一陣，因爲攀登很有趣味，那裡有岩石、雪地，還有很舒服的斜坡，而且我們所在高度還是可以享受這一切風光。我們看見多吉拉克帕的第三個山峰和另外兩座山峰離得很遠，位在雙峰的北方。那裡可以算是另一座山，沒有畫在地圖上。它也可能爬得上去，可是那是一座很難以捉摸的山峰，後來我們再沒有清楚看見過。再過去是那座我們來時路上引起我們注意的白色巨峰，可是在這裡我們只看到它西邊的山麓。

雲像平常那樣很快強行干預地湧了進來，讓求嘉喜馬今天就此打烊。我們認命地回頭下山。莫妮卡先前離開安全繩來脫掉她帶風帽的厚夾克，卻忘了再把繩子繫上。明格馬勉強忍住大笑後用手肘撞了下安格．坦巴，要他看看這位最堅持使用安全繩的女士夢似地走向當天唯一難走的一段坡路，居然沒繫上安全繩，在他看來實在是太好笑了。

平心而論，除了這次失誤之外，莫妮卡在爬山的時候一向十分警覺，也很用頭腦。可是在倫敦我就碰過她請我去她家吃飯時，卻走過了她自己的家門，而且不止一次在登山時才猛然想起她約了朋友那天一起吃中飯。

我們回到營地時，庫桑開心地向我們行禮，緊接著用誇張的恭敬態度加了一句：「您好，安格．坦巴」，還一面深深鞠了一躬，讓那個喜歡開玩笑的傢伙一時無法回嘴。安格．坦巴平常總在逗弄庫桑，我們很高興看到這位老先生扳回一城。

接下來幾天，雪下得很大。莫妮卡說西南氣流來了，天候難望改善，可是明格馬堅持說很快就會有好天氣了。這時候，我們還是困在營地裡。

不過，還是有很多事可做。照片要寫說明，日記要記，氣象上的各種徵候要樂觀地加以解讀。

我們沒法在拍照當場就寫說明文字，補寫時在編號方面有太多全憑想像的東西。比方說，一張庫桑用力爲充氣床吹氣，把床夾在脅下像是抱著一組風笛似的照片，可能對上的說明是「我們看著前人從未見過的景象，令人摒息凝神，感動落淚」。

記日記對我來說是一大考驗，因爲我總會拖延落後，可是莫妮卡卻有精確到每一分鐘的記錄，在我們攀登的時候，還會有漏水的墨水瓶在雪地上留下痕跡以爲這件事的明證。要不是有她，我們恐怕都弄不清今夕是何夕，這種精準可是我們沒有的。

時間在斷斷續續的談話中過去。在這裡和高山營地裡最熱門的話題是人物，我們詳細討論我們的朋友，還彼此爭著說別人的事情。莫妮卡好像有說不完的有意思或古怪的親友。

雪巴腳伕們則很高興地在「豪夫」裡賭博。他們有一種類似「大富翁」的複雜賭戲，使用石頭、釘子和小塊木頭當賭具，根據擲出來的骰子點數，可以排上一整個下午。每擲一次就伴隨著瘋狂的咒文，好像在求神叫鬼，從來沒有兩次的喊叫聲相同，最後繼之以勝利或絕望的呼聲。齊皮拉和巴尤的賭性最爲堅強，但明格馬則完全不把這賭戲當回事。

雪巴腳伕們也玩一種語文遊戲，把數目字、名字或甚至只是一些聲音吟唱出來，有時候一人一段，有時候同聲合唱。我們始終弄不清這種遊戲，可是他們能玩上幾個鐘點。他們總是在唱歌，在我們聽起來調子好像都一樣，不過有些是祈禱詞，在天亮的時候唸的，有些是行進時唱的歌，或是安格．坦巴的滑稽小調——由每段唱完都會引起哄笑看來，這些小調不會很嚴肅或正經。我們注意到雪巴腳伕們觀察我們的言行就像我們觀察他們一樣，從中得到很多樂趣。他們把放進水裡會冒汽泡的檸檬粉叫做「哎喲」，還在他們以爲我們沒在看他們的時候，很準確地模仿出我們拿到一壺茶的開心模樣。

五月四日黃昏，拉克巴拿出了他的口琴，雪巴腳伕們在營火前跳了一段拖著腳移來移去的怪異舞蹈，動作少得出奇。他們的節奏很鮮活，很像蘇格蘭的鄉村舞曲——說實在，雪巴人的音樂和印度音樂全無相同處。我們回到加德滿都的時候，那些雪巴人取笑德里廣播電台所播放的音樂，就像家鄉那些放肆的年輕人會幹的事一樣。

倪馬喇嘛告訴我們說在諾欣河的源頭有一條路可以通到西藏，在一年的某些時候用做商旅路線。拉克巴證實說他曾經由那條路去過拉薩（Lhasa），可是很清楚他們這位拉克巴的雪巴腳伕們卻很表懷疑，在一再盤問之下，他不得不修正爲去過「西藏的什麼地方」。

黑夜降臨時，天空第一次完全晴朗了。冰冷的星光閃耀，我們知道第二天的天氣很好，雪巴人也許不是百靈百驗的氣象預言家，可是這次明格馬卻極端正確。

富爾比奇雅楚山高聳入雲，以女皇姿態挺立在霧氣繚繞的靜止山林之上。在她身後天空的顏色令人難以察覺地從淺藍，經過日落的各種絢爛色澤，到暗藍的夜色。月亮從低低的山丘後升起，月光泛滿天際，由她光滑的冰上反映出來。在她前面，我們平凡的火光舞動著，致著不爲她注意的敬意。她實在太壯麗了。

談話繼續著，其間隔著長長的沉默。我們都非常高興，因爲幾乎已經確定第二天終於可以動身了。

只有一件事讓我們很擔心，庫桑的身體夠好到能去嗎？艾芙蓮在那天下午用她的聽診器聽過他的胸部（因而使他的名望大增），診斷出他有慢性咳嗽。

「等他再到了山上，他就會好了。」明格馬說。

這也是我們都有的感覺。

【注釋】

❶這捲底片是作者史塔克所拍的第十九捲，但stark一字也有「一絲不掛」和「赤裸」的意思。

❷莫拉維亞（Alberta Moravia）：義大利小說家，作品主題多為心靈孤寂與世態炎涼。

❸原文此處用破折號取代了不雅的語助詞。

第二部

莫妮卡・潔克森執筆

第九章　再度出擊

五月五日星期四，我們離開基地營區第二度出擊那偉大的富爾比奇雅楚布冰川。前一趟純粹是「dekhna ka waste」，也就是「探險」。這一次可是來眞的了。我們有兩大目標：一個是登達邊界山脊上的隘口，就是我們上回折返的地方；第二個是如果可能的話，要攀上冰川頂上窪地西邊那座很美的山峰。另外一些可能的計畫包括攀登富爾比奇雅楚的北峰等等。實際上，我們覺得這座山整個北方的山脊從基地營區看去似乎都可「行」，不過，明顯可見它是一條非常長的山脊，需要很多營地，也需要比我們所能提供的多得多的雪巴腳伕和登山者。爬上北峰可以證明我們的推測是否正確。

那天凌晨四點三十分起床，熱烈地祈禱會有好天氣。日出時整個營地都很興奮，每個人都在忙最後一分鐘的準備工作。當然，主要的準備工作已經在前一天完成了。貝蒂把吃的準備週全到連幾粒葡萄乾都算好了，繩索、冰爪、岩釘❶和標注路線用的旗子等等都已經打包；靴子搽了防水油；背包準備好了。可是今天得把高山用的帳棚捲起來收進袋子裡，攜帶式的汽化煤油爐和廚房用具要打包，還有各式各樣的小事情要做決定。明格馬問我們巴尤這次能不能和我們一起爬上冰川去幫忙庫桑，因爲庫桑的身體還沒全好。我們原本建議庫桑留在基地營區，可是他很急切又憤慨地向我們保證說他已經好好休息過，現在可以爬山了。艾芙蓮查不出他有什麼病，所以我們同意了。巴尤以前沒有多少在冰雪上攀登的經驗，但他很強壯，而且再怎麼說，他畢竟是索拉孔布的雪巴人。困難的是要爲他找足夠的衣物和配備，而我們自己原本就不多的補給品都用上了。貝蒂和艾芙蓮把備份襪子和一副雪地護目鏡給了他，而我提供了手套。他已經有一雙橡膠底的上等靴子，是從一個大探險隊那裡弄來的。

那兩個坦巴塘的雪巴腳伕只陪我們到一號營地就回基地來。拉克巴從我們的一名雪巴腳伕（他已經有比我們所提供的更好得多的靴子）那裡買了雙靴子，現在需要襪子來配著穿。他擺出上次讓艾芙蓮少了雙手套時同樣令人心痛的表情，悄悄地挨近我身邊說如果沒有襪子的話，他那雙可愛的新靴子對他就一點用也沒有了。他會先來找我也許完全是碰巧，但另一方面，我也的確在前一天晚上告訴穆拉里說拉克巴很像我的小兒子。反正，雖有那麼點不情願，還是給了他襪子。另一個雪巴小子，也就是倪馬喇嘛的兒子，父親不在時來替工的，既沒有拉克巴的可愛，也沒有他的臉蛋。他有雙舊帆布曲棍球靴子就滿足了。

天氣晴朗而且看來會一直很好。儘管如此，安格・坦巴還是聽命地在一塊岩石上點燃奉獻的小火，希望——我們猜想——能得到山神的保佑。不管怎麼樣，就算不合邏輯，大家都覺得這趟一定會成功，全帶著開心的期待之情。

我們在差十分八點時出發。三位女士、明格馬、安格・坦巴、齊皮拉、庫桑和巴尤，加上拉克巴和另外那個男孩子。到一號營地的路像平常那樣漫長辛苦。我們再一次爬過滿布石塊的山，跳過巨石，最後抵達那陡峭的雪坡。我們陷入了深及大腿並不特別黏的新雪中，開始有點焦慮地想我們在暴風雪後這麼快就回到路上究竟是不是聰明之舉。那兩條醜惡的小河谷比先前更爛也更危險，可是我們又奇蹟似地走得很穩，不久就在鬆軟的雪上滑向冰磧。

接近營地的時候，我們看到一次大雪崩就發生在離我們豎在原地的帳棚約五十公分遠的地方。我們得跨過那些殘骸才能到營地，而我們就在頭頂上石頭和冰塊崩落的響聲中走了過去。「親愛的老一號營地，」我們充滿深情地對彼此說道：「特性一點也沒變。」唯一的差別是現在的雪大約有六十公分深，而且更軟更濕。帳棚被積雪壓垮了。安格・坦巴很快地爬了進去，開始把積雪拱掉。帆布像活起來似地起伏鼓突的樣貌讓人忍不住覺得滑稽，整隊人馬本來就很容易逗樂的，這下全停下腳步，撐著冰斧大聲爆笑起來。安坦・坦巴是個眞正很有幽默感的人，對滑稽的事物有非常準確的本能，他說的笑話一向很簡單，卻有種很討喜的自發性，而我們覺得特別可愛的是他自己講完這些笑話總能開懷大笑。他最喜歡的遊戲之一和我們的晚餐有關，晚餐通常都是由他送到我們的帳棚裡。重點是在我們說「夠了」之後，再讓我們多添一點到盤子裡。要是他成功地讓我們把鍋裡菜餚全吃光，他就覺得他得了一分，可是最好玩的是趁哪個人不注意時趁機在她盤子裡多加一匙。他做這個動作的時候，總是加上很多手勢，要旁觀者保持沉默。（事實上，這個遊戲部分來自雪巴腳伕們對我們的關心。他們習慣於那些西方男性在山裡的好胃口，總覺得我們吃得不夠。）

安格・坦巴另一個讓人開心的消遣是模仿別人，他隨時都能即興模仿某一個人。有一天，我讓他幫我拿著照相機，他馬上開始表演一位正在拍照的女士，顯然她的相機和取景主題問題不少。這個表演獲得所有人的欣賞，可是在齊皮拉看來卻還缺了點東西。我在基地營區時通常都在頭上圍一條鮮艷的棉布圍巾，像農夫那樣在下巴底下打個結。齊皮拉不動聲色地伸手拿過那塊格子花擦碗布並遞給安格·坦巴，後者就仿照我平常模樣戴了起來。所有人哄堂大笑，包括這位宮廷弄臣本人在內，他像平常那樣為自己的機智絕倒。

我們一到營地就讓坦巴塘的兩個男孩子回去，因為討厭的雲又出現，還開始下雪。一如平常，早晨帶來的希望並未能實現。更糟糕的是，天氣還很暖和，在我們逗留基地營區期間，西南氣流顯然又增強了許多。我們很怕要是夜間溫度不降到零度以下的話，冰川會變得極為危險。我們用來當洗手間的那個坑洞現在也露出它積雪冰縫的本來面目，而且正在很快地融解，所以我們每次去上廁所都冒著生命危險。可是那裡是附近唯一能擋住滾落的石頭和冰塊的地方。既要維持隱秘，又要不冒危險，是我們每次紮營都必須重新解決的棘手問題。雪巴腳伕們在這方面再紳士風度不過了，只要看到我們任何一個人往那裡去，他們就會轉頭看別處。可是有時我們得走好長一段路才能找到隱蔽處，這點在高山上讓我們很討厭。幸好在嚴寒的夜裡出去方便的問題很早就一次解決了，那是因為我堅持要有一個我稱之為「噓噓罐」的東西。這個計畫大受我兩位朋友的歡迎，在很短的時間裡，我們就有了兩個「噓噓罐」——一頂帳棚裡一個。

到攀上冰瀑的路上小小偵察後，證實我們所開鑿的階梯雖然堆了雪，卻仍然存在。目前我們別無他法，只能回到帳棚裡坐著等下午的降雪停止。我們的睡袋在搬運時弄濕了，我們吃東西和聊天時都坐在有濕印的地方，希望濕氣能被我們的褲子吸收，用我們的體溫烘乾濕氣。我們潮濕的襪子像平常般放在裡面的那只睡袋裡。同樣想用體溫烘乾，也的確能乾到一個程度。不過，還是有些比塞滿濕襪子的睡袋更不舒服的事，比方說，把一雙登山靴放在睡袋裡以防結凍。（並不是說這種做法在高山營地裡眞能讓靴子不凍得冰冷！）

在女士們的帳棚裡——毫無疑問，在雪巴腳伕的帳棚裡也一樣——下午的景象總是雜亂不堪。滿是雪的靴子放在帳棚門口；糖從塑膠袋裡灑了出來，一瓶墨水因爲海拔高度的可怕影響而滴漏到一本已經模糊難認的日記上；刀刃上小心堆著沙丁魚的帶鞘小刀傳來傳去。不時會有安格．坦巴開心的聲音從外面傳來——「女士們——茶？咖啡？阿華茶？（雪巴語裡的阿華田），好立克？桔子水？」他報著這些飲料名稱時，音調會一個比一個高。有一回，貝蒂遲疑著沒有決定，他最後尖著嗓子叫了一聲：「Rakshi（米酒）？」不用說，當時營地裡根本沒有這種酒。

外面天氣的陰鬱因我們帶來的文學作品的消沉而更爲加強。貝蒂在看莫拉維亞的《羅馬一婦人》，艾芙蓮看的是一本費滋傑羅❷的小說，我看的是巴爾扎克❸的《高老頭》（*Old Goriot*）。外面大雪崩的轟隆聲和落石滾動的聲音，經常把我們對不同年代單戀的注意力吸引過去。但我們已經漸漸習慣一號營地的這些響聲，不再受到打擾，也不會因此睡不好。

第二天早上，我們用兩條安全繩爬上冰瀑，一條由貝蒂領軍，另一條由我帶頭。讓我們放心的是積雪很好，而且始終結凍到讓我們能又快又穩地爬上去。到這時候，起先讓我們覺得紛亂的路線上每一步我們都很清楚了，所有人都因熟悉而輕鬆地在冰塔爬上爬下，跳過一條條冰縫。所謂所有人是說巴尤除外。很有趣的是，雖然他是個強壯又有活力的年輕人，但第一次攀登冰瀑卻困難重重，部分是因為他不知道會碰上什麼狀況，但也因為他很害怕，經常要被拉上去或幫忙翻越障礙，還緊張得吱吱叫。不過，沒有多久他就克服了原先對陡峭冰雪的不信任。因為他不也是個從索拉孔布來的雪巴人嗎？

等我們到達冰川的上端，天氣變得很熱，我們整隊人都得了冰川無力症。我們蹣跚地走著爬著，最後到了我們上次搭建第二號營地的正下方。我們解開安全繩休息，把裝滿檸檬水的水瓶傳來傳去，分吃了薄荷蛋糕和巧克力糖。然後齊皮拉、庫桑和巴尤把揹著的東西放下，再繫上安全繩，唱著歌沿冰川下去，到一號營地把其餘裝食物的箱子運上來。其他人則繼續往冰川上面走。我們走得非常緩慢，因為太陽現在極端猛烈，我們第一次焦急盼望午後的雲（一直跟在我們後面由冰川上來）趕上我們。這次由我領頭，後來我抱怨說我因為消化不良肚子很痛，覺得開鑿階梯是件無比辛苦的工作。可是沒人同情我。因為以前登過高山，所以高度對我沒什麼影響，身體好得讓其他人都覺得我該偶爾不舒服才算公平。何況，跟在我後面經過很深積雪的人也有他們自己的麻煩。我體重實在太輕，無論我怎麼用力把雪踩緊，我後面的人踩在我腳印上還是照樣陷下去。而在這一天，我踩得還眞不夠用力。

我們決定到冰川上我們原先三號營地下方的兩塊很顯眼的巨石那裡紮營，稱之爲二A號營地。一等帳棚搭好，明格馬和安格．坦巴就回去把另外三個雪巴腳伕留下來的東西揹來。我們對這件事感到有點良心不安，因爲我們可以坐在帳棚裡躲雪，不過只有貝蒂做了點事回應這種不安。她把雪鏟進一只鍋子裡，點上煤油爐，雪巴腳伕們回來時就有泡好的熱茶可喝。他們非常高興，而我們的身價因而上揚。

【注釋】

❶岩釘（piton）：釘頭有圓孔可以綁繩索，登山時打入岩石以爲支撐或固定安全繩。

❷費滋傑羅（Scott Fitzgerald）：1896-1940，美國一九二〇年代文藝復興代表作家，以其描寫「爵士時代」的小說著稱，名作有《大亨小傳」、《夜未央》等。

❸巴爾扎克（Honoré de Balzac）：1799-1850，法國小說家，總標題爲《人間喜劇》的巨著共有小說九十一部，反映法國社會變革時期的現實生活與人情風俗。

第十章　邊界山脈

那天夜裡又冷風又大，到了早上風仍擂著帳棚壁，連我們呼出來的氣也被變成冷風往下吹。大約六點鐘時，陽光照到了冰川西邊的山上，不到一個小時，第一場粉狀細雪的雪崩就開始像白糖從糖罐子裡倒出來似由山側滑了下來。不過我們的營地比較靠近東邊，在富爾比奇雅楚北邊山脊的冰冷陰影下，我們還得等待一段未知的長時間，陽光才會照過來驅走令人麻木的寒冷。這時候我們勉強把腳塞進半結凍的靴子裡，在綁鞋帶時好幾次停下來，對疼痛的手指呵氣；之後我們滿懷感激地捧著裝了香甜熱阿華茶的杯子暖手，然後很痛苦地開始用冰川護膚面霜來敷蓋我們的臉、脖子和耳朵，並用另一種特別的油膏搽抹嘴唇，這可是每日必行的苦工。這需要坐在軟管上等面霜融解到能擠出來的程度，然後很有耐性地把這些總是凍得像黏土般、幾乎呈硬實狀態的面霜，搽在每一吋可能會曝露在高山陽光具傷害性紫外線下的皮膚上。任何部位的皮膚，只要意外沒有塗到的，到那天晚上就會起水泡。在雲起之前，我們的嘴唇總得重新塗好幾回，因爲塗好後很容易就被舔掉。等我們到更高的地方，我們發現就連嘴唇裡面也得塗上，免得喘氣時遭灼傷而起泡。

安格·坦巴和齊皮拉一看到我們在塗塗抹抹就會帶著他們的小鏡子來討這種面霜。他們的膚色比其他雪巴腳伕淡得多，皮膚裡沒有足夠色素提供他們充分的保護。他們的臉部以前常被曬傷而疼痛，後來他們才想到用我們的護膚面霜。

我們現在的計畫是，要確定能在第二天雲起來前抵達邊界山脈較高的那處山坳。我們可以把下一個營地盡量選得高，最好是在冰川陸棚恰好通往山頂的最後一段陡坡下，也就是我們上回折返的地方。爲了一舉攻下，我們決定把兩個裝口糧的箱子收起來（暫時之計），放在一塊巨石的背風處。

等我們全準備好要出發時，因安全繩而起的長年不斷的爭論又開始了。從一開始我們就堅持所有攀爬過程中都要繫上安全繩，因爲一掉下去就會致命的，特別是在冰川上。雪巴腳伕們討厭這種規定，就連明格馬本人，雖然是個很好的登山者，如果由他決定的話，也經常寧願甘冒那些很不值得的險，也不想很麻煩地繫上安全繩。而且有時候他對冰雪的狀況判斷也很差，因爲他比較偏於樂觀。我們發現我們這批雪巴腳伕大體來說都很相信運氣。另一方面，我們卻盡力反制這種傾向，盡可能不靠運氣。到現在爲止，我們都一直毫不退讓地堅持我們的安全繩政策，可是今天我們第一次讓步。確實像明格馬毫不遲疑所指出的，今早的雪凍得很硬，而我們先前爬過的那段通往陡峭冰坡的路線先經過的是冰川最平順的一部分，然後沿著一塊小的中等冰磧上去。我們已經準備妥當，而且，那裡眞的夠安全。我們決定不要把我們對繫安全繩的堅持搞到荒謬的程度。因此，帶著些許罪惡感，但也很高興少了拘束，我們一起依個人步調走上冰川上乾硬的積雪。

艾芙蓮欣喜若狂，大聲表示雖然現在已經大大超過先前她被高山症擊垮的海拔高度，她仍然覺得身體很好。她能把上限推得更高，使她大爲放心。我早已恢復，但今天卻輪到貝蒂覺得不適。「我感到頭暈，」她後來在她的日記裡寫道：「而且我耳朵裡一直有種咻咻的輕響，別人一定不會因爲我而承認他們耳朵裡也有的……。」可是，她當時什麼也沒有說，勇敢地跟在我們後面蹣跚前行。

太陽灼熱地照下來，我們盡快前進，希望能在冰川變得不安全之前趕快通過，在覆蓋的積雪變得不穩前登上那座冰坡。

過了一陣子，明格馬和安格・坦巴把揹著的東西放下來，繞了點路去取我們上回留在三號營地的備用繩索、冰爪及一些食物。另外三個雪巴腳伕走得很慢——非常慢，不時停下來休息，喘口氣。艾芙蓮和我走到前面去踢出階梯，爲負重的雪巴腳伕做出一道爬上那陡峭冰坡的樓梯來——現在冰坡上蓋了很厚一層結實的積雪。我們覺得實在是過分結實了些，因爲每級階梯都至少需要用力踢三下，在這樣的高度眞是不好玩。事實上，這實在是很激烈辛苦的工作，哪怕我們輪流轉來轉去踢都一樣。

我們爬得越高，做階梯的工作就越來越慢，呼吸也變得越發困難。每次我們稍停下來喘過氣來，就覺得我們很強壯且精力充沛，但一旦再開始，每一級都很辛苦。這樣忙了將近三個鐘點後，我們看見明格馬跟在我們後面爬了上來，背上揹著他那裝了廚具的大籃子，最上面是他自己的背包。他爲了趕上我們想必爬得很快，可是想必也很疲累，因爲他不像平常那樣說要輪流打頭陣。

到這時候，流雲在我們四周打轉，遮沒了壯麗的山景。耀眼的雪、黑色的岩石、藍色的冰，以及我們身後坡上如細線般一路向下的階梯，全消失在灰色霧靄中。剩下的唯一顏色是我們冰斧尖端在雪上留下的小洞裡，那仍然和冰一樣的藍。我們繼續往上，最後到了一處陡直突起的頂上，我們認出那裡距離我們上回折返的地點不遠。我們停下來休息，從水瓶裡喝了水，吃些葡萄乾和糖果。然後，明格馬和我把背包和東西留下，繼續爬上去選一塊營地。沒有帶重的東西，即使是往山上爬也容易得多，我們很快進入了上面的霧裡。我們爬上另一道坡，上回這裡需要使用冰爪，可是現在都覆蓋著雪，就這樣我們到達一個窪地的邊緣，那塊窪地正在上回我們折返處和通往邊界山脈頂上最後一般陡坡坡底之間。我們必須等到霧略散後才能看到東西。等霧散後，我們下到窪地裡，繞過兩道很大的冰縫，找到一處很好的營地。我們在那裡停了一陣子，談論接下來兩天的計畫。明格馬對我們想登的山顛表懷疑，認為我們沒有爬上富爾比奇雅楚的希望。他想那條陡直的支流冰川，從富爾比奇雅楚布冰川西邊邊界山脈的高峰下來的，也許更有結果。我私下認為那看來很可怕。反正，現在什麼也不能做，只有等到早上，我們希望到時候能把一切看個清楚，於是我們跑下去找貝蒂和艾芙蓮，幾分鐘後，我們全不情不願地揹起重擔，再次蹣跚地慢慢走上去。

半個小時後，其他雪巴腳伕也到了營地和我們會合，而搭好帳棚，正好開始下雪。睡袋又全濕了。安格．坦巴發現這件事後，把我們召到他身邊，把裡層的睡袋一個一個很戲劇化地由外層睡袋裡扯出來。看到拉出來的睡袋一個比一個濕，我們假裝很懊惱地發出悲嘆，這使他開心得要命。那天下午，在我們命名爲第三A號營地的帳棚裡，時間就在看書、睡覺、寫日記和修補臉上小水泡之間度過。晚餐由一貫保持活力的安格・坦巴送來，包括無可避免的湯包沖成的速食湯，接著是肉條燉乾蔬菜，還有煮梅乾及可可。我們對自己吃得下所有這些東西覺得很得意，因爲當時我們相信這個營地是在將近海拔六千公尺的高度。因爲我們沒有高度計，我們做這樣的判斷是根據地圖上的等高線，還有明格馬堅持說他依自己的生理狀況就知道所在的海拔高度，而現在他是在六千公尺左右。可是地圖非常不精確，而儘管我們不方便表示全盤否定的意見，卻眞的覺得明格馬的「狀況說」也不見得不會出錯。現在想想，這個營地恐怕不會高過海拔五千八百公尺。

那天夜裡貝蒂醒來，看到月光照透了帳棚的帆布。她爬出睡袋，拉開帳棚門的拉鍊往外看。在她面前那些圍在大冰川頂上的群峰默默矗立著，在月光下閃閃發光。它們沒有取名字，沒人攀登過——說不定無法攀登——而且只有少數幾座山峰標示在地圖上。在月光裡，那些山峰很奇怪地狀似縮小了很多，可是卻比以前更有敵意。然而，清朗的夜空和嚴寒預示第二天是晴天，她頗受鼓舞地爬回睡袋裡，重回夢鄉。

清晨來得燦爛，充滿耀眼的白色和金光。我們很早起床吃飯，七點剛過就準備好出發。在我們和冰川頂之間的最後陡坡先前全是閃亮的冰，現在卻被凍硬白雪所覆蓋，很誘惑地立在離我們帳棚不過幾公尺遠處。貝蒂已經大致恢復，而艾芙蓮早些時就一直從她的帳棚裡跟大家報告她準備的情形，不時夾雜著像唸經似的「我覺得很好，我覺得很好」。這次沒有爭執——我們很高興地把繩索留下沒有帶去，坡相當陡，而高度的影響很快就把這組人一分爲二，艾芙蓮和貝蒂以她們自己的步調往上走，我則追在明格馬後面跑，他已經遙遙領先了。（這位雪巴腳伕領班和我之間有某種程度心照不宣的競爭。我們兩人中他的狀況比較好，他自己也很知道這點，可是他喜歡向我挑戰賽跑，結果總是他贏，他也毫不掩飾他的得意。）我前一夜肚子痛，我想是吃得過多的緣故。可是一等我們上路，我排了氣就頓感舒爽，覺得能跟在明格馬身後跑上坡去。到了頂上，我趕到他身邊，很輕易地跟上他的腳步，雖然他非常興奮，走得飛快。我們發現自己來到一處美麗光滑、後面有山的山坳，左手邊是一座圓圓的冰丘，頂上有一排崩塌的碎岩石，右手邊則是富爾比奇雅楚北邊山脊可怕的雪簷、冰柱和尖刺的岩石。山坳很寬，起先我們前面什麼都沒有，只有藍藍又藍藍的天。我們心裡充滿各種臆測，快步向前，突然看到前面有岩石。明格馬失望地說：「女士，**Aur pahar**（還有高山）。」可是等到我們越過那帶山脊，開始向下走（進入西藏，我猜）的時候，我們才發現那岩石只是一對孤立岩柱，像某種窗子的外框，其間是大堆破碎石板岩形成的一道岩架。岩架以下是直落入西藏的懸崖。岩柱右邊的懸崖是幾近垂直的一道冰瀑，左邊則是垂直冰谷。我們匆匆走向岩柱，卻碰到一處被雪覆蓋的冰縫，明格馬說：「**Hath do**（把手給我）」，女士。」我把手伸過去，我們就像小孩般手牽手地走向岩架，一邊說著：「西藏，西藏。」等走到那裡，我們坐了下來（兩腳懸空地垂在西藏的空中），開始欣賞眼前極美好的風景和一群雪鴿在我們下方盤旋的可愛景色，一邊等待貝蒂和艾芙蓮爬上來。

現在我們很清楚地知道求嘉喜馬和朗坦一樣是邊界山脈，非常險峻，事實上，相當驚人。這道山脈上的群山的鼓突部分都在前方，也就是尼泊爾這邊——山脊、凸出的山壁、雪原和懸垂冰川等等——後面在西藏那邊卻什麼也沒有，從山頂開始，山壁垂直削落到西藏境內。不是漸緩或呈階梯式，而是垂直的。以站在山脊上的觀點看去，會讓人有某些山幾乎呈平面的印象，像舞台布景，而且從側面看來似乎全是狹窄而扭曲的刃嶺❶。由西藏那邊看來由冰和岩石構成的巨大牆壁，相必是令人印象特別深刻的景象。西藏那邊光禿的山丘綿亙不斷，有紫色也有棕色，一路相連到遠方。在西北方似乎再過去就是廣闊的平原，東北方卻群山錯落，地圖上完全沒有標示，徒有一大片空白，注明「未測量」。在我們腳下數百公尺深處有一座高山，山上有結凍湖泊，再過去，我們能看到一處河谷。在這個谷裡，我們看不到的地方，是西藏的邊界要塞恩耶納姆（Nyenam），我們聽說那裡由中國共產黨的軍隊駐守。我們事先就受到警告，不得跨越進入他們的轄區。不過，除了也許在這道寬闊的山坳，我們坐在岩架上可能事實上已經越過邊界幾公尺地，但除此之外我們根本不可能會走出求嘉喜馬而誤入國境。從我們所在的這段邊界上任何一點能進入西藏的唯一方法就只有**掉**進去。

看夠了那塊禁地之後，我們把注意力轉到我們希望能攀登的「仕女峰」。我們現在看到那會非常、非常困難，而且要從我們所站的地方到那裡是相當不可能的事。在山峰的北方和南方都是極爲陡峭如刀鋒的長長山脊，結滿雪檐❷，看來要負重攀登是完全不可能的了。

我們失望之餘把眼光轉向東方，再很難過地看看富爾比奇雅楚的北麓。好一座山！冰柱和岩柱以很特別的角度彼此相離，正如貝蒂說的：「像一朵正在綻放的怪異花朵。」我們很快地調開目光。富爾比奇雅楚不是我們能爬的山。

可是跟著貝蒂和艾芙蓮一起上來的安格・坦巴卻覺得需要有表示挑戰的動作。他俐落地走過山坳，上達山脊，帶著一面我們用做路標的旗子，一直走到他被第一道冰牆擋住再不能往前進的地方。他把旗子插在那裡，就像個頑童向公爵夫人做鬼臉似的，然後得意地走回來。我們打心底贊同他，可是不幸得很，我們覺得很可能會再需要那面旗子。他又被派去把旗子取了回來。

貝蒂還留在岩架上時（她仍然沉浸在充滿狂喜的凝視中，完全未理會她周遭正默默提醒她責任所在的諸般物事：望遠鏡、稜鏡羅盤、測光計，以及各種鏡頭和濾鏡），艾芙蓮、明格馬和我再橫過山坳，去看我們希望攀登的那座山西邊的群山。我們幾乎馬上就看出一種可能——也許該說是**唯一的**可能會更實在點。這座山的坡度長而平緩，純藍色的冰一路綿延到穹形山頂，和其他那些幾乎所有角度都似乎不可能攀爬的山比起來，這座山看來無害——幾乎是在歡迎我們去。可是看起來也有點難爬。所在位置比其他座山都更靠北邊，所以在大冰川上才近乎看不見。唯一到那裡的辦法就是爬上一條很困難的冰川，那條冰川我們一直都沒列入考慮，因爲我們很不喜歡它的樣子。在這座山過去，又有一座冰雪圓錐，我們認出那正是多吉拉克帕以北的大白峰。那座高峰沒有名字，但在地圖上標注了超過七千公尺的高度，那是求嘉喜馬最高的一座山，也是整個地區唯一另外一座看來還有可能攀登的山峰。可是我們很確定那對像我們這樣一支小規模的探險隊來說實在太困難了點，因爲需要有支援的營地，在這方面我們既沒有配備，也沒有那麼多必要的登山者和雪巴腳伕。

明格馬指著那穹形山頂說：「那是座好山，女士，我們爲什麼不爬那座山呢？這比那座有窄窄山脊的山還高多了。」

我把他的意見翻譯出來，很挖苦地加上一句：「當然我們得爬那條冰川，一路很技巧地閃躲開雪崩，就能到那裡。」

「那條冰川」指的是通到那座山峰的那條難爬的冰川，也就是前天明格馬和我談話中暗示過的那條。那天早上我們帶著漸增的興趣從營地那邊看過，可是一直到現在爲止，從來不曾認眞考慮過那是條可能的路。那條冰川是從大白峰和穹形山匯入富爾比奇雅楚布冰川，相當陡直。下半部是一道冰瀑，右側被矗立在右邊的高峰多次雪崩掃過。至於左邊，或說是北側，是一道類似雪廊的通路，乍看下似乎是通往比較平滑的上半部的關鍵。可是這道雪廊也因爲上面有多處冰簷而受到雪崩的威脅。冰川的中央部分算是相當安全，沒有雪崩的危險，但是有很多巨大的冰縫縱橫交錯。這條冰川呈Y字形，就在大白峰的突出山壁下分叉，一邊向北到那穹形山後，我們認爲一定是從邊界山脊的一個山坳直落而下。另外一邊則向西南到一處山坳，看來很像是能通往多吉拉克帕冰川源頭的一條通路。要是我們**眞的**能成功地勉強登上那陡峭冰瀑到達冰川上方仍然陡峭卻平順得多的冰坡，就能在Y字形相交處紮營。到那裡再看是否有必要在邊界山脈的上方或下方再找一處更高的營地，從那裡展開最後登上我們那座山的任務。由搭建在Y字形相交處的營地，也能爬到能俯瞰多吉拉克帕冰川的山坳，以確定那究竟是不是一條好路。

艾芙蓮宣稱她的意見是冰川中間不會有雪崩的危險。我們都表同意。可是問題是要找路穿過把冰瀑中央部分弄得千瘡百孔的那些寬大冰縫。即使從這麼遠看過去，那些冰縫看來都著實可怕。可是，我們卻開始向彼此指出可能繞過冰縫的路，就這麼說著讓自己樂觀起來。我們興致高昂地匆匆回去找貝蒂，還有絲毫不覺辛苦地將旗子拿回來的安格・坦巴。

那些雪巴腳伕說現在應該堆一座石標❸。「因爲，」明格馬指出：「在我們之前沒有別人來過。」那裡到處都是可用的建材，因爲整個岩架就是一大堆鬆散的石板岩。我們都幫了忙，可是眞正建造的是那些雪巴腳伕，結果是最後石標變成了一座很漂亮的「丘坦」❹。我們覺得堆一座丘坦來對菩薩表示謙卑謝意的想法，比一個只是自我宣傳的石標要高明多了。

然後明格馬和安格・坦巴爬上那些可怕的岩柱之一，很愚勇地要在那頂上再堆另一座神龕。艾芙蓮和我很不信任地看看那根岩柱，沒有跟著他們上去，可是貝蒂卻隨著雪巴腳伕們爬上去了。那塊巨岩爛得相當厲害——是人在噩夢中才會爬的那種——所以貝蒂勇敢展示了一位女士也有權和雪巴腳伕過同樣危險的生活之後，並沒有和他們一起留在岩石頂上，而是很神氣地退了下來。天氣現在變得非常冷，陣陣寒風從山坳吹來，而西藏那邊的群山都埋進雲裡。是該下山的時候了。半路上我們停下來，希望讓貝蒂認同我們的新計畫。她大表贊同，於是我們整組人馬興致高昂地回到營地。

帳棚裡都沒有人，只有齊皮拉在太陽下睡大覺。庫桑和巴尤下山到二A號營地取食物了。因爲我們改變了計畫，所以現在不需要這些食物，齊皮拉奉派趕下去把他們叫回來。我們其餘人喝了茶、吃了餅乾和午餐的沙丁魚，滿心歡喜地看著下午的雲層有那麼點心不在焉似地升起，看來好像風一吹就會整個散去。稍後，明格馬和安格・巴坦走了回來（他們倆先前突然從隊伍裡消失，而我們也很有禮貌地沒有跟去），帶來消息說他們找到一條可以下去得更快的路——一條雖陡但可行的雪谷，通往那條主要的冰川。

時間過去了，雲來了又散了，天氣暖和得讓我們能在外面坐在充氣床上寫日記，爲照片寫說明，研究地圖和羅盤。在這段時間裡，始終不見那三個雪巴腳伕的蹤影。我們開始想到齊皮拉一定誤會了給他的指令，八成三個人都回二A號營地等我們了。事實上，情形正是如此。明格馬對自己沒有把話說得清楚明白感到內疚，很負責地動身走上那條漫長的路去找他們回來。

下午的時間一點點過去，雲層整個散了。這是我們到基地營區以來所碰到的第一個晴朗的下午。我們滿懷歡喜，我們覺得只要有了它，就能完成一個快樂又值得懷念的日子——一個毫無缺陷的日子，爲了這樣的一天，過去幾個星期和幾個月的辛勞和努力似乎只是該付出的小小代價。

安格・坦巴現在開始爲明格馬的久去不歸而大感焦急。他不安地走來走去，把空鐵罐子踢進冰縫裡，從一個觀測點跑到另一個觀測點，希望能看見往回走的那幾個人。弄到後來我們也開始感到擔心了。時間越來越晚，不過最後，跑去看那幾個雪巴腳伕說不定會決定由新發現的那條雪廊回來的安格・坦巴發出寬心的叫聲。我們匆匆趕往他那邊，發現他站得太靠近一塊懸在冰川上方的巨大雪檐邊緣。我們把他拉回來，而他開心地不理我們的勸告，只說：「在那裡，他們在那裡。」接著發出能傳得很遠的雪巴人尖利哨聲。有微弱的回應傳來。他指著冰川對面，最後我們終於看到在很深遠的下方，就在我們準備第二天要去攀爬的冰瀑底下，有一串小黑點。那是明格馬和兩名雪巴腳伕。我們用望遠鏡看得到他們很理智地繫著安全繩，還帶來一箱食物，這表示明格馬一路回到二A號營地，然後突然想到個好辦法。何不把一箱食物放在明天要爬的地方底下？他帶著齊皮拉和巴尤，讓疲累的庫桑一個人由我們前一天走過的路回三A號營地。

我們看著他們越過冰川回來，然後慢慢爬上那條長長的雪廊往我們這邊走來。等他們接近頂端，庫桑拖著腳垂著頭走進了營地，疲累得沒法以他平常開心的笑容來回應我們的大聲招呼。不久後，其餘的雪巴腳伕爬過了雪廊的開口，我們道了恭喜，以熱茶來歡迎他們。他們咧開大嘴笑著，非常高興地發現自己一時成了英雄。

【注釋】

❶刃嶺（arêtes）：由冰川侵蝕造成的陡峭山脊，多見於阿爾卑斯山。

❷雪檐（cornice）：凍結在懸崖邊緣的冰雪塊。

❸石標（cairn）：做爲紀念碑或地界標的圓錐形石堆。

❹丘坦（chorten）：佛教傳統中，存放高僧或活佛遺骨的塔或形狀類似的容器。

第十一章　陌生的冰川

五月九日清晨，我們收拾好東西，離開三A號營地，由那道雪廊下去，往西橫過那條大冰川，到了冰瀑底下。等我們抵達前一天黃昏時分雪巴腳伕們留下那箱食物的地方，我們停下來會商，重新編組。我們決定最可能受高度影響的艾芙蓮今天先在第一根安全繩帶頭，明天由貝蒂領軍，把我留在第三天，以防其餘兩位屆時到達了她們的上限。這樣的安排讓我們每一個人輪流負起責任，實際運作起來也很見成效。在這一天，艾芙蓮打頭，後面是貝蒂、明格馬和齊皮拉。我領著第二根安全繩，後面是庫桑、安格·坦巴和巴尤。

冰川一開始就是該有的模樣，陡峭地斜向上方，有種十分嚴峻的感覺。陽光很熱，雪有點軟。庫桑的身體顯然還沒復原，很快就開始支撐不住。每過幾分鐘，安格·坦巴就會對我叫道：「女士，kole，kole!」那是雪巴話「停」。我回頭就看見庫桑靠著他的冰斧，喘得像一條在地上的魚。以這樣的速度，進展很慢，第一根安全繩的那組已經在前面好遠了。我卸下我的背包，找出一盒葡萄糖片，讓庫桑吃了兩片，有助於讓他繼續走了一陣。

這時候，前面的那組人馬在一大堆和冰縫糾纏在一起的冰塔下方停了下來，沒法馬上找出可以穿行的路來。很多冰柱豎起，頂上和周圍都被正在融解的雪所覆蓋，隨時會有大塊白雪滑下來掉進等在下面的冰縫裡。像這樣的地方會逼人想起熟知的名言，說攀登喜馬拉雅的三條最重要規則是：一、勘查，二、勘查，三、勘查。他們停下來休息、思考，也讓我們這組人能趕上。等我們到達後，一直勉強控制住不耐的明格馬悄悄解開安全繩，動身去勘查。

過了一、兩下子，我們才注意到他想幹什麼，可是一旦想清楚後，我大聲叫他停下來先繫上安全繩。天下再沒有比充耳不聞的人更聾的了，明格馬繼續走著，用他的冰斧很賣弄地試著每一步。安格・坦巴一向死忠於明格馬，他狂亂地解開一條安全繩，把繩圈三下五除二地一把從他同伴們的頭上拉脫，一邊還著急地喃喃說道：「他不能不繫安全繩就走。」這是我們唯一一次聽到有雪巴腳伕堅持要繫上安全繩，三位女士忍不住發出不該有的笑聲，雖然這時應該一臉嚴肅貌才對。安格・坦巴追在明格馬身後，帶著繩子並發出很強烈的用語命令他回來。他們一起回來了，明格馬一臉傷了感情的無辜表情，但看到我們對他搖頭，突然又化成神秘莫測的笑臉。艾芙蓮把她自己綁上，好監視他們的行動，然後他們三個再出發去找一條路，好翻越或穿過我們面臨的障礙。

我們其餘人坐下來忙著換底片、爲嘴唇重新塗上護唇膏，還有用望遠鏡看那支勘查小組的進展。我把我的水瓶拿給庫桑喝一口，他眞的非常需要喝水，等他有點尷尬地把水瓶還給我時，瓶裡已經差不多全空了。他對自己身體不適的事深感懊惱，很可憐地想試著挽回受傷的自尊心，於是開始很懷舊地談起戰前的那些好日子。「我當年和現在的安格・坦巴一樣強壯。」他用讓人想不到那麼流利的印度斯坦語說：「我的老婆，就是安・朵瑪的娘，也同樣強壯。席普頓大人對我們很滿意。在那時候，」他帶著非難的神色看著我們說：「我們經過西藏到聖母峰，那些大人們騎著小馬上山，也不揹他們自己的背包。」兩位女士不安地看著她們自己的背包，上山的時候都是自己揹的，不免感到太沒地位了。庫桑嘆了口氣。世界跟以前不一樣了，他的地位也降低了好多。

勘查小組現在像蒼蠅似爬上一座巨大冰塔的表面。他們看來非常不保險，而且好像選了一條不必要的困難路線。貝蒂跟我就像坐在汽車後座卻對司機亂出主意的人，大聲叫道：「爲什麼不走另外一邊？」「那裡快要有雪崩了。」艾芙蓮回應的聲音微弱地傳來。他們三人的身影看來很遙遠，聲音卻仍清楚傳到我們這裡，之後他們越過冰塔頂消失不見。他們繼續往上，一路開鑿踩出一條路來給負重攀登的人走，最後他們到了一處比較容易走的路段。這條路在他們繞過一條條大冰縫時，越來越偏向他們的右邊，最後他們發現自己處在冰川正左方的那條雪廊裡。他們有點疑心地四下張望，但看不到曾發生大雪崩的痕跡，看來這條雪廊有可能正是關鍵所在。在往上爬的路上，他們突然看到一行痕印，明格馬興奮地大叫：「是『異體』❶，女士，妳看！」艾芙蓮看了看，但無法相信那些小小的痕印會是喜馬拉雅雪人的腳印。不過她也無法想像會有什麼動物走過這樣一個不友善的地方。

他們回來和大家會合，把「異體」腳印的事告訴我們。「才十公分長？不可能是『異體』的腳印啦，明格馬。」我懷疑地說。明格馬遲疑了一下，看來頗爲困惑，然後他笑了起來，很堅定地宣布說：「我想是一隻八歲大的『異體』。」所有的人哄堂大笑，明格馬看來有點受傷。

我們揹好東西，繫上安全繩，每條繩子四個人，慢慢地經過那道冰瀑，繞過一個前面有冰柱垂掛如簾幕的綠色水洞，再爬上一段梯階，將冰斧砍進冰裡以固定安全繩幫忙彼此越過冰縫。等我們到了那行「異體足跡」的地方，我們也看不出那是什麼。某種長了長腳的動物走過冰川，留下一行腳印，上了冰塔又下去。看來是從一道冰冷岩壁筆直走到另一處岩壁，完全沒道理。

我們沒多研究那行足跡，因爲雲在我們身後升起。我們眞討厭這些雲！尤其是在這條冰川上，如果我們想要成功地爬上那道冰瀑，良好的能見度可是絕對必要的。我們最後終於到了那道雪廊，沿著走去，不時扭著頸子擔心地往右邊的石壁上方瞧，高踞在上的雪檐讓我們愁眉苦臉。雪的表面上留有小雪崩的痕跡，殘骸一路堆積在冰塔開始前那段平坦的雪廊上。不過沒有大雪崩的痕跡，我們就一直走在那些積雪與冰塔之間一線表面平滑無痕的雪上。

中途有一回停下來時，艾芙蓮突然說：「我不行了，妳走吧，莫妮卡。」她臉色蒼白，看來不是很舒服，我們擔心地看著她。這天和前一天，她都吃得很少，而一個早上兩次爬上冰瀑也讓她體力難支。我們很怕她又有了新的高度「上限」。我說我覺得反正我們也該紮營了。雲已經趕上我們，而有幾個雪巴腳伕得回去把仍然留在冰瀑腳下的那箱食物運上來。

「我們不能在這裡紮營，」貝蒂簡單明瞭地插嘴道：「太危險——要是有大雪崩下來，我們就會直接被掃進冰縫裡。」

這話一點不錯。我們必須再往前找一個更安全的地方。艾芙蓮決定在這種情況下還是該跟她那組人在一起，他們繼續慢慢地走下去。

就在我們這第二組準備跟進時，齊皮拉用他沉靜的聲音叫巴尤跟他一起回去把那箱食物拿上來。巴尤當場拒絕，說他不會爲任何人再下去。聽了這話，庫桑跳了起來，很不屑地說道：「好吧，要是你不敢去，我去，像我這樣的老頭子去！」我們不解地聽著他們爭吵，最後我插話問到底是怎麼回事。這還是我們第一次聽到雪巴腳伕爭吵。他們馬上一起解釋。

「沒有安全繩，誰也不能下去。」我斬釘截鐵地說：「第三根繩子收在行李裡了，你們得等我們紮好營之後才能再回去。」

「可是，女士。」齊皮拉一派柔和講理地抗議道：「要是我們不馬上紮營的話，那要回去拿東西就要走很長的路，現在又開始下雪了。明格馬今天想在冰瀑上面紮營。」

我解開繩子，卸下背包，衝去追艾芙蓮那組人。趕上後，我把他們爭論的事和雪巴腳伕工頭說了，還說今天要到冰瀑頂上是絕無可能的事。

「巴尤沒有經驗，庫桑身體不舒服，」明格馬說：「安格．坦巴和我下去拿那個箱子。」

很好，我同意，他們可以。可是即使從這一點去，往下再回來還是很長的一條路。我們不希望在我們還沒到最高的營地之前，我們的雪巴腳伕頭已經精疲力竭了。再說，他難道看不出來我們那位當醫生的女士得了高山症嗎？這些說法說動了明格馬，他很後悔地同意說他太燥進了。艾芙蓮決定去和在轉角邊的貝蒂和其他雪巴腳伕會合，而我和明格馬帶安格．坦巴去找一塊營地。我們最後終於找到一個看來還算合適的地方。那是雪廊上一塊向冰川內伸出去像半島般的平地，在那裡和雪崩痕印之間有一道大裂隙，也叫冰川邊緣裂隙，大概除了最大的雪崩之外，什麼都可以呑得下去。上面是由岩石構成的峭壁，中間有很多條雪溝，看起來沒有突出的雪檐。這不是一個理想的地點，可是比較安全。明格馬和安格．坦馬卸下東西，開始把雪地踩硬踩平來搭帳棚，而我回去取背包的路上不斷遭遇其他隊友，他們正以各自步伐走過來。我回來的路上，又和明格馬與安格．坦巴互打招呼，他們正趕著下山去取那箱食物。他們是下山，又沒揹著東西，所以一路吹著口哨、唱著歌往下走。等到他們滿身是雪地回來時，營已紮好，一個很不聽話的煤油爐終於點著，而茶也燒好了。

那天晚上大家都睡得很熟，只有貝蒂，她那登山者的良心極不尋常地不肯稍息。她覺得四號營地不是絕對安全，雖然她也知道別無其他選擇。每過一陣子，她就會醒來，聽著雪崩從冰川的另一邊轟然滾下山去，禁不住縮在睡袋中發抖。可是我們這邊沒有積雪崩塌下來。

儘管貝蒂急著想離開這個地方，我們卻一直到上午九點鐘才離開四號營地。我們這裡似乎是這條冰川上陽光最後才照到的角落，而在酷寒中，我們的準備工作進展很慢。艾芙蓮今早和前晚都只能喝一點流質食物，醒來時覺得噁心且頭痛欲裂。雪巴腳伕們全縮在他們的帳棚裡，圍蹲在煤油爐邊。我們抖瑟著看陽光幾乎難以察覺地由冰川那邊向我們移來。到了八點鐘我們該動身的時間，明格馬突然提著茶壺出現，用寬慰的語氣說：「我們都喝點茶吧，女士們，等太陽曬過來。今天早上好冷。」這種事讓像貝蒂和我之類嗜茶的人難以拒絕，我們趕快毫不害臊地去取我們的杯子來。這場茶會一直持續到一絲陽光和暖意舔著我們雪上營地凍結的陰影，這時所有雪巴腳伕和女士們行動一致地起身向陽光奔去，像在爐火前般爭相取暖。

現在輪到貝蒂領頭帶第一根安全繩，後面跟著的是明格馬、齊皮拉和我。艾芙蓮領第二組，成員是安格·坦巴、庫桑和巴尤。我們都動身沿雪廊而行，一面找路回冰川上。貝蒂那組人在前面徐徐前進，進度不很好，但突然之間，他們停了下來。另一行腳印從冰川上下來，模糊地印在結凍的雪地上，斜穿過雪廊。每一個窄窄的腳印都有將近三十三公分長，最奇怪的是每兩個腳印之間至少有兩百公尺的距離。「看到沒有？這毫無問題就是異體的腳印。」明格馬勝利地說。我們都只好相信他了。我們想不出別的解釋，但就算是隻異體，為什麼想在這全是冰雪的荒野上跳來跳去呢？這實在遠超出我們的理解範圍。

「爲什麼沒有腳趾印呢？」我們問道。明格馬覺得我們很可憐地看了我們一眼。「因爲它們走起來的時候腳趾頭都向裡面彎著，像這樣子——」他用手指示範了一下。

「異體都吃什麼？」我問道。明格馬搖了搖頭說他不知道。然後，因爲不甘願失去他是喜馬拉雅雪人自然史權威的地位，他很快補上一句：「也許是石頭下面的東西。」他繼續說明一共有三種異體，一種大如犛牛，一種和人一般大，還有一種很小，像小矮人。我們決定目前我們所討論的腳印應該屬於中間那一類。我們拍下照片，還按照傳統方式將一把冰斧放在旁邊以資對比，不過我們覺得那些腳印不夠清楚，也許拍不出來。

在這之後，我們繼續走向冰川，貝蒂領頭，充滿活力地上下於覆蓋白雪的冰上那些如波浪般的層層隆以及陡峭尖頂。有些我們碰上的冰縫非常巨大，它們的厚壁有一層層各種顏色的條紋——淺粉紅色、藍色、綠色，還有奶油色——像是一片片有異國風味的三色蛋糕。我們設法繞過或跨過它們，然後貝蒂爬上最後一個陡峭的冰塔，卻在頂上突然停住。在她腳下是一條我們從沒見過的巨大冰縫，看來好似從冰川這頭一直延伸到那頭，她的心沉了下去。可是我們的熱血高漲，只要有辦法，現在絕不能被打敗。明格馬像隻獵犬似沿著縫邊查探，在這堅不可摧的天險裡找到一個缺口，就從一個開口跳下去試試，我們沒有阻止，反而歡呼爲他加油，準備跟隨他下去。在這個地方，冰縫中塞滿了大塊的冰和雪（「全都黏在一起，」貝蒂如此形容：「像小男孩口袋裡的糖果。」），都是從縫壁高處落下來的。這些冰雪碎塊其實只有很脆弱的一層，底下還深得很，但是在這麼早的時候，這些大塊冰雪凍在一起，還夠堅實。絕對值得一試。明格馬已經一馬當先地跑了過去，這裡戳一下，那裡鑿級階梯，還跳過多處裂口。和他用一條安全繩的同組成員跟著他，而另一組則等著打了訊號再過去。即使在這麼大早，由那些冰雪碎塊構成的通路還是並不非常安全，其間充滿了洞，腿很容易在裡面踩到碎冰而滑到底下去，而這道冰縫又寬得整組人都得同時站在這條「通路」上。對面的縫壁有巨大的雪檐擋住我們去路，必須打掉，明格馬就像著了魔似使著冰斧用力地砍。經過半個鐘點令人汗毛豎立的苦戰之後，冰縫突然投降，第一組人這才鬆了口氣，終於能再爬到堅硬實在的冰上。但即使如此，他們還是得使用一種很笨拙的爬煙囪技巧才能爬得出來，那就是說所有揹著的東西都要先卸下，再分別送上來。

第二組現在可以開始越過，而貝蒂的那組繼續探查，深怕再碰上另一個大障礙。不過，雖然我們的確碰到最後一條裂開的冰縫，卻發現一道美麗的冰鋒，上面蓋著厚雪，正好橫過冰縫，形成一條窄如鋼索的橋。我們把這則好消息帶回那條大冰縫邊，兩組人會聚在冰縫上方的雪地上，恭喜自己的好運，吃著和雪拌在一起的果醬，這是雪巴腳伕們最喜歡的美食。

除了尺寸之外，那條大冰縫最引人注目的是，好些地方的冰呈現美到極點的深藍色，看來簡直只應天上有。

那道冰鋒是這條冰瀑上最後一個障礙，而我們因爲安然度過上一個障礙，高興得沒把這點困難當回事，一個接一個毫不害怕地走了過去，儘管那道橋只有幾吋寬，而兩邊都是又深又黑的無底洞。等到過去之後，我們看到那條冰川豎立在面前，光滑無瑕。我們上來了！

可是現在艱苦的工作才眞正開始，我們得向上爬好幾個鐘點，到那個Y字形連結點去。貝蒂帶頭走了好一陣後，開始需要休息，她那組人於是輪流負起領軍的責任，而現在的雪很軟，這差事就成了一項很辛苦的工作，領頭的每一步都會陷進雪裡。雲當然又起來了，不過我們已經先看到一條可能讓我們上山的路。那條路線很長，得沒完沒了地開鑿階梯，還很可能讓我們在開闊的冰脊上紮營，所以我們希望往山的西北方走的那道冰川支流頭上會有一個山坳，而從山坳那裡又會有一條比較短但同樣可行的路線直上山頂。

雲霧將我們包圍時，仍是貝蒂在領軍，她發現很難看見該在哪裡落腳，在白色的雪和白色的霧裡，她需要顏色暗一點的東西來集中視線，但因為始終找不到，所以她像喝醉酒似地亂轉，最後還是身後的人喝止了她才恢復過來。再高一點的地方，雲又變薄了，在我們接近冰川分岔的那點時，一陣狂風從西邊的山坳刮下來，將雲層一掃而光。我們發現自己望著一片表面被風吹刮得十分平滑的雪地，正在另一條龐大的冰瀑下方。能見度仍然不好，因為風吹來一陣陣細雪，刺痛了我們的臉，還吹進我們眼睛裡。可是我們還是可以看到在我們左邊有一條冰川支流漸漸向上到這個山坳西邊，看來很像是到多吉拉克帕冰川源頭的一條通路。我們面前是一座冰雪覆蓋的山肩，正是那座大白峰的部分——求嘉喜馬最高的一座山。微微向右就是那條冰瀑，冰瀑上面，我們現在看到真的有一處在邊界山脈上的山坳。明天我們就要試著爬到那裡，再從那裡攀登上我們的峰頂。

這時已是下午三點鐘，每個人都疲累不堪。我正輪到打頭陣，在未結硬的雪上踩出階梯來，明格馬疲累地說：「我們在這裡紮營吧，女士。」一時之間，我很想同意，但這裡的積雪仍有個斜度，再沒有比睡在一個搭在斜坡上的帳棚更不自在的了。「再往前走一點點吧。」我說著並繼續往前慢慢走去，滿心希望坡度當場就平緩下來。可是這個營地還眞不那麼容易找。過了好一陣子我們才終於到了一片平坦的雪地。這是一塊很美的營地，但並不舒服，因爲始終會受到強風吹刮。然而我們別無選擇。我們這一天全都夠辛苦了。艾芙蓮漸漸恢復了，甚至在那條大冰縫那裡還很辛苦地開鑿了階梯，可是她的體力已經用盡，而庫桑也虛弱得臉色灰白。我們將帳棚背著風搭好，盡快鑽了進去。艾芙蓮又不能進食了，我們感到有點爲她擔心，不過她很開心地向我們保證說睡上一晚後她就會沒問題的。

那天夜裡有一場猛烈的大雷雨，狂風尖叫著由山坳上方吹向西南，閃電在我們四周亮起，雷聲在群峰之間迴響。暴風雨順著我們的冰川而下，好長一段時間裡，我們還能聽到雷聲在我們下方一路滾遠。這是個很奇怪的感覺，雷聲居然不在我們頭上，而在我們腳下。可是我們沒有多想這件事，即使帳棚外狂風暴雨怒號，我們還是睡著了。等後來我們半夜裡醒來時，天氣已經轉好，月光明亮地穿透帳棚的帆布照了進來。

【注釋】

❶異體（yeti）：喜馬拉雅山區土語，從音戲譯爲「異體」，即一般所謂的「雪人」，是傳説中喜馬拉雅山裡某種面目不詳的動物。英語中之abominable snow man係由藏語metohkangmi（相當於foul-snow man）譯來。

第十二章　蓋爾金峰

五月十一日清晨仍刮著大風，但天氣很好而清朗，要登上那圓頂的山，現在時機正好。

儘管好好地休息了一夜，但我們所有人開始的時候動作都很慢，天氣非常冷，像綁鞋帶和把雪地護目鏡塗上防霧劑等等小事，似乎都要花掉大量的時間和精力。換言之，我們都受到了海拔高度的影響。

艾芙蓮穿好衣服，走到陽光裡。她頭痛欲裂，但是希望等她開始活動後就會覺得好過些，就像前一天那樣。但她馬上感到一陣噁心，就嘔吐了。這次發作後隨之而來的是整個人精疲力竭，她知道高山症把她牢牢抓在手裡了。她慢慢地回到她和貝蒂合住的帳棚裡，在經過一番內心的掙扎之後，做出了一個很困難的決定。她決定不參加攻頂的隊伍，怕阻撓或拖累了他們。她把這個消息告訴貝蒂和我的時候，我們都爲她感到難過，但是也讚佩她擁有面對這個狀況的勇氣。即使是對身體健康、飲食充足的人來說，那段路也很艱辛漫長，而艾芙蓮已經餓了好幾天了。

明格馬和安格．坦巴是這組人馬的成員，他們在八點鐘時已經準備妥當，貝蒂也一樣。她四下找我，但什麼地方都沒見到我。照她的說法是她發現我跪在我的帳棚裡，專心地在相機裡裝底片，一面像唸經似地喃喃自語——「照相機、指南針、地圖、火炬、備用的襪子、絲手套、羊毛手套、防風連指手套……。」

「來啦，」貝蒂斥責地說：「妳在做什麼呀？」

我回答說我當然是在裝底片，還在清出我要帶去的東西，然後我有點不耐煩地建議她應該去把一切準備好，因爲眞的是我們該動身的時候了。

「我已經準備好了，」貝蒂說著笑了起來。「我們大家都在等妳。」

「哦，眞的嗎?」我感到有點吃驚。「那就走吧。」

我把那天可能需要用到的重要東西一起收進我那個小背包裡，爬出了帳棚，伸手抓過我的冰斧，宣布說我已經準備好上路了。我深信不是天冷就是高度使我那天早上腦筋有點麻木，害我在眞正上路前沒法集中精神，或是思路清楚。可是貝蒂卻從此跟人家說這不過是潔克森迷糊一例而已，像這類事她在各種溫度和高度下都看過，包括海平面在內。

我們的四人攻頂隊現在上路了，越過冰川又繞到冰瀑下面，希望能在這道防線上找出漏洞來。果然，到了對面，我們擠過了一處貝蒂稱之爲「一道冰縫的小後門」，不過我們對那裡可是尊敬有加。積雪的狀況由壞變到更壞。有時積雪表面會陷下去，不是每一步路如此，但發生頻率多得夠讓我們無法維持一定的攀登節奏。有時候又是深軟得像黏土般黏在我們的靴子上，使得我們每走幾步就必須用冰斧敲打我們的腳，好把那些使靴子沉重難行的大塊雪泥敲掉。

過了一陣之後，我們遇到另外一道冰縫，這回是一條很大的裂縫，整個橫在冰川上。我們不能往右轉，可是看到若是我們順著冰縫下方的開口走，就可以轉向左邊。於是我們開始

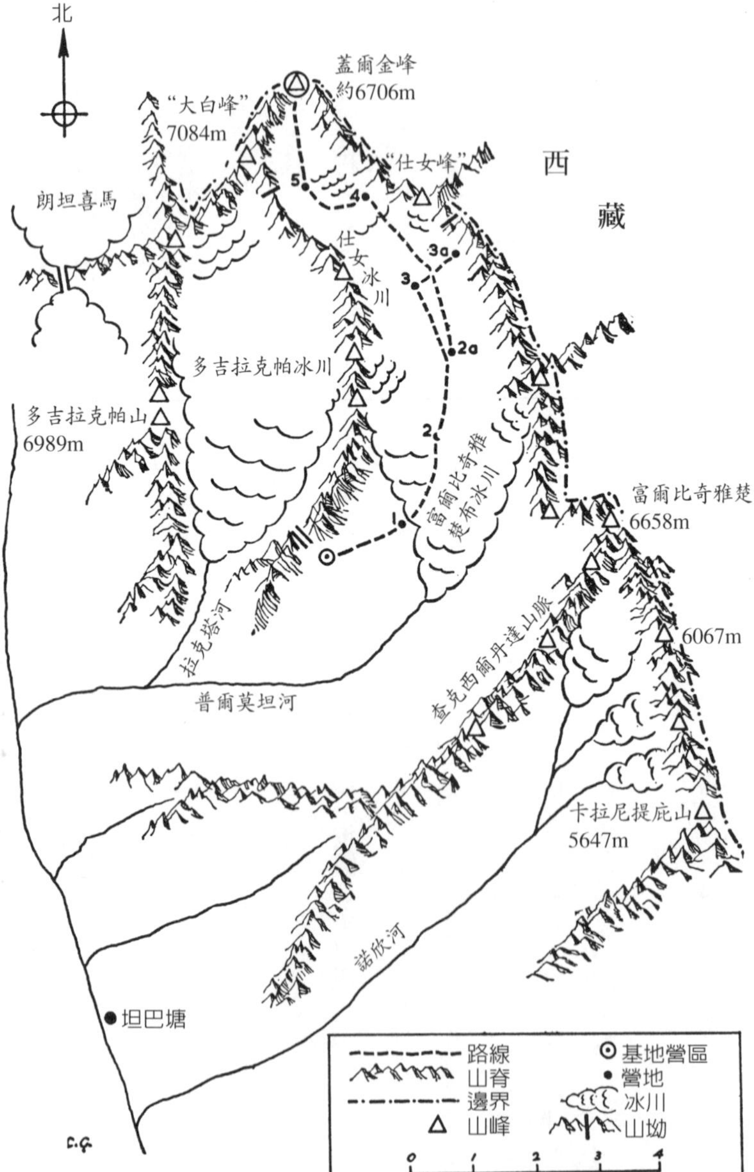
北
蓋爾金峰
約6706m
“大白峰”
7084m
“仕女峰”
西
藏
朗坦喜馬
5
4
3a
3
2a
2
1
仕女冰川
多吉拉克帕冰川
多吉拉克帕山
6989m
富爾比奇雅楚布冰川
富爾比奇雅楚山
6658m
6067m
朗坦河
拉克塔河
普爾莫坦河
查克西爾丹達山脈
卡拉尼提庇山
5647m
諾欣河
坦巴塘
C.G.
路線
基地營區
山脊
營地
邊界
冰川
山峰
山坳
0 1 2 3 4
哩（約數）

這樣走，不久就發現自己置身在一道光滑的冰坡頂上，這條冰縫在一邊，另外一條大冰縫張著大嘴如鯊魚似等在底下。我們得像屋頂上的貓一樣動作輕柔而細巧，讓靴子的膠底緊抓著冰上的那層積雪。在我們走到冰縫盡頭之前，又碰到一處裡面雪積到頂的地方，明格馬建議我們由這裡過去。「我覺得不安全。」我說，心存懷疑地不喜歡那裡的樣子。

「哦，很安全的，女士，在一天這麼早的時候會很安全的。妳看……。」明格馬用他的斧頭戳著雪，看起來還眞夠結實。安格·坦巴也加進來說和明格馬一樣的話，貝蒂則連氣都喘不過來，無法表示任何意見。我嘴裡還是嘟噥著我不喜歡這樣，卻讓自己被他們說動了，我們很成功，但可能很冒險地抄近路橫過冰縫裡這段塡滿雪的地方。

現在冰川陡峭地豎立著，頭上那個山坳看起來既高又遠得令人沮喪。一塊又一塊藍冰在我們上面閃閃發亮，我們開始了看似永無止境的攀登。一直領路到第一道冰縫的明格馬，現在移交給安格·坦巴，自己退到後面。我們之所以同意開始時由雪巴腳伕領頭，是因爲他們的力氣比我們大，能在很壞的積雪狀況下鑿出階梯而不致用盡他們的體力。安格·坦巴以他平常慣有的開心與活力踩出階梯，而我們繼續很快地越爬越高，不過付出的代價是越來越上氣不接下氣，也讓我們已經很辛苦的肺部增加了更多的工作量。貝蒂在她的日記裡有動人的描述——「好長好長的陡坡一直往上又往上，大部分都是軟軟的雪，突然會意外地有冰從底下露出來。莫妮卡也輪値領軍和開鑿階梯，但是我受到高度影響，唯一能做的只是跟著走。

我試了所有我能想得到的辦法來讓自己走下去，呼吸速度比我需要的略快；每一步吸兩次；然後三次，然後四次，可是所有這些都讓我疲累不堪，我很想哭，可是沒有人能給我時間！」

我們中間停下來休息好幾次，也很感興趣地看著先前高聳在我們頭上的山現在都開始收縮了。我們最初希望能攀登的「仕女峰」這會兒只剩在我們身下一道細而不規則的輪廓。富爾比奇雅楚山（我們始終覺得這座山是女性）現在看來也不再那麼動人，想到綿亙數哩的曲折山脊連接在圓頭山頂，只覺得看起來很像蝌蚪。我們俯瞰三天前在那裡站立過的山坳，再過去看到的是西藏大量的群山，成群結隊地直到遠方。

在其中一次休息的時候，貝蒂能喘過氣來說出她所想的事情。她怕她會拖延我們。我向她保證說沒有這回事，我說的是實話，但她仍然不相信，要我答應她說一旦到了山坳，明格馬和我就不用等她，直接上攻山頂。我希望能說服她，就轉身告訴明格馬說她以前從來沒到過喜馬拉雅。他是不是同意她做得很好呢？讓我們很吃驚的是，明格馬一本正經地打量我們，接著對我們的登山技巧小小稱讚了一番。他開始很不客氣地把我們和他陪同過的好幾個大爺做了番比較，不過很有風度地承認雷蒙·藍伯特比我們快一些！最後他還帶著忍不住的淘氣笑臉告訴我們某些大爺掉下去的醜聞細節。我得意地把所有這些話翻譯給貝蒂聽，她看來很高興，但也有點吃驚。整體說來，明格馬這番驚人的大發議論對我們有點激勵作用，毫無疑問的，這點正是他的目的。

現在我由安格．坦巴那裡接下領軍的任務。到這時候，雖然積雪狀況比先前好得多，但坡度卻非常陡峭。我們往上再往上，我好像這一輩子都在幹從雪上踢出階梯來的事。貝蒂很突然地掉進一條隱藏不見的冰縫裡，安格．坦巴和我先前都懵然不知地跨了過去。不過她只陷到腰部，很快就自己爬了上來。雖然她自己不相信，實際上她爬得很穩也很好，而且眞的從來沒有像她自己以爲的那樣拖累到我們。事實上，我們感覺她努力的唯一跡象就是她無法回答指令或問題。她實在是眞的沒法喘過氣來說話了。

我繼續踢出階梯，喘氣，停下來休息，然後再開始，一直到我們走到了冰上。我在冰上鑿出階梯，然後在結凍的雪上鑿出階梯，然後又是在冰上。等到又碰到軟雪後，安格．坦巴接過手去忙了一陣，到我們再休息又輪我來做。到山坳去的最後一段路全是凍硬白雪，只需要用冰斧砍兩下就行了，這點很好玩。我們抵達山坳時，大風正吹著飄雪，我感到心裡越發高漲的興奮之情已經達到了高點。西藏就在我們腳下，但這回卻不像我們先前在較低的那個山坳所看到的全都是山，而是一片廣闊起伏的棕色高原，帶著紫色影子，在日復一日眼裡只看到冰、雪和岩石之後，這高原對眼睛來說很有休息調劑的作用。我們本來希望能從這裡看到葛桑坦峰（Gosanthan），但失望了。我們想它一定就藏在我們所站之處靠近正北方的一座孤山後面。在我們左邊，邊界山脈高聳，有一道岩石山肩通向多吉拉克帕北邊那座壯麗的山峰，也就是我們（以貧乏的想像力）所稱的大白峰。再過去就是朗坦喜馬峰。我們右邊是純冰的閃亮斜坡，通往我們的穹形山頂。一如平常，這裡的山脊在西藏那邊陡然直削下去，而山坳有一道突出的可怕雪檐，讓我們不能太靠近邊緣。

我們吃了些薄荷蛋糕，拍了照片，裝上冰爪。在酷寒中，我們需要用到三層手套。我們現在很驚慌沮喪地注意到雲由南邊很快地湧上來，而且看來非比尋常的又黑又兇險。要是我們想在山被雲封霧罩前到達峰頂的話，就應該趕快動身了。到山坳已經花了我們三個半鐘點。於是我們解開安全繩，重新編組，明格馬和我用一根安全繩，貝蒂和安格．坦巴用另外一根。

明格馬和我開始爬上冰坡，我們的冰爪抓得很穩。我原本希望能一路領軍，因爲我覺得身體狀況很好，而且精力充沛，但是看到那些黑雲讓我考慮到整個探險隊的利益，因而放棄了這個念頭。如果讓現在興致高昂的明格馬領頭，我就得跟上他的步伐，而我們上去的速度會比由我以比較慢的步伐領頭要快得多。結果證明我的決定很聰明，儘管有時候我覺得自己就快死了。明格馬近乎跑上冰坡，讓我緊追在後。我們以前在山裡從來沒走得這麼快過，而我現在所在的海拔高度也遠超過以前我所到達過的高度——我們想必早已超過了六千四百公尺。以我們目前攀登的速度，我根本來不及喘氣，而一旦停下來，喘著說我**必須**停下來時，明格馬就擔心地說：「起雲了，女士。」烏雲眞的很接近了，看到烏雲就刺激我更加努力。

突然間，明格馬停了下來，帶著開心的笑容用手指著說：「看，峰頂。」我們看到前面的冰坡平緩下來，最後終止於一座料想不到的小雪峰前。這個景象有如一筒氧氣，我大大吸了口氣。「好了，來吧。」然後我們肩併肩地走向峰頂。

我們的山盡頭有如被鑿子削掉了後半，一塊巨大雪檐懸突在西藏那邊。明格馬找出我們那面小小的桔色標旗，綁在他的冰斧上插進雪裡，我則四下環顧，盡量在群山被大量雲朵吞沒前把能看到的景色好好看進眼裡。那裡是多吉拉克帕的三座山峰，很容易辨識，但看來很奇怪地顯得又小又遠。最近的是大白峰弧曲山脊上像貝殼似的美麗凹槽，然後我看見了富爾比奇雅楚山，我們眞的是在**俯看**她山頂的高原嗎？我大聲叫道：「明格馬，我們**高過**了富爾比奇雅楚山哩。」而他很得意地回答道：「是的，高多了，女士。」這讓我們大爲高興，我想原因在於在基地營區時總覺得這座山矗立在我們頭頂上，讓我們覺得很渺小。就好像富爾比奇雅楚山不願意在這樣不當的角度讓我們看到似地，她很快地讓雲將她遮起。雲起來得很快，但幸運的是，比不上我們快。

花了很痛苦的幾分鐘拍照後，我們坐下來喝摻了檸檬香料的水，並很友善地聊著天。二十分鐘後，我們決定下山去看貝蒂和安格．坦巴的狀況。我們收拾好所有配備，把旗子從冰斧上拆下來，將旗桿插進雪裡，轉身離開。突然間，我們兩人都停了下來，因爲同時想到了一件事。我們忘了做一件重要的事。我們當場鄭重其事地握了握手，毫不在意現場並沒有任何證人看到我們行禮如儀。我們開始下山，但還沒走多久就很高興地看到了貝蒂和安格．坦巴走上山來，只落後我們半小時左右。這相當了不起，因爲貝蒂的冰爪又鬆開了，而安格．坦巴（因爲某些不可能的雪巴人的理由）根本沒有隨身帶著冰爪，所以他們得一路在冰上開鑿階梯上來。

我們回到峰頂去等他們。我坐了下來，覺得非常自滿而有效率，開始爲我剛拍的照片寫說明文字。不幸的是那些照片沖洗出來後卻有點模糊不清。等那兩個人上來後，我們又一起彼此大大地握了一輪手。（雪巴腳伕們對這件事興致高昂，尤其是安格．坦巴，對他來說這是一種新遊戲。）接著我們又照了很多照片。然後我們以薄荷蛋糕和巧克力來慶祝一番。我們沒有高度計，但是由我們的位置和已知高度的多吉拉克帕山、富爾比奇雅楚山，還有大白峰等等來做比較，我們估計現在大約是六千七百公尺。明格馬堅持說應該更高、更高得多，並且再一次說起他的各種癥候。他說在他所有的經驗中從來不曾如此呼吸困難。我告訴他說無論是誰，想跑上喜馬拉雅的山峰，就必須想到會有這類小麻煩……。

到這時候，通常會有的黑雲已經覆蓋了大部分的山，雖然西藏那邊的高原依然清晰可見。風也開始刮了起來，天變得非常冷。我的雙手開始失去感覺，我想是該撤退的時候了。貝蒂再次把她的冰爪裝上，我們留下那面旗子插在山頂的雪堆裡，像一個巨大冰淇淋上面的一顆小櫻桃，整組人馬開始盡快地往山下走。這才發現那些烏雲是在預告一場眞正的暴風雨。越來越強也越冷的風一路吹襲我們，而等我們到達山坳的時候，更碰上了旋舞的風雪。極其謹慎的貝蒂在那裡停了下來，用指南針辨方位，但我在山頂已經過了無所事事的一個鐘點，覺得很冷而想繼續往下走。於是明格馬和我動身先走，直衝進濃霧中。

下山的路似乎無休無止。但最後我們終於到達了那段有雪填滿的冰縫。這回我想繞過去，但明格馬非常反對這個做法。他爭辯說暴風雨馬上就來了，天氣已經轉壞，我們沒有時間可以浪費。先前雪的硬度很好，現在還是會很安全。我既冷又累，決定相信他的話。我不顧我更好的判斷，告訴自己說我體重很輕，明格馬又非常強壯；我同意橫越冰縫，但告訴明格馬要用他的冰斧好好地固定安全繩，等找到了冰縫的另一邊，我也會同樣地替他做好安全措施。我開始走過那令人懷疑的積雪，每一步都先用冰斧試過，越來越不喜歡這個狀況。我感到安全繩鬆垮下來，回過頭去看到明格馬並沒有等我先過，而是跟在我後面過來，我本打算叫他回去，可是想想我離這邊只剩一兩公尺的距離，最好還是繼續先往前走。我向前踏出一步，腳下的雪卻突然像地牢的門似落了下去，而我隨之跌入冰縫中。在我掉下去的時候，我飛撲向前，同時把我的冰斧用力地打進形成冰縫口的雪冰裡。明格馬立刻拉緊了安全繩，將我拉住，使我不再下墜。我很快地將右臂抬起並卡在冰縫口的冰雪堆上，令我感到寬心的是冰縫壁斜向我這邊，所以我可以用一隻腳撐住來使力。明格馬叫道：「Thik hai（沒問題），女士，我可以把妳拉出來。」我感到腰間繩索的張力增加了，而我一點也不想讓他把我往後拉出去，那樣只會讓積雪裂陷得更多，結果很可能是我們兩個都一起掉進冰縫。因此我大聲地叫他把繩子多放一點給我，但是我的聲音悶住了，因爲我在雪下，而他沒有聽見我的話。繩索拉緊到我痛得幾乎無法忍受，我又大叫了一次。這回他聽見了，繩子鬆了下來。我用左手將易碎的雪檐打掉得夠讓我把另一隻手臂伸出去，再把身子慢慢擠出來。等我安全地再站到堅固的冰上後，我盡可能地替明格馬固定好安全繩，而他肚子貼地爬完了剩下的路……。

我們覺得非常丟臉，也很清楚我們這組人實在不該在這樣危險的冰川上還只兩個人用一根安全繩，就在那裡等待貝蒂和安格．坦巴到來。然後，四個串在一起的人開始想辦法走過另外一邊的冰坡。冰上的雪已經融化，冰面現在變得十分滑溜。我們在上面已經脫掉了冰爪，因爲雪會成團卡在下面，與其要用凍得半僵的手指再把冰爪裝上，我情願在這段空曠的路上一路開鑿階梯。明格馬似乎一點也沒有因爲剛才受到的驚嚇而學乖，還表示說沒有這個必要。可是貝蒂支持我，而這回我們準備堅持我們的判斷。因爲萬一我們之中有一個人失足滑倒，整組人很可能無助地一起滑進底下的冰縫裡。

等過了這個險境後，我們在冰冷的強風和飛舞的雪花中奮戰下山往營地去。等我們到達時，營地看來既小又冷清，毫無生氣。不過，我們的叫聲得到從艾芙蓮的帳棚裡傳來的回應，而老庫桑也從他的帳棚裡出來，他看到我們的外表發出驚歎，開始毫無成效地拉扯凍結在我們巴拉克拉瓦盔式帽、手套和襪子上的那層冰。到這時候，我們已經累得步履蹣跚，而且，說句老實話，我們的欲望之一就是叫他走開，讓我們能進去帳棚睡覺。等到我們終於盡可能有禮貌地做到這件事之後，我們爬進了帳棚，貝蒂滿身是雪地跌坐在她的睡袋上。艾芙蓮病得很厲害，但她爬起來，替貝蒂脫掉靴子——這種用心叫人眞心感激。我一點也不浪費時間地脫去了冰凍的外層衣物，滿懷感激地爬進那天早上那樣勉強離開的睡袋裡。這眞是令人興奮而多事的一天。我們相信到第二天早上大概會爲那座山的事感到高興，但當下關心的只是不知道留在營地的雪巴腳伕們有沒有想到把雪融了，好在我們回來的時候燒水泡茶。有時候一杯熱茶在登山者的生活中的重要性是不可低估的。

第十三章　暴風雨

暴風雨在夜裡越來越大，閃電不停地在群峰間亮起，回應的雷聲則幾乎被風的狂吼淹沒。但我們都累得不受打擾，反而像聽著催眠曲進入夢鄉。

我們早晨醒來時發現營地被包圍在暴風雨的灰色雲層中，還有被狂風吹到空中打旋的雪花夾雜其間，只要我們拉開帳棚的拉鍊往外看，立刻就有一陣冰涼的細雪吹進來，以一層極其討厭的亮白色將裡面的一切覆蓋。這是正牌的喜馬拉雅山暴風雨，我們知道這天所有的登山計畫全部報銷了。我們在心裡取消了一切的安排，非常舒服地縮回到我們的睡袋裡。

我們整天躺著看書，打瞌睡，聽著一陣陣強風擂打我們脆弱的帳棚。住在銀鬃帳棚裡的雪巴腳伕們很不好過。帳棚被吹倒了一次，而燃著的煤油爐把帳棚燒了個洞。他們想辦法把帳棚重新豎好，幸好有一塊門簾擋住風不至於讓風從洞裡吹進來把帳棚吹爛。

安格．坦巴掙扎著到我們的帳棚來了三趟，送來裝在壺裡的可可和加了肉條煮的濃湯。我們眞的非常感謝他。至於其他的食物，我們的背包裡有水果乾、甜食、巧克力、餅乾，還有高山坳糧。吃這些東西有助於消磨時間，也能維持我們身心合一。我有《盧梭懺悔錄》做我的精神食糧，這本書一時讓我感到煩悶，一時讓我大受激怒，不過我還是決定把書看完。我發現盧梭是一種強而有力的催眠劑，在不是常能容易入睡的高山上，他作品的這個特色不容小覷。

到了下午，貝蒂把她所有的衣服，包括防風配備，全部穿在身上，爬過她和我的兩座帳棚之間一兩公尺遠的距離來串門子。我們兩個在比對記事的時候，發現我們的舌頭和口腔裡都一碰就痛。我們爲此困惑了一陣子，也排除了如壞血病和壞死性潰瘍性口腔炎之類好幾種令人不快的可能後，終於想到了眞正的原因。我們前一天一直張著嘴喘氣，所以**口腔內部都被陽光灼傷了！**

狂風並沒有如我們預期的那樣在夜間停息，我們再一次地在可怕的風聲和帳棚的抖動中入睡。黎明時我們醒來，看到陽光明亮地照在帆布上，讓我們以爲今早可以攀登到俯視多吉拉克帕冰川的山坳，但這是過於樂觀的假設，因爲陣風比先前更強了。狂風呼嘯著從漏斗般的山坳直吹到我們的營地，好像它很恨這個營地似的。我們拉開帳棚門的拉鍊往外窺視，馬上就被吹來的雪蓋了滿頭滿臉。頭頂上的天空暫時放晴，但暴風雨的醜陋卷雲卻集聚在冰川較低的部分，也籠罩了西藏的群山。

經過一番大喊大叫的會談之後，我們三人同意說既然有太陽照耀，暴風雨**想必**有所減退。我們都覺得該到冰川下方隱蔽處去解決生理需要，而現在暴風雨的短暫停息正是個不可錯失的機會。我們穿上靴子和所有的毛衣、防風外套以及兩雙手套，走出帳棚。外面的酷寒使我們如受重擊，看到陽光由被風刮得平滑的雪面上耀眼地反射出來，卻在陽光裡感受不到絲毫溫暖，也不能使殘忍的寒風稍減，給人的感覺很奇怪，幾乎近於詭異。由冰川下去已經夠壞的了，但頂著風爬坡，又被吹在我們刺痛的臉上的細雪弄得兩眼半瞎，我們都開始認眞地想到不知道我們能否重回帳棚裡。這是我們之中沒有一個人忘得了的經驗。

我比其他兩個人在外面的時間更久，等我回到帳棚裡時，我的右手已經完全失去知覺，沒有了作用。我帳棚門上的拉鍊非常僵硬（高山用的帳棚以拉鍊開門，絕不是好主意）我用左手掙扎著好像花了好久好久還拉不開。最後終於開了，可是我的左手現在也跟我的右手一樣，而我沒法把拉鍊拉上。同時一陣陣的風把更多雪吹進帳棚裡，等我最後終於把門關上時，我坐在那裡，上氣不接下氣，從頭到腳和帳棚裡其他東西一樣被一層雪蓋住。然後我的雙手開始恢復了知覺，我在睡袋上痛得打滾，疼痛強烈得讓我覺得會嘔出來。但是，過了一陣後這種痛消退了，我開始覺得好過得多。

後來，在大約八點鐘左右，明格馬衝到我們的帳棚外，宣布說食物所剩無幾。他覺得我們應該趁情況還好的時候下山去，我們也認爲理該如此，雖然我們很遺憾沒能去西邊的山坳。大家決定該等到九點再拔營，希望那時陽光裡會更多點暖意。

到了九點鐘，我們再把防風外套套在好幾層衣服外面，把兜帽拉到前面來盡量保護我們的臉部。雪巴腳伕們和女士們一樣，全心一致地忙著在嚴寒使我們無法活動之前把配備收拾好，將帳棚拆下來。這可不是件容易的工作。支索和樁釘都被凍在雪裡，支桿也被凍在一起。我們用冰斧狂亂地挖著，找到被埋的樁釘後挖出來，再隨便把帳棚捲在一起。我們一頂接一頂地把帳棚弄起來，所有的支桿都亂七八糟地伸著。我們還沒弄好，雲就已經包圍上來，把一切都塗銷了，只剩下我們，一小群做著苦工的人，在一個由風、霧和嚴寒所構成灰色而充滿敵意的世界裡。

明格馬催我領頭帶著另外兩位女士和動作比較慢的雪巴腳伕先下去，由他和安格・坦巴去拆最後一頂帳棚。這點我非常樂於從命，因爲我的手腳又沒了感覺。我們用了最長的那根安全繩，由冰川下去，想循我們上來時所走的路線下去。但這並不容易。我們的腳印被飄來的雪塡滿，有些地方更是全被遮沒，加上在霧中能見度只及一、兩公尺遠，讓人一旦漏失後就難以再找回該路徑。我們開始時的步伐是我選定的，因爲我的本能反應是要在血在我血管裡凍住之前下山，避開這可怕的強風。可是餓了三天再加上高山症的折磨，使艾芙蓮衰弱得無法走得快，庫桑也是如此，貝蒂不得不一直不停叫著：「慢一點，拜託；他們要妳走慢一點。」

有一點很有趣，値得在這裡說一下，儘管在眞正登山的時候，身材瘦小對我有利，但我比其他兩個同伴都更怕冷。艾芙蓮（雖然我們都很瘦，可能因爲她是我們三個人裡穿得最多的）是三個人裡最不怕冷的。即使在五號營地遇到暴風雨，而且她人又很不舒服時，她在睡袋裡也只穿一件網眼背心和一條棉布褲。貝蒂比艾芙蓮怕冷，但不像我那麼嚴重。所以，如果可能的話，到喜馬拉雅山上探險前先增胖一點似乎是個好主意。

就在我們到達那座冰塔之前，明格馬和安格・坦巴趕上了我們。四下勘查後，我們又找到了我們的舊路，之後循著路跡一直走到那道刀鋒般跨過最大冰縫的橋。我開始領頭過去，原先上頭的舊梯階已被雪填滿，我不得不開鑿新的。起先一切都很順利，直到我到了已過三分之二的地方，而貝蒂跟在我後面，也置身橋上。然後，連我自己在內，所有人都緊張起來，因爲我停了下來，身體很危險地搖晃著說道：「抱歉，我看不見了。我的護目鏡起了霧。」雪地護目鏡通常用一條能調整長短的鬆緊帶套在頭上。這條帶子滑了下去，把護目鏡拉得緊貼在我眼睛上，使我的視線完全模糊，在我那樣危險的位置根本不可能調整回來，因爲我的厚皮夾克上面的兜帽是用拉鍊拉上後再繫上帶子，而我在兩雙手套的外面又戴上了防風的無指手套。這道冰鋒上如果一直往前走的話沒有問題，卻不是可以在上面站著的。首先，那裡就沒有可以兩腳同時踩在一起的地方。我開始慢慢地向前移動，先用一隻腳站著，再用另一隻腳盲目地探索著下一步。貝蒂注意著我，等著看我會從哪一邊掉下去，準備到時候她就由另外一邊跳下冰縫裡，這是唯一能保住我的方法。幸好還不必用到這一招，雖然也有很糟的一刻。我開口問：「我在過嗎？」貝蒂回答道：「對，不過要一直靠著右邊。」聽了這話，我很蠢地一步跨向左邊，差點終究走進冰縫裡去，看得入迷的旁觀者發出一陣警告的叫聲才避免了這場慘劇。

那道越過大冰縫裡冰雪塊的橋讓我們都有點擔心，卻出乎意料地順利走過。但一旦到了另一邊後，原來的舊路卻完全消失了。霧在低處比先前都濃，但我們注意到霧氣不斷升起得足夠讓我們能看到那道雪廊，我們和那裡只隔著一段看來像塊白海綿的冰瀑，上面縱橫交錯地滿布冰縫。我們開始小心謹慎地找路朝雪廊的方向行去。

我們的進展很慢，濃霧和冰縫使我們無法採直線行進；艾芙蓮一直在犯噁心，時時得停下來嘔吐；庫桑看來非常虛弱。在我們從冰塔上下來的路上，他有次滑了一跤而跌了下去，雖然貝蒂把繩子在她用力打進雪裡的冰斧上繞了一圈而將他拉住，他所揹的東西卻掉了下去，一路往下滾得不見了。我們爲這個大災難驚恐莫名，因爲庫桑揹著的是睡袋和氣墊。要是這些東西不見了，那麼事情可就嚴重了。等到我們到了那道陡坡腳下拐了個彎看到那一大捆東西平安地躺在冰縫邊上時，我們的如釋重負也就可想而知。

走過這塊「海綿」時，我們就像在跳某種奇怪的舞蹈似地在濃霧中進、出和繞過冰縫。有一陣子，霧氣升高，讓我們能找出四號營地所在的方位。然後霧又籠罩下來，我們只能在左右都隨時會有冰縫出現的情況下摸索前進。

最後，我們發現已經到了雪廊裡，大家都鬆了口氣。到了四號營地，我們拿起一盒備用的配備，解下安全繩，重新分組；明格馬、安格·坦巴、巴尤和我一組，繼續向前找路，貝蒂、艾芙蓮、齊皮拉和庫桑一組，隨後跟來。可是結果卻發現根本不需要找路。我們上來的時候所開鑿的那一行階梯在雪地裡仍然依稀可見地在冰瀑上隨地形高低起伏。此外，我們發現自己已經下到雲層下，又能看到下面那條主要的大冰川。天空仍舊烏雲密布，但暴風雨很明顯地在減退，我們甚至沒有碰上通常下午會有的降雪。

確定貝蒂的那一組人也走下冰瀑之後，我們這組又再啓程，幾乎是小跑著由大冰川下去，到二A號營地的那兩塊大巨石去。等我們接近冰川東側時，我們看到積雪上蓋滿了從富爾比奇雅楚山垂落的冰川上落下來的巨大冰塊。想必在暴風雨侵襲五號營地時，下面一點的地方冰雪大量融解。我們抵達了二A號營地，那裡碰巧有一箱我們留在那裡的食物。我們開始搭起帳棚，其餘人大約在半小時後到達，艾芙蓮現在走得快多了，看起來臉色也已經好了很多。高度低了將近七千五百公尺，又不再受到殘忍的狂風吹襲，比較溫暖且舒服得多，使我們都很高興。那天晚上，艾芙蓮吃了這麼多天以來第一頓眞正的晚餐。

暴風雨算是輕易地放過了我們，艾芙蓮和我兩個人的腳趾都有點凍傷，讓我們疼痛了幾天，但很快就好了。艾芙蓮有兩、三片趾甲發黑，而我掉了一片趾甲，趾尖也有一、兩個禮拜失去知覺。貝蒂和雪巴腳伕們都沒有因爲酷寒而受傷，我們覺得自己很幸運。

到了早上，所有的雨雲都消失了，雖然每座山上都有雪被風吹起。我們可以看見強風仍然吹刮著五號營地，莫不慶幸自己已經離開了那裡。我們試著計畫最後再從冰川上去一次，到冰瀑頂上那個低的山坳，我們覺得那很有可能是進入西藏的一條通路（雖然很困難而危險）。可是等我到當做廚房的帳棚裡去和明格馬討論這個計畫的時候，卻發現雪巴腳伕們都鬱鬱不樂。儘管再三警告過，安格．坦巴和巴尤在前一天的霧裡還是爲了想看清楚而拿脫掉他們的墨鏡，結果是他們兩個現在都得了雪盲。他們和庫桑一起躺在帳棚裡，不肯吃東西。齊皮拉身體還好，但似乎也大受這種悲觀氣氛的影響。明格馬很健康，但他也很不快樂。他的靴子破了，而他的另外一雙靴子留在基地營區，而且我們剩下的食物又不能滿足飢餓雪巴腳伕的食慾。雪巴腳伕們現在只想回到基地營區去——明格馬也跟他們所有人想法一樣。他當然不承認這一點，但他指出食物不夠，又說其他雪巴腳伕也吃夠了苦頭。最後，我們只有屈服，答應所有人一起回去。結果證明我們這樣做是對的。

我們收拾好東西，速度不像平常那麼快，因爲安格．坦巴和巴尤都難過地坐在裝食物的箱子上，捂著他們刺痛的眼睛。然後我們領著那兩個失明的小伙子慢慢地由冰川下去。我們馬上注意到在過去一週裡由於西南氣流加強而引起的冰雪融解一直在穩定進行。冰川上現在的雪比以前少了很多，但這樣並沒有讓情況改善。比較大的冰縫的確更明顯，因爲上面覆蓋的雪向下沉落了一些，顯示出冰縫的形狀來。但是碰到小一點的冰縫，上面一層結凍的雪仍然遮蓋住冰縫，但底下的雪卻融化了。我們最先注意到這一點是因爲貝蒂毫無預警地就穿過冰雪掉進一條冰縫裡，而那條路是我們四個人剛才走過的。幸好（她當時領著第二組，跟在她後面的是失明的安格．坦巴，完全沒法保護她）她感到腳下的雪垮下去的時候，整個身子向後一仰，結果她的背包卡在邊上拉住了她。安格．坦巴和齊皮拉很快將她拉了出來，但這次意外事件讓我們注意到冰川的狀況已經有了變化。

不過，一直等我們到達冰瀑頂上，我們才眞正認清了這個事實。那條冰瀑不再是一個熟悉的朋友，而成了一個潛在的敵人。靠頂端的部分尤其危險。先前全是堅實積雪的地方，現在卻是一片雜亂的冰縫，上面蓋著一層半融的雪，一旦踏上這兇險的路，我們就開始流起汗來。我們跳過冰縫，卻發現我們落腳的地方在我們腳下開始解體。我們會把我們的冰斧砍進冰雪裡好替下一個隊友固定好安全繩，卻發現冰斧砍穿積雪進入空氣中。好像我們之中總有一個或幾個人無時無刻不感到身在薄薄一層融雪之上，而下面顯然又是一個無底洞。更糟的是每條安全繩上的那一組人，都因爲有一個失明的人需要引導越過障礙而受到阻礙。也許我們之間唯一不受我們目前狀況影響的只有巴尤，當初爬上同樣這道冰瀑時最緊張的那個人。他現在看不到危險了。也許他在這時候失明倒是件好事，否則我們恐怕更難把他弄下來。

我們鑿成的階梯不見了，原先踏腳所在的冰壁如今只剩半融的冰，原先走來很自在且上面覆蓋著雪的橋，現在成了不安全的冰鋒，冰塔倒了，原先懸垂的美麗冰柱全消失了。雪融之後露出一大堆難看的碎石子，像菌子般附著在長了麻子的冰上。整個冰瀑的面貌都改變了，現在既醜陋又兇惡。然而，我們還是應付過去，憑得是把背負的東西分別垂吊下去，以及開鑿很多載重度不同的階梯，來避免一個又一個的小危機。

有一個特別危險的地方，我們在走到那裡之前考慮得最多。那是一條大冰縫，先前我們是從一條冰橋度過的，因爲那座冰橋看來極其脆弱，讓我們沒多少信心，也始終不敢在上面多做逗留。我們很確信那道冰橋已不復存在，事實果不其然。等我們走到那條冰縫時，完全沒有那道橋的影子。不過，明格馬雖然不時地喃喃說「我不喜歡這樣」，卻能應付這個緊急狀況。在艾芙蓮和我考慮另開鑿一條路需要鑿多少階梯又要受到多少落石與落冰挑戰時，明格馬突然有了解決方法，而他的方案的確快得多，雖然是否安全得多還有待商榷。他的方法是下到冰縫裡，由一大團目前還卡在冰縫中且看來頗為陳舊的雪堆上越過，再從對面的冰縫壁上開鑿階梯爬上去。這條路雖然驚險，卻證明可行，只是明格馬開鑿階梯的雪冰，大家希望能再堅固一點。

越過這道大冰縫之後，冰瀑剩下的路走得很順，不過得走得很慢就是了。但最後兩組人馬都安全下來，沿著通往一號營地的那道狹窄又巨石滿布的雪廊蹣跚前進。這條雪廊是大石頭和大冰塊落下時的滑落道，最怕落石的明格馬幾乎是聲淚俱下地催我們加快腳步。一等我們安全地齊集在一號營地，他就把心裡想的話說了出來。「女士們，」他堅決地說：「到雨季過了之前，冰瀑是不能再走了。至少我，是絕不再上那裡了，太危險了。」我們完全同意。管它上面有沒有通路，以冰瀑現在的模樣，我們是不會再想找到結論了。

就在我們一面吃著拌了果醬的雪，一面對冰融雪解所帶來的變化讚歎不已的時候，遠處傳來一聲喊叫，一個奔跑的黑影出現在我們和基地營區之間的雪地上。原來是拉克巴，那個坦巴塘的雪巴男孩，在過去一、兩天，他一直守在基地營區和雪坡之間滿是巨石的山嘴上等我們。現在他朝我們這邊走來，用一根棍子當冰斧，要來幫忙揹點東西。我們都很高興能看到他欣喜的面孔，而視力逐漸恢復的安格．坦巴和巴尤甚至還能和他相互咧嘴而笑。

最後一段長路並不像平常那麼壞。不錯，那些峽谷像以前一樣不牢靠，而積雪軟得讓我們陷得深及大腿，但一旦翻過了那滿是巨石的山嘴之後，我們發現自己身處一個新世界裡。雪都不見了，露出原先覆蓋著的草和杜松，而陽光從草地上帶出香氣，讓我們鼻孔裡充滿了甜香。今天沒有下午的降雪，太陽照耀，花開處處，小鳥鳴唱。我們直接從冬天走出來，進入夏季，而我們很困難地強忍住要撲倒在地上擁抱如此仁慈地接納我們回來的溫暖鮮活大地的慾望。

第十四章　下山回家

這時候的基地營區眞正是我們所想像的天堂。我們到達那裡時，昂首闊步地走著，把衛生衣塞在我們的背包裡，捲起襯衫袖子，帽子上插著花，還抱著大把大把的西洋櫻草，像公牛費迪藍❶似地聞著。穆拉里、安·朵瑪和倪馬喇嘛把我們當回家的浪子❷般地迎接——事實上熱情到讓我們懷疑是不是我們不在的這段時間裡，他們彼此都對對方感到膩煩了。

我們趺坐在溫熱的乾草地上，要他們拿水來，要喝很多很多的水。他們說明格馬（他是個好雪巴腳伕工頭，已經匆匆地先趕回來幫我們準備吃食）爲我們煮了湯。湯？湯是鹹的。我們要水，好在裡面加上橘子汁或檸檬汽水片。這個訊息傳給了明格馬，他斷然拒絕。我們只能喝湯，因爲庫桑還沒回到營地，而杯子在他那裡。可是明格馬手裡有我們的盤子，他之所以給我們湯喝是因爲那是唯一可以用盤子喝的液體。言下之意是如果我們要喝水，我們可以到小溪邊去舀水來喝。明格馬可不肯違背習俗，他的看法很清楚，會用錯容器喝橘子水的人都很低俗。

於是我們喝了湯。然後我們吃了用廚房餘火烤的熱洋芋。等到庫桑回來後，我們喝了橘子水和檸檬汽水。之後我們喝了茶，又吃了洋芋、餅乾和果醬，還有沙丁魚。這些點心算是開胃前菜，正式的晚餐大約在六點開飯。

我們通常在基地營區會吃得比其他地方多很多，因爲明格馬有的是空閒時間來想出特別的餐點給我們吃，我們總會吃到「十一點鐘的茶點」❸和「fly-cuppies」❹。到了高山上，當然下午是吃東西的時間。清早六點鐘的時候，沒有人會覺得很餓，而且爬山中途停下來時，我們能吃得下去的固體食物只有巧克力、薄荷蛋糕、水果乾或糖果。但一旦留在我們的帳棚裡時，我們會每隔一個鐘點左右就吃吃喝喝地到睡覺爲止。

到了黃昏時分，明格馬在廚房裡生的火上加上一大把柴火，杜松燃燒時所散發的香甜氣息令人難以抗拒。我們圍在熊熊的火焰四周，就在那裡吃晚飯。雪巴腳伕們一個個地加入我們，只有安格．坦巴和巴尤兩個已經去睡覺，想養好他們的雪盲症。那是一頓令人難忘的大餐。我們吃的是拌了咖哩醬（masala）和木豆（dhal）的米飯，還有一種由倪馬喇嘛帶上來的綠色蔬菜。那就是我們從坦巴塘上山來時看到在朋沙（Pemsal）那裡生長著的。我們發現我們都很渴望能吃到新鮮的綠色食物，而這種草我們吃起來覺得味道比嫩蘆筍或新鮮的小豆子更好。

富爾比奇雅楚和其他所有山峰上都掩了層落日餘暉，直到天幾乎全黑後才消失，之後我們像做夢似地隔著柴火的煙看著群山，一面向坦巴塘的人打聽他們爲這些山峰、冰川、山脈和山谷所取的名字。我們發現和我們隔著普爾莫坦河遙遙相對的富爾比奇雅楚往南伸而比較低的山脊看來風光綺麗。那半山上有兩處很可愛的小牧場，就在急速消退的雪線下，看來是很完美的宿營地點。在一座大約高五千八百公尺、山頂覆蓋著白雪的高峰以南，雪巴腳伕們告訴我們說進入雨季後那道山脊上的雪會完全消失，而多岩山頂下面的山坡是放牧犛牛和羊群的好地方。他們說有些地方甚至可走到諾欣河，而河谷就在這道山的另一邊。他們還加上一句說，就在富爾比奇雅楚峰頂南邊那些垂落的冰川中，有一條河床能成爲越過邊界山脈的上好通道，而坦巴塘牧養犛牛的人等冰川水退後就會加以利用。這簡直是君子報仇十年未晚式的說法，我們實在沒辦法爲這種也許我們有生之年都不可能碰到的事燃起熱心的希望。可是我們倒希望弄清楚較低的幾條通道，也想看看諾欣河的上游，以及再過去的幾條小冰川。我們的結論是我們之中應該有一個人去走這麼一趟，而其他人則去多吉拉克帕冰川。艾芙蓮尤其被那道山脈所吸引，看來能在比較舒服的高度享受登山之樂，不像我們最近剛去過的那些地方，而貝蒂則很想找到去多吉拉克帕冰川的路，還想看看更往西去的那些小冰川。我們知道那些都是沒辦法從下面到得了的。

等到天很黑後，貝蒂和艾芙蓮決定是該睡覺的時候，就回到她們的帳棚裡去。我和那些雪巴腳伕以及穆拉里坐在一起，討論爲我們發現的那些山和冰川取名字的事。我們已經告訴明格馬說我們希望以他的名字來爲我們攻頂過的那座山命名，以感謝他的熱心和用心。他非常高興，可說是喜不自勝，但提出一個我們不瞭解原因何在的希望，就是要用他的姓氏，而不要用他的名字。我們當然同意，唯一讓我們困擾的是在雪巴「boli」（方言）裡沒有和穹窿同義的字眼，「Gyalyen Tsucho」（蓋爾金峰）聽起來不錯，但是我們忍不住會想到「峰」這個字安在我們所爬的那座圓頭山上好像不很妥貼。通往那裡的那道冰川倒很容易命名。我們眞的覺得讓後世子孫記得我們做過先鋒是件好事，所以將那裡命名爲「仕女冰川」（The Ladie's Glacier），我們也把高處那個山坳據爲己有，稱之爲「仕女山坳」（The Ladie's Col），至於邊界山脈上那處我們到過還建了座神龕的較低山坳，我們給了個蓋爾語❺的名字——「The Bealach」（山坳）。雪巴腳伕們和我也討論了幾個給那座七千公尺高山的名字，其實我們根本沒有命名的權力，因爲照規矩必須是第一個登上一座無名山的人才有資格爲那座山命名。不過，這場討論因爲穆拉里的一句話而陡然告終，他很尊敬地說：「雪巴腳伕們認爲這座山應該叫做『大白峰』，這是個很美的英文名字。」聽了這話，我開始嘰嘰咯咯地笑了起來，使可憐的穆拉里大惑不解，而我不得不趕緊同意說再沒有別的名字更適合了。這就是爲什麼那座大白峰被探險隊正式稱爲「大白峰」的原因。

到了早上，我們大家都睡得很晚才起來，不過艾芙蓮比我們更晚了幾個鐘點，晚得到了十一點鐘她的帳棚裡依舊毫無動靜時，雪巴腳伕們開始焦急地問候她的健康。聽說她只是在恢復體力——或是這一類的話——之後，他們都高興起來，四下散開去找能讓我們高興的事做。他們想到了個很正確的點子，把帳棚門簾豎起來當做屏風，用四支冰斧架起了那個帆布澡盆。這份心意得到眞心領受，兩位女士充分使用這個浴室，用掉了好幾大罐熱水，而且很愉快地洗了內衣。

我們總把我們的胸罩和內褲盡量晾在比較隱私的地方，通常是我們帳棚後面的支索上。

可是沒有用，庫桑或齊皮拉總會走過來，很不表贊同地發出咯咯的聲音，好像在說：「在這裡**永遠**都晾不乾。」然後把那些衣物全移到公共曬衣繩上，在一排排雪巴腳伕們的內衣當中讓風吹拂。有一次，艾芙蓮洗了她的內衣，晾在一個偏僻的地方。雨突然下了起來，所有人都衝出來搶著收衣服，而就在所有人找地方躲雨的時候，聽到齊皮拉發出一聲大叫。他朝營地走來，手裡揮舞著艾芙蓮的內衣，一面取笑安·朵瑪忘了收衣服！事實上，雖然我們的雪巴腳伕們在重要的事情上盡可能地敏感和謹慎，卻並不假正經，所以他們從來不覺得女性的內衣有何避諱處。他們這種理智的態度對我們來說倒很讓人放心。

我們在洗澡的時候，齊皮拉和庫桑拉起了晾衣繩，而安·朵瑪忙著洗衣服，像平常一樣用了大量的肥皀。穆拉里、明格馬、安格·坦巴和巴尤四處逛著摘花。他們前一天看到我們抱著好幾捧花來，顯然得到的結論是一點點漂亮東西❻想必能得我們歡心。一個空的果醬瓶子用做花瓶，能插多少就塞滿多少的花。那色彩繽紛但很快就枯萎的結果，得意地放置在我們基地營區裡用來當餐桌的藥品箱正中央。

那天過得很平靜。艾芙蓮醒來了，到浴室去洗澡，貝蒂和我則走到小湖邊去試試氣墊有沒有漏氣。我們不久後就丟下正事，把那一下午都花在打著赤腳很開心地做「攀岩練習」。雲還是在平常那個時候起來，但後來就散了，等到天變冷後，我們又擠到火邊去。這回坦巴塘的雪巴人以歌舞來娛樂我們。他們的曲調和節奏使我非常想念蘇格蘭高地的歌曲和風笛音樂，而他們的舞步也很像蘇格蘭鄉村的舞蹈，雖然他們沒有那樣的活力。他們有一首小歌，開頭就是很驕傲地唱出：「我們的丹增爬過聖母峰。」

我們決定第二天艾芙蓮要下山到朋沙去，越過普爾莫坦河，爬上對岸的山脊，也就是坦巴塘的雪巴人所稱的查克西爾丹達（Chaksil Danda）。由她最高的營區，她可以找到一條路到查克西爾丹達山脈的山頂，然後拍下諾欣河谷的照片，定下那裡的方位，如果可能的話，還有那裡的冰川，以及再過去的諸峰。她要帶著齊皮拉和安格・坦巴一起去。因為這組人馬不會回到朋巴塞瑞布，而另外一組也只回去收拾東西準備最後離開，我們於是決定穆拉里、安・朵瑪和拉克巴也陪著艾芙蓮去——穆拉里擔任通譯，安・朵瑪和拉克巴做挑伕。倪馬喇嘛則下山到坦巴塘去帶回或派遣十四名志願工上來替我們揹東西回加德滿都。同時，貝蒂和我帶著明格馬、庫桑和巴尤爬到我們在基地營區上方所發現的那條通路，找路下到多吉拉克帕冰川，也就是坦巴塘的人稱做恩亞卡卡布（Nyakarkarbu）的冰川。如果可能的話，我們要越過冰川，在對面紮營。在接下來的兩天裡，我們要試著爬上多吉拉克帕南邊山脊的山頂，那邊較低的山坡看來很容易爬，而較高的部分卻極端討人厭。我們希望由山頂上可以為多吉拉克帕以西的諸峰和冰川定下方位，拍下照片，那裡的水流入朗坦河，也是巴利比河的支流之一。

到了下午近黃昏時，一男一女帶著雞蛋和本地人自釀的米酒當禮物來找我們。他們來自坦巴塘，走了三天，還從朋沙開始爬著陡峭漫長的山路，希望能請艾芙蓮治療那個女人的眼疾。不幸的是她幫不了那可憐的傢伙什麼忙。那個女人的眼睛因爲性病引起潰爛後結疤，使她的視力受到永久性傷害。艾芙蓮替她點了眼藥水以助消炎，另外治了她丈夫的咳嗽。

我們的雪巴腳伕鄭重其事地把米酒獻給我們，認爲我們會欣喜若狂。可是，說來難過，這些外國女士雖然到目前爲止在雪巴腳伕們眼中一直比那些外國老爺們好，結果畢竟還是凡俗之人。我們試了點米酒，覺得很令人反胃。我們盡了最大的努力，也只能啜飲一、兩小口，那酒非常烈，而且有股腐爛青菜的臭味。那些雪巴腳伕擔心地搖著頭（但很可能心裡想著「這樣留給我們的就更多了」），把酒又拿回到他們自己的帳棚裡，我們則趕快到小溪邊去漱口。

那天晚上我們又都圍集在火邊，我們的客人也在，大家聊天，看倪馬喇嘛和拉克巴跳舞。拉克巴用他的口琴吹奏了雪巴小曲，那支口琴是他到加德滿都做買賣時帶回來的紀念品，而他吹奏得相當不錯。整晚都非常友好而快樂。不過，隨著時間過去，我們發現那些雪巴腳伕都在很有禮貌地等我們去上床睡覺，好讓他們能痛飲米酒。我們懂得他們的意思，就向他們道晚安，進了我們的帳棚。這場酒會後來變得非常嘈雜，一直延續到過了半夜好久後。我們中間醒來過一、兩次，都聽到我們的朋友們正在暢飲狂歡，不免冷冷地想到他們明天早上不知道會有什麼感覺。然後我們翻個身，下定決心繼續睡覺。

【注釋】

❶費迪藍（Ferdinand）：由孟羅・李夫（Munro Leaf）撰文，勞勃・勞森（Robert Lawson）插圖之兒童繪本《公牛費迪南》中的主角，只愛聞花香，不肯和鬥牛士對陣。

❷典出聖經新約路加福音十五章十一節至三十二節。

❸十一點鐘的茶點（elevenses）：英國人習慣在上午十一點左右吃的茶點，通常是茶或咖啡或牛奶加餅乾。

❹fly-cuppies：蘇格蘭人稱隨身所帶的茶和咖啡。

❺蓋爾語：蘇格蘭高地居民蓋爾人的語言。

❻原文此處用「Constance Spry」是一個類似「新娘學校」的機構，有學校教授美容化粧、烹飪、插花、美姿美儀等使女性更具魅力的各種課程，也設有公司販售能增加女性美艷與魅力的各種商品。

第十五章　東邊與西邊

我們本來計畫在清晨五點三十分起床，收拾行囊，在八點整出發。所以，到了預定的時間，三位女士抱怨連連地勉強從睡袋裡爬出來，開始穿衣服，但除此之外，好久都沒有其他動靜。最後巴尤和安·朵瑪踉蹌地走了出來，他拿起那個裝水的大鐵罐到小溪邊去，而她升起了煮飯用的火。年紀大些的繼續躺在睡袋裡將養宿醉，過了半個鐘頭左右才開始一個、兩個地出現，看來疲累而憔悴。我們發現自己在每次有誰和我們說話的時候都很快地退後幾步，以避開迎面撲來的米酒的氣味。

那天早上很令人失望，又冷又多雲。貝蒂和我急著想盡早動身，因爲我們覺得由我們的山上要找路下到多吉拉克帕冰川可能會有些困難。我們開始很刻意地拆掉我們的帳棚，同時還問早飯什麼時候能做好。早餐來得很晚，但是等到送來的時候，卻豐盛得顯然是特別安排來讓我們可以安靜一段時間。包括每人兩個煎蛋，是我們好幾個禮拜都沒吃到過的新鮮雞蛋，配上一大杓不管以什麼標準來看都極其美味的煮筍子。我們飽啖一頓盤中好菜，也開始覺得可以原諒這些動作雖慢卻顯然心存悔改的雪巴腳伕們了。

可是隨著時間的過去，我們的耐心又被磨得快沒有了。把各項裝備收拾起來的工作進行得慢到叫人難過的地步，而雪巴腳伕們隨時會突然不見蹤影，大概是去小休一下。我們誤以爲米酒已經沒有了，不免懊惱那玩意兒居然如此纏祟著我們。最後貝蒂和我決定不等他們就先走，我冷冷地對明格馬說：「我們懶得再等，所以我們先走了。」他似乎爲此吃了一驚，可是我們硬起心腸，揹起了背包。我們向艾芙蓮和她那組人道過再見，祝他們好運，然後一起爬上陡坡，向山頂走去。

這回積雪比以前少得多，而狀況則好得多。這道山脊頂上的岩石幾乎沒有雪和冰，我們很愉快地攀爬到山頂。我們在那裡動了憐憫之心，停下來等我們的雪巴腳伕們，準備幫他們把揹的東西提到岩石上面來。他們過了好久才到，我們則等得好冷，因爲山裡現在濃霧瀰漫，還開始下起雪來。我們甚至於沒法**看到**多吉拉克帕冰川。結果，等到那些雪巴腳伕終於到達，每個人都安全地上達山頂時，我們毫無寒喧招呼的興致，馬上盡快動了身。

下山途中，我們開始在雲縫裡偶爾一瞥那條冰川一眼，也有點不安地看到雪坡在靠我們這邊變成陡直的懸崖，上布光滑的岩石，垂直伸進下面的冰裡。我們開始考慮當晚也許必須在靠近冰川邊上紮營，等第二天早上再攀下冰川，屆時天氣應該會清朗許多，風險自然小。可是正當我們討論這件事時，我們來到了一道河谷，看來似乎直達冰川，雖然在濃霧裡，我們並不能確定這點。這河谷的角度看起來似乎比較和緩，我們越過時，貝蒂和我都想說那裡會不會是一條往下走的好路。當然，到了看不見的地方我們根本不知道面臨哪種情況，說不定我們會從懸崖上掉下去，或是完全沒有去路。等越過後，我們小心地沿著對面的邊緣爬下去，希望能看清楚懸崖那邊的情況。明格馬表示抗議，說這條河谷絕對「不行」。就在這時候，雲霧升起了一陣，讓我們可以一路無阻礙地用雙眼下探冰川。我們是對的，這道河谷

「可行」。明格馬愁眉苦臉地搖搖頭。這條路太危險了，他說，他的口氣表示誰要是從這裡下去就是瘋子。他反對的理由不是坡度太陡，而是河谷裡到處散落著從脆弱得可怕的山壁上掉落下來的石頭。我們同意說這的確有損這條河谷的魅力，可是明格馬提得出替代方案嗎？他不能。再走下去，那些懸崖變得更不可能攀援而下，所以看來只有取道河谷了。貝蒂和我非常高興，當那些雪巴腳伕仍在猶豫的時候，我們很小心地避開鬆動的石頭爬進河谷，開始往下走。讓我們放心的是我們發現積雪狀況極好——事實上好得能讓我們享受入喜馬拉雅以來的第一次滑降。看到這種情形，雪巴腳伕們開始跟著我們爬下來，於是立刻有一陣巨大的落石滾進河谷裡，像炮彈般由我們身邊呼嘯而過。我們停下腳步，大聲叫他們等我們安全到達底下再說。然後我們繼續往下，不過現在有些不安，直到這條河谷終止於滿是石頭的冰磧。我們跨越過去，直接走到冰川上，以避開落石，然後打訊號叫雪巴腳伕們下來。

恩亞卡卡布冰川這段比較平坦的部分和我們的富爾比奇雅楚布冰川完全不同。這裡沒有絲毫積雪，所以每一條冰縫都可以很容易看到，而冰則是髒髒的灰色。冰川中雜著石頭，西側滿是堆疊的巨石。這讓我想起了錫金境內喜馬拉雅山脈的那條大捷木（Zemu）冰川，而等明格馬到了，我向他提及這件事。他很不高興地回答說他不同意。捷木冰川要大多了。因爲這沒有什麼好爭，我並沒有回嘴，但希望他的脾氣很快就能開始轉好。

我們相當容易地越過了冰川。這是冰川上唯一安全的部分；這一段平坦處上面是脆弱而

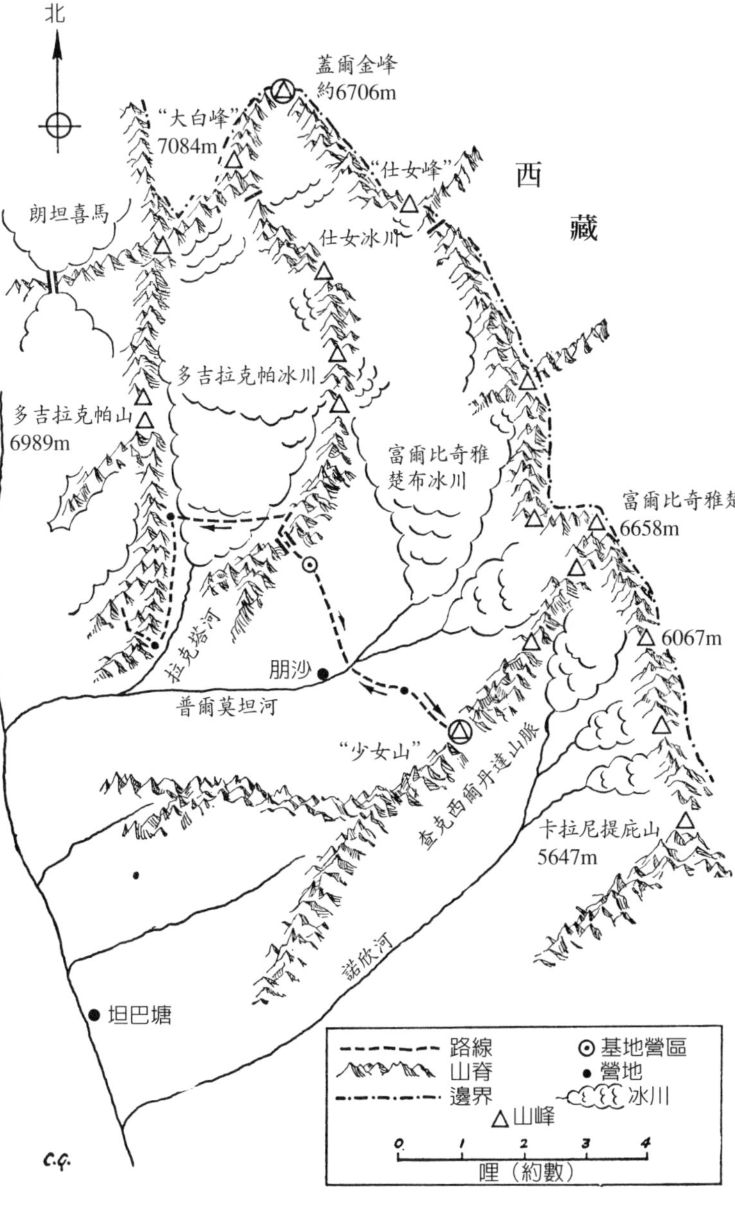
北
蓋爾金峰
約6706m
"大白峰"
7084m
"仕女峰"
西
藏
朗坦喜馬
仕女冰川
多吉拉克帕冰川
多吉拉克帕山
6989m
富爾比奇雅
楚布冰川
富爾比奇雅楚山
6658m
6067m
朗
坦
河
拉克塔河
朋沙
普爾莫坦河
"少女山"
查克西爾丹達山脈
卡拉尼提庇山
5647m
諾欣河
坦巴塘
路線
山脊
邊界
基地營區
營地
冰川
山峰
0
1
2
3
4
哩（約數）
C.G.

危險的上段冰瀑，大約占了冰川的三分之二，下面則是在突出部之上的下段冰瀑，最後進入拉克塔河的峽谷。

冰磧看來很不安全，所以我們決定在冰川本身冰上的巨石間紮營。不必再往上走，因爲除了霧氣偶爾暫時上升的時候之外，能見度只有兩、三碼遠，而我們完全不知道再過去會碰到什麼。

到了黃昏時分，天氣晴朗了些，貝蒂和我走出帳棚去看落日把遮住多吉拉克帕山的雲染成粉紅和金黃色，也到巨石間去逛了一陣。我們喜歡這個營地，哪怕乍看下似乎並不舒服。我們覺得這是個很神秘又令人興奮的地方，還發現自己連說話都放輕了聲音。當我們準備回帳棚裡去時，我們又聽見另一陣轟隆聲，看到兩塊巨大的冰塊，大得像兩匹馬，慢慢地從冰瀑上脫落而砸了下來，碎成好多片，將一層層碎冰打得如水花四濺。那實在遠得傷不到我們，卻又近得讓人覺得印象深刻。我們彼此對望了一眼。如果說原先對該不該爬上那道冰瀑還存有疑問，現在可都沒有了。

我們回到帳棚中，爬進睡袋裡，很想念我們慣常聽到由雪巴腳伕帳棚傳來的快樂歌聲和歡笑聲。今天晚上一切都靜悄悄的。一陣深沉的沮喪情緒，加上宿醉、良心不安和自尊心受了傷害，盤踞在他們頭上，也傳染到我們。明格馬第一次沒有過來道晚安。

我們醒來時發現天氣正如我們希望的那樣晴朗，帳棚外的景象也讓我們伸手去拿相機。

就在我們上面，從冰川上直接升起的，正是多吉拉克帕的三座壯麗尖峰。他們在陽光中閃亮，陡峭而毫不妥協。多吉拉克帕是一座很奇特的山峰，簡直就像出身自某個維多利亞時代早期畫家的噩夢。她看來無法攀登。

在山的上半部照耀得那麼明亮耀眼的太陽，好像一時還沒辦法穿透到這冰川的地下室裡來。這會兒，身處在藍色的陰影裡感覺非常寒冷。然而我們還是在六點鐘吃了早餐，急著想出發。就在我們正把睡袋捲起來的時候，明格馬從雪巴腳伕的帳棚裡走了出來，咧開大嘴笑著，送來兩大杯很棒的熱茶。我們毫不懷疑這額外的款待是象徵和平的橄欖枝。明格馬的整個態度表明他要盡全力謀求補救。說眞的，他的態度集熱切與慇懃於一體的程度，使我們有點不知感激地懷疑他想必又灌飽了黃湯。我們才把茶喝完，他又送了茶來，更讓我們大爲吃驚的是，還帶來一個燃著的煤油爐。他把爐子放在我們之間的冰上，一邊說今早很冷，我們最好烘一烘手。天氣**眞的**很冷，但不見得比我們上山以來的其他早上冷到那裡去，以前可從來沒有人建議我們用什麼東西來烘過手。不過，我們忍住笑，伸手去就爐子的火。明格馬又急急衝了出去，很快地帶著一個熱氣騰騰的小平鍋回來，鍋裡的東西證實了我們所懷疑的事果然沒錯。鍋裡放著滿滿的熱米酒，他堅持要我們喝了保暖，如果拒絕的話未免太無禮，所以我們爽快地接受了。貝蒂把她的那份一口喝乾，我則是很不情願地對進我第二杯茶裡喝掉。那的確讓我們的胃暫時暖了起來，但那一早上都讓我們覺得有點想吐。

受到這段小插曲和其所代表的和解的鼓舞，我們拔了營；再來，經過一番爭論決定了最好的路線後，我們爬上一道冰牆，再跌跌爬爬地上了冰磧——眞的是跌跌爬爬，因爲那裡鬆散得令人厭恨。在冰磧之上，我們爬了一段坡度平緩的雪地，兩個鐘點後，我們到了一處山肩，就在直通峽谷的懸崖上，而在多吉拉克帕南脊的岩峰下。這是一個令人著迷的地方。這裡處處有巨大的岩石，其間縱橫交錯的是野山羊和土撥鼠的腳印，不知怎麼讓我想起童年時在科幻小說裡所讀到對月球風景的描述。

貝蒂和我現在決定登上由多吉拉克帕主峰伸出去的一個小山嘴，打算從那裡拍攝冰川上半部的照片。雪巴腳伕們也想去，於是我們都卸下揹的東西，很快地（爲了趕在無可避免的雲升起來之前）爬上一道很陡的斜坡，走向山嘴頂上的一個山坳。

等我們到達那裡，看到那個我們希望能去看看但沒能由五號營地去到那裡的山坳，確實是介在仕女冰川和恩亞卡卡布（也就是多吉拉克帕冰川）之間的一條通路。從這個地方看下去，冰川本身看來最糟。要到冰川的源頭或是要攀登大白峰，先爬上富爾比奇雅楚布冰川和仕女冰川，再走到那條通路會好得多。那條通路高到走這條路線的人會發現他們自己進到大白峰本身南面高度四分之一的雪地裡。

漸起的雲海使我們的攝影工作告一段落，我們很快地下山。起先我們狂叫著滑降而下，然後到了一處很陡的草坡，庫桑開始跑了起來。我們全跟在後面，又跳又叫，還彼此比賽，洋溢著因爲爬得好、身體好和同伴好而生出的興奮。到了底下，我們揹起各人的東西繼續走，直到在一塊被雪覆蓋的平坦牧場上找到一處很美的營地。因爲現在雪已經下得很大，我們就盡快搭起帳棚，鑽進去尋求掩蔽。

今天早上因爲太陽曬到冰川的動作實在太慢，我們最後失去了耐心，在夜露還沒完全蒸發前就把帳棚捲收起來。貝蒂和我現在開始後悔自己太過匆促。下午的雪下得又大又濕，開始透過我們潮濕的帳棚頂而漏了下來。起先還只是偷偷摸摸地滲進來，但很快地就造就一場室內的大雨。我們竭盡可能地忍耐了很久，用帶風帽厚夾克和防風長褲蓋在我們的睡袋上，但很快就發現這種暫時性權宜措施是不夠的。有一件大雨衣放在工具箱裡，等巴尤爲我們送湯來時，我們請他把那件大雨衣展開來蓋在我們帳棚上。巴尤雖然願意做這件事，卻不像他看來那麼聰明，居然把雨衣蓋得讓一邊帳棚擋住了滲水，另一半漏水的情況卻更爲嚴重。因爲濕的正好是我睡的那一邊，所以只好由我穿上靴子，爬到外面的大雪裡把那件大雨衣拉好。就在我和大雨衣奮戰時，我聽到一陣強忍不住的竊笑聲，回頭一看，三張咧嘴而笑的臉由雪巴腳伕的帳棚裡往外偷看。我們的狀況恰能大大觸動他們的幽默感，而由他們開心的表情看來，我想他們的帳棚裡一定比我們乾得多。我向他們揮了下手，希望自己的態度是對困境毫不在意的模樣，然後再鑽回帳棚裡。事實上，那天晚上我們睡得很安穩。天很暖和，到了早上，帳棚裡所有的東西都乾了。

早上七點半鐘，貝蒂、明格馬和我出發，盡可能地希望在雲起前趕到多吉拉克帕山南脊的山頂。攀登處處不同，很有意思，我們的結論是求嘉喜馬的這一部分是個迷人的地方，充滿了意外的驚喜。我們眞希望能有更多時間可以徹底加以探測，才算對得起這個地方。

一條長長河谷和最後一道雪肩讓我們上達山脊頂上。在山頂我們轉向北方，又爬了幾百公尺，向多吉拉克帕本身如巨塔般的諸峰爬去，最後受阻於一道深邃峽谷而停了下來。這裡看來是停下來記錄我們周遭環境的好地方。

讓我們高興的是我們發現自己往下正好看到朗坦河的源頭，就面對著提爾曼的帕奇波哈里山脈北端諸峰和那些小冰川；我們也可以很清楚看到多吉拉克帕以西的兩條大冰川的下面部分。更重要的是，在我們面前有一條看來是從求嘉到朗坦最好的高海拔路線。在我們這邊需要用到一些特殊的攀登技巧，但以我們看來這條路毫無疑問是可「行」的。我們很懊惱沒有多帶點食物上來，如果帶了的話，我們就可以改變計畫，花幾天的時間加以探測。現在卻別無選擇，只能循原路回去。我們打心底埋怨自己，而想到那條深具魅力的路線，仍然讓我們覺得犯了怠忽之罪。

我們拍照片和測定方位，一直到起了雲無法繼續下去，才離開山脊回到營地。明格馬在很遠的地方就以尖利的雪巴人哨音通知了庫桑和巴尤，等我們到達時，水壺已經快樂地發出笛音回應。他們也幫我們燉了些桃乾，我們起先覺得用這種東西來配茶相當怪異，結果那卻正適合疲累又口渴的人，吃來非常好。

我們拆了帳棚，準備下山到冰川去，再到巨石堆中過夜。可是下山的路走來既容易又愉快，讓我們比預定時間提早很多就到了冰川。這時候雪已經開始落下，而我們先前的營地看來極不舒服。因爲雪巴腳伕們也願意，我們決定直接返回基地營區。

往我們山頂走的回程相當長，但是我們走得很安靜而穩定，到達那裡不但比我們預期中快得多，也沒那麼辛苦。我們在山頂休息了幾分鐘，因爲雪下得很大，沒有理由閒坐。由東邊的岩石下去的路由於多了一層潮濕的雪而有點麻煩，但一旦經過了那一段，我們就一點也不浪費時間地爬下最後三百公尺，回到了親愛的朋巴塞瑞布。

第二天都花在整理、打包、補寫日記和檢查我們的底片上。想到我們可能就此永遠離開朋巴塞瑞布這個寧靜之地，讓我們至爲感傷。我們在這裡是那麼快樂，而這裡又是那麼美。且想像一個人在瑞士獨居，沒有遊客打擾，而最近的當地居民住在離你三天腳程的下面山谷裡——這就是在朋巴塞瑞布的情形。這個地方是我們的，鮮花是我們的，溪水和小湖，還有那些巨石，它們的形狀對我們來說熟悉得如同我們自己住家的建築。清晨時分「提鈴」（Tilling）從我們頭上飛過時或棲息在上面岩石間偷看我們時所發出的鳴叫，是我們這輩子隨時都會想起且猶如在耳際的聲音。山鷸（坦巴塘的雪巴人稱之爲「帕姆托托」（pamtoktok））在清晨和黃昏所發出的怪異咯咯和呼呼叫聲，仍然讓我們像初次聽見般稱奇，卻百聽不厭。

你可以說我們這種態度是逃避現實。大概也眞是如此。可是實在很難毫無痛苦地就將天堂樂園拋棄，而我們當然做不到，儘管我們是要返回我們所愛的家庭。

到了下午，第一個坦巴塘的雪巴人到了——是個長得像地精矮人的小個子男人，非常有禮貌，但似乎搞不清楚他到底爲什麼到這裡來。我們猜想一定是倪馬喇嘛在樹林裡碰到了他，就勸他到朋巴塞瑞布來，說他會聽到對他大大有利的事。

後來，其他由倪馬喇嘛召集來的挑伕陸續到來。倪馬喇嘛本人把我們留在坦巴塘的幾箱食物往上運到他的犛牛牧地，就在往帕奇波哈里的路上。貝蒂和我懊惱又無可奈何地接納了這些新來的人，因爲他們的到來等於確定了我們迫近的離別。他們不停地用生動的雪巴語說著閒話，營地裡到處迴響著他們的笑聲。魔咒終於被打破了，朋巴塞瑞布不再是通往冒險世界的大門，反而變回它原本普通又古老的夏日犛牛牧地。

就在這時，貝蒂又想到一個邪惡的小計畫，最後她說了出來，找我成爲滿心情願的共犯。在我們上面山脊的高峰和高峰之間，有一些非常壯麗的岩石景觀，非常適於拍照。在清晨時分，河谷和上面山腹峽谷裡的積雪狀況很好。到了下午，那些地方的確通常都會受到落石或冰塊的轟炸，可是如果我們眞的起個大早，在太陽還沒機會曬融冰雪前，最後再去爬次山如何？她再很有效地加上一句：我們一定可以拍到一些美麗的照片。我欣然同意說我們爲了自己也不該錯過以相機捕捉求嘉另一個面相的最後機會。這似乎是再做最後一次登山的大好理由，我們上床時想到第二天早上的計畫，覺得更加快樂。

我們六點起床，吃了點麥片糊和可可，七點前就出發，留下收拾好的背包。明格馬答應我們說，等我們回來時一切都會準備齊全，馬上能啓程，然後帶著同情的笑容祝我們好運。

我們看著我們頭上的山坡，估計大約三小時以內可以回來。可是我們忽略了從下面往上看時，雪坡會顯得比較短，等到我們爬了一個半鐘點，卻發現還有很長的一段路要走。我們現在置身於非常好的岩石景觀中，可是說老實話，我更有興趣的是經由一條很富挑戰性的雪谷直達山頂，而不是在這裡欣賞美景。貝蒂似乎也很願意——事實上我們兩個都私下渴望能在山頂上最後再看富爾比奇雅楚布冰川一眼。因此，我們繼續朝相當陡直的結凍雪坡上開鑿階梯，完全不顧我們的良知無奈地輕喚我們說是該折回頭的時候了。

不單是因爲時光飛逝讓我們感到不安，到這時候陽光也已經很熱，而且開始了在危崖峭壁上的破壞工作。四面八方都傳來落石的滾動聲和冰柱斷裂跌落的脆響。但我們只縮著肩膀頑固地繼續攀爬。最後我到了河谷底部一塊岩石底下，翹首往上看。那裡毫無疑問的是一條最具誘惑力的攀爬路線，因爲順著兩側山壁陡峭地垂直而上，可以見到那一段襯托在藍天前的側影。爲了未來的無限希望，我又把良知的呼喚丟在一邊。我在河谷中凍得很美的硬雪上鑿出一排階梯，伸腿踏了上去。然後我很快地退了下來，躲在岩石底下，及時閃避開事先毫無警兆就從上面直落谷底的兩、三大塊冰塊。貝蒂很煩惱地確認這個河谷顯然是墜落物的滑道，再往上走未免太過瘋狂。我表示同意，於是我們很乾脆俐落地開始下山。

我們終於想起了此行的任務，在中途停下來拍攝之所以上來要拍的照片。我們這次探險幸好有貝蒂在，她對攝影的興趣比艾芙蓮和我都大得多，現在也急著要以一些眞正很好的照片來證實不虛此行。她照了在我看起來多到數不清的照片，不斷要求我在前景當模特兒。以我的意見，她常常不怎麼注意前景提供了我哪種立足處，或有沒有掩蔽能幫我擋住上面落下來的東西。可是我還是很合作地盡可能聽她的指令行爲，一直到最後她很客氣地說：「抱歉這麼麻煩妳。」

「不麻煩，」我同樣有禮貌地回答道：「只有危險。」我們彼此對望著，笑了起來。我們很清楚知道自己該下山去了，可是我們實在是玩得很過癮。

在這之後，我覺得該輪到貝蒂來扮演前景中的主角了，可是她說不要，只要再照兩、三張那條彎曲的雪坡和最後面的山峰。我願不願意跨過河谷到對面去擺姿勢？我當然不願意，因爲這還是那條我們原先想攀登的河谷，而看來會致命的飛彈從那裡直衝而下，也越來越多。不過，我還是服從地走了過去，雖然心裡不免有點疑慮，而就在我要踏入河谷時，在一陣像天塌下來似的巨響中，兩塊巨石飛快掠過，所帶起的狂風差點把我吹倒。我轉過身去，心裡充滿責備之意，很哀怨地問道：「妳**還是**要我過去嗎？」

「對。」她毫不留情地說。我恨恨地瞪了她一眼，聽命行事。（爲了公平起見，我必須說的是，她只要我過去，而不是站在河谷裡。如果快速閃過的話，其實沒有眞正的危險，但暗示當時身處險境，可以讓這個故事更爲生動。）

照片拍完之後，我們再想不出有什麼理由再在這裡逗留。反正我們每次背對懸崖時背上就會升起一股不舒服的感覺，也本能地感到趁著狀況還好時趕緊離開才是聰明的做法。幸好路況還眞的很好，我們一路滑降到遍地小石子的山坡。事實上我們下來的速度快到即使我們在山上花掉那麼久的時間，回來也沒晚多少，大約在上午十點半就回到了朋巴塞瑞布。迎接我們的是欣喜的敬禮、熱茶和一頓豐盛早餐，包括明格馬最拿手的乳酪杏粒蛋加培根和炸薯條。吃完後，我們只消揹上背包，因爲我們不在的時候，他們已經完成了拔營和打包的工作。

我們吻手作勢，有點傷心也很熱情地向朋巴塞瑞布道別，跟在揹著東西走成一長串的雪巴小伙子後面走下山去。我們忘了當初爬上來的路有多長多陡，對我們下山所花的時間覺得相當意外。我們估量至少有九百公尺。下山的路上有很多的野鳶尾花長在草地裡，美得讓我們禁不住爲看到這些花而開心起來。

最後我們終於看到下方遠處朋沙的綠色草地，並在不久後看到一群人——艾芙蓮的那隊人馬——在等著我們。等我們見面的時候，大家彼此交換消息，每個人都同時在說話，一直到天空揚起了要下雨的威脅才讓我們把注意力轉到搭帳棚上。這件事做完後，貝蒂、艾芙蓮和我在「銀鬃帳」裡躲避大雷雨，把地圖攤放在我們中間，想辦法弄清楚並相互對照我們對求嘉喜馬地形地勢的印象。

下面是那時候艾芙蓮所說的她的經歷：

她和她那組人馬在我們動身後不久就離開了基地營區，下山到達朋沙，在那裡停了一下，讓雪巴腳伕們採集植物，有些當蔬菜烹煮，有些當做藥用。再上路後，他們由一道用一根樹幹做成的獨木橋越過拉克塔河，那晚在樹林裡宿營。第二天他們爬上陡坡到雪線的邊緣，把營地設在海拔大約四千九百公尺高的一處小牧場上。

到了第三天早上，艾芙蓮由安格．坦巴陪同，在七點鐘時離開營地攀登到山脊的頂上。他們先攀上營地正上方一處被雪覆蓋的山嘴，從那裡再轉到很陡的雪原上。他們輪流踢出往上的階梯，一直到山脊上一個狹窄的山頭。安格．坦巴在他們接近山頂時走在前面，但他突然停了下來，咧嘴笑著請艾芙蓮先走，讓她成為第一個踏上山頂的人。這是非常客氣的做法——這類行為在我們的雪巴腳伕們來說似乎非常自然。

在山頂的另一邊是更多陡峭通向諾欣河的雪坡。在山谷那邊面對他們的就是那條邊界山脈，在富爾比奇雅楚形成直角轉向東方，然後向南綿延幾哩，和艾芙蓮及安格．坦巴現在所站立的查克西爾丹達山脈平行。不幸的是他們的位置太過偏南，所以看不到諾欣河源頭的那條冰川。

他們在九點半到達山頭，再繼續向北爬上在他們左側的一道有岩石和積雪的山脊。這條路讓他們到了一座山峰，艾芙蓮估算大約將近五千五百公尺高。她估算的標準是根據對面邊界山脈上的一座山峰，它看來不比她這座高多少，在地圖上的標高是五千六百公尺。他們在十點半之前爬到峰頂，停下來測定方位，建了一座石標，插上一面做路標用的橘色小旗子。她將山峰命名為「Bidean Nam Nighean」，意為少女山。

到了十一點鐘，太陽完全被雲遮沒，天氣變得陰沉而寒冷。他們小心地從山脊上爬下來，最後看到有一道小小的雪谷直通到下方的雪原。他們小心翼翼地越過幾處岩層，那裡結著一層薄冰，冰斧打上去隨時都會崩裂。等到了積雪的河谷裡，艾芙蓮一路滑降下去，讓安格．坦巴大感興趣。他雖然是個強壯而敏捷的登山者，卻沒有多少經驗，從來沒有滑降過。艾芙蓮起先不知道這件事，後來才看到他遲疑地跟隨在後，半路上就失去平衡，冰斧也卡在雪地裡了。他勉強止住下滑，爬回去取他的冰斧——結果還是老戲重演。這次艾芙蓮自己回去幫他撿起冰斧，再為他示範滑降時正確使用冰斧的方法。他一抓到要領，就開始得意起來，結果兩人飛快地滑下將近三百公尺的雪地，在安格．坦巴歡欣的尖叫聲中完成滑降。

看到這樣的得勝回朝，讓那個坦巴塘的雪巴少年拉克巴心中充滿羨慕。那天黃昏時候，艾芙蓮看到他扶著一塊紙板爬上附近一道雪坡，然後坐在紙板上，開始慢慢地往下滑。艾芙蓮建議他說那個最大的「dekshi」（煮菜鍋）的蓋子會是更好的雪橇。拉克巴對這個主意很是高興，帶著鍋蓋再試一次。結果滑得很棒——比拉克巴原先想像快得多——他在一陣飛濺的雪花中衝下來，看來有那麼一點緊張。不過，他鍥而不捨，以精彩演出讓其他人樂了一個多鐘頭。

第二天的能見度很差，艾芙蓮感覺剩下的有限時間裡不能再做什麼，就決定悠閒從容地返回朋沙去等我們這一組人。她過得非常開心，有她的這一組同伴，還有誰會不開心呢。有了約束不了的安格．坦巴，帶著甜美笑容的小安．朵瑪，好脾氣的穆拉里，精明的齊皮拉，還有拉克巴，我們的第二號丑角，絕對可以保證不會孤單了。儘管她是這群人裡唯一的非亞洲人，但她與他們之間卻毫無隔閡。她後來告訴我們說，那就像是全家出遊。她個人的這段冒險不僅很成功，而且很快樂。

安格．坦巴極其熱誠地扮演他並不熟悉的領班和廚師的角色，爲艾芙蓮準備了很多頓因供餐時間和口味異於尋常而令人難忘的餐點，最精彩的是炒蛋裡放糖而不是放鹽。穆拉里也受到大家情緒高昂的影響。他早已擺脫城裡人那種裝腔作勢，那些雪巴腳伕都喜歡他，不過他常常成爲他們開玩笑的對象。他們最喜歡的一招是在早上出發前揹起東西的時候，走到他的小背包前面，假裝很難把背包從地上拿起來，還一邊踉蹌地大叫：「Herteri！這個好重呀！」有一天，一向揹著穆拉里的大「bistra」（鋪蓋捲）的拉克巴在我們準備離開營地時急急忙忙地跑到他面前，一把搶過背包來揹上，然後指著鋪蓋捲用尼泊爾話叫道：「趕快，把東西揹上，我們要趕時間。」穆拉里只咧開嘴來笑著等對方把他的背包還給他。他和拉克巴在和艾芙蓮一起走的這趟路上成了好朋友，後來一直讓拉克巴住在他的小帳棚裡。拉克巴看起來只有十四歲，實際上已經十八歲了，結了婚，還是個有產業的人，可是我必須說他好像並不覺得他有多重的責任。

＊　＊　＊

在朋沙會合後，那天剩下的時間都在和明格馬整理我們的食物，把相當大量過剩的存糧分給雪巴腳伕們以減輕重量。然後錢箱搬了出來，擔任司庫的艾芙蓮用銀幣把預付款發給坦巴塘的雪巴挑伕。

那天晚上天放晴了，但是變得很冷，我們都圍在燒飯的爐火邊。有些坦巴塘來的人和我們在一起，但其他人都全神貫注地在進行一場極其令人興奮的賭博。我們弄不懂賭博的規則，但顯然像擲骰子似的，大家嘴裡都唸唸有詞。他們是以香菸爲賭注，而我們認出那種牌子的香菸正是我們從加德滿都買來給我們的雪巴腳伕的。除了巴尤偶爾來一根之外，他們全都不抽菸，很快地就把香菸賣給坦巴塘的人，利用我們對他們的個人生活習慣一無所知和所有探險隊都要送香菸給雪巴腳伕的傳統大賺一筆。這些不抽菸的人在這方面眞幹得不錯呢！

第十六章　往帕奇波哈里

離開朋沙又讓我們觸動了心弦。這是一個可喜的地方。前一天夜裡，安．朵瑪突然想到把大把杜鵑花紮在我們帳棚的支桿上，在清早的陽光中，裝飾了鮮花的營地有種節慶的氣氛。但很快地帳棚就拆掉了，我們離開了那片草地，只留下花朵在那裡枯萎。

我們順著樹林裡的那條路走，始終離河流不遠，經過我們一路上來時見過的很多地標：那個大山洞；那些長著青苔、樹幹上刻出階梯的傾倒大樹；以及放牧犛牛的營地，現在已經人去樓空，牧人大概隨積雪的融化而往山上移了。繁花盛開，尤其是一種淺紫色的樹蘭。雪巴腳伕們沿路挖竹筍，採野生大蒜。巴尤也爲艾芙蓮摘花，因爲她先前蒐集了一些準備稍後查閱她手上的野花相關書籍，現在突然發現碰上了「embarras de richesse」（多得難以選擇）的窘境，因爲巴尤摘上了癮，把所有他看到的花都大把大把地摘來給她。

等我們到了普爾莫坦河和拉克塔河在大峽谷下的交會處時，我們發現我們的橋被沖走了，只好再造一條新的。這並沒花多久的時間，因爲雪巴人都覺得應該盡量——不論精神上或其他——支援負重過激流的人的需要。我們很快地過了河，朝我們上山時紮過營的那個有座「貢巴」（寺院）的小村落走去。

這回我們並沒有停下來在那座與小村落相連、像公園般的樹林裡紮營，而是想再往前走到下面河邊的另一處營地。結果這個選擇是個錯誤，因爲河邊的蚊蚋成群，而貢巴前的空地上卻看來沒什麼蚊子。

我們一到那座小村落，我們的雪巴腳伕們就丟下他們揹的東西，消失在一間屋子裡，叫著要青稞酒。我們坐在草地上，無可奈何地準備等上好一陣。過了一會兒，明格馬像獎賞我們似地拿來一個裝滿青稞酒的銅碗。我們以前從來沒看過這種盛酒法，因為這種酒向來是放在一個很深的容器裡，用一根竹管來吸的。以我們看來，把青稞酒坦露在天光下絲毫沒有改進。那酒看起來灰灰的，很濁，裡面浮著玉米和其他不明物體的碎粒，看來極為可厭。唯一可做的就是在喝的時候閉上眼睛，也要咬緊牙齒來當過濾器。

喝完了我們的那份青稞酒之後，我們開始不耐煩起來。有幾滴雨落了下來，這看來是送口訊到酒吧間裡去說該動身的好藉口。一直留在我們身邊的巴尤進去傳話。安．朵瑪呢，恐怕也跟著那些男人進去喝青稞酒了。巴尤回來時帶著庫桑和齊皮拉；庫桑只要小喝一點酒就會大受影響，這會兒很快地鬧耍起小丑來，齊皮拉則向來喝得不多，且不管喝下什麼，對他都毫無影響。很有意思的是，曾爬過聖母峰的齊皮拉顯然以陰沉和難搞而出名，但我們卻從來沒見過他性格中的這一面。不錯，他很沉默，也不引人注目，可是我們始終覺得他非常聰明、明理，而且絕對可靠。事實上，我相信要不是有齊皮拉的責任感，回程的狀況可能會比實際情況更混亂得多。我們注意到其他雪巴腳伕跟他說話時都使用尊稱語氣。我想只要有機會，他可以成為一個很好的雪巴腳伕領班。

現在我們這隊疲累的人馬向河邊走去，藉由三根樹幹做成的梯子下了斷崖。我們從那道結實的木橋越過了朗坦河，就從它和巴利比河的合流處上面一點的地方，之後朝我們記得是位於另一邊的草地走去。我們傷心而失望地發現那裡已經不是我們記憶中的平滑綠色的河岸平台，而成了一大塊洋芋田，只剩一個長著草的雜亂角落沒有開墾。可是，我們不想再走原路回去，所以決定就在那塊未開墾的地上宿營。接著是一片混亂。有半數的帳棚還沒送到，已經到的又都由醉醺醺的挑伕揹著，他們四處亂走，到處踩到東西。好幾百萬隻蚊子攻擊我們，使情況更爲混亂。最後明格馬終於和其他人一起到了，但他也是喝得醉茫茫的，對沒有效率的行爲視而不見，整個營地弄得一場糊塗。

到了黃昏，我們從帳棚裡出來吃晚飯，卻進入一大群毒蚊中。我們唯一逃避的方法只有在營火那嗆人的煙中尋求庇護，雪巴腳伕不停地往火裡添加還是綠色的枝葉。我們在那裡吃了一頓很好的飯，有加了咖哩的「野菜」、洋芋和筍子。我們一直在火邊留到很晚，和雪巴人以及穆拉里聊天。我們自己的雪巴腳伕最先上床去睡覺，但坦巴塘的那些人都留著，兩手托著下巴，有問不完的問題。他們不停地對穆拉里說：「再多問她們一些問題，告訴我們她們說什麼。」我們自己覺得這場談話相當吸引人，話題範圍從語言治療的理論及實踐到英國氣候的古怪。雪巴人是很好的同伴，我們那一晚過得非常開心。

第二天，我們沿著巴利比河往坦巴塘走。但是，在村子上方幾公里地的地方，我們轉上一條很難走的路，不但很陡直地往山上走，而且還要穿過很密的矮竹林、刺人的灌木叢，以及一片臨時的洋芋田。天熱得出奇，我們那天走得一點也不開心，最後我們走到一塊骯髒的小營地，位於一塊洋芋田旁滿是灰塵的草坡上。我們非在這裡停下來不可，因爲附近有注泉水，雖然很快地在乾涸中，卻還大得有水可喝，不過不夠洗濯。下一個水源則還要往山上再走半天。這個地方，應該說再過去一點的幾座茅屋，是倪馬喇嘛放牧犛牛的地方，他就帶著他那端莊神氣的太太和一大瓶青稞酒來迎接我們。明格馬坐下來和他們痛飲一番，我們則只用一個鑲銀邊的漂亮木製酒碗很有禮貌地啜飲一點。

這時候營地搭了起來，所有的帳棚在這一小塊空間有限的地上擠成一團。眞是極不舒服。前一個營地的蚊蚋在這個營地裡被蒼蠅和灰塵取而代之，讓我們更難過的是一大群雪巴人——大部分是婦女和兒童，而且很多是我們挑伕的老婆和兒女——從附近放牧犛牛的牧場趕到我們這裡來。有些犛牛也來了。我們整個下午都被團團圍住，看個不休，還隨時聽到有人在咳嗽吐痰。貝蒂躲進她的帳棚裡把拉鍊拉上，還保有一點個人的隱私，但艾芙蓮和我住在銀鬃帳棚裡，很難完全關上。我只希望我們能讓他們値回票價。艾芙蓮抓了大把乾果仁，是她最喜歡的零食，她吃了一整個下午，讓觀眾大爲佩服，他們大概從來沒見過有哪個女人一次能吃那麼多。到了黃昏時分，艾芙蓮開了間小診療室，觀眾都聚在藥箱的周圍，看到那些很吸引人的藥分給眞正有需要的人，大家都拚命想出一些病癥來。最受歡迎的是阿斯匹靈，因爲包在閃亮的金箔紙裡，眞的非常漂亮。事實上，艾芙蓮說只有兩個人眞的生了病

——一名老人和一個嬰兒。其他人整體看來都很健康，尤其是那些婦女，她們搽了胭脂的紅臉蛋上還塗了牛油，打了辮子的頭髮上想必也同樣塗著牛油。事實上，那一天營地裡四處散溢著腐臭的牛油味。

他們送來乳酪、雞蛋、洋芋和好多好多的犛牛奶。我們還得面帶滿意表情地把犛牛奶喝下去，給那些急於看我們暢飲那種噁心東西的觀眾們看。不過，我們還是非常感謝他們的慷慨。雪巴人眞是個友善的種族！我們大感震驚地聽說那小小的泉水就是僅有的水源，不只是給我們這群人用，也要供給整個社區其他人。想到這點，我們所受到的款待和歡迎就更讓我們感到驚喜和窩心了。

我們大清早被嬰兒的哭聲驚醒。我們的客人又是全軍開到，拆營打包的場面就如貝蒂所形容的，像格拉斯哥街上出了車禍。甚至還有小男孩爬到樹上，伸長了脖子就爲看一眼我們那些令人著迷的活動。最後，一切準備妥當，讓我們大大鬆了口氣，終於能在一大群熱心送行者歡喜的道別聲中啓程。我們唯一害怕的（而且絕不是毫無來由）是他們決定要陪我們走一段。不過，他們沒有這樣做；我們終於動身，勇敢面對和前一天同樣既陡又難走的山坡。

後來我們發現自己又回到了清涼的常綠樹林裡，而這段路進展就好得多。最後我們所走的路來到一處開闊的山邊，到處都是被森林大火燒焦的「鬼」樹。在這塊長著草的山肩上，升起了一條長陡而窄的山脊或山嘴。往帕奇波哈里去的路就是順著這道山脊頂上過去，坦巴塘的雪巴人告訴我們說，從我們現在所站的地方到那五座湖之間最後的水源是，他們希望能在大約一公里半外的杜鵑林裡找到的一處小水泉。顯然這個水泉熱天時常常會完全乾涸，所以有點懷疑今晚宿營時究竟有沒有水可用。從來沒有在一年裡的這個時候經由帕奇波哈里到加德滿都去過的雪巴人說，萬一水泉乾了，可以到更高一點的地方取雪來融化成水。我們不考慮這種可能。帕奇波哈里本身海拔不到四千公尺，而雪線現在比這海拔高得多。不過，兩個被派去查看的人從遠方傳來勝利的叫聲通知我們說水找到了，避免了一場小危機。

我們現在離開了光禿的山邊，取道有遮蔭的杜鵑林，然後下行到林中的一塊窪地。我們在那裡找到個小水潭，裡面大約只有一盆左右很濁的黃水，幾乎全是黏土。檢視過之後，艾芙蓮表示她的意見說，這水正合得痢疾的人使用。這話引發了我們更多的奇想，比方說這些黏土可能敷滿我們腸子的內壁，在那裡硬化，讓我們體內有陶管。這樣的話，我們認爲就該放棄登山了，怕萬一摔下來會打碎我們體內的陶器。

從水泉再往前一點的地方，我們見到一個很可愛的營地，是林中一塊有草的空地，長了很多野生的大黃。一等帳棚搭好，所有的手都伸下去採大黃。我們請明格馬幫我們燉一些當晚餐的菜。他照做了，但他也給了我們一些以雪巴人方式處理過的——把生大黃切碎，拌上鹽、辣椒和以犛牛奶做的農家乾酪❶。兩種烹調方式都一樣美味。那泥漿水和奶粉調在一起時，看起來很像是法式牛奶咖啡，只差再加糖和咖啡粉而已。這成了一種很好的飲料，裡面東西可多了。

那天晚上，庫桑和從坦巴塘來的譚興喇嘛之間發生了激烈的爭吵，爲的是一塊忘在朋沙沒有帶來的鋪地防潮布。兩個人都說那件屬於探險隊的財產該由對方負責。譚興喇嘛是個容易發脾氣的人，氣得歇斯底里，對著庫桑尖叫怒罵，而庫桑只是坐在那裡，帶著讓人氣得發瘋的笑容，趁譚興喇嘛每次停下來喘口氣時來上一句撩撥的話。這場架吵個沒完，明格馬偶爾插嘴勸上一、兩句，其他人則很有興趣地聽著。譚興喇嘛憤怒得可怕，除了他顯然很激烈的言辭之外，還加上粗野的叫聲和手勢，使我們開始想是不是該出面干涉。可是就在爭執到了高潮，庫桑把他的對手刺激得狂怒到不是會對他動手就是會氣炸的地步時，一個沒人照顧的壓力鍋突然炸了開來，時機湊巧得讓我們所有人哄堂大笑。緊張的情勢放鬆了，兩個對手沉默下來，看來滿臉羞愧，和平重新降臨營地。

清晨讓我們意外地看到求嘉喜馬令人摒氣凝神的美景，我們衝過去抓起相機。但令我們失望的是，這美景很快就被霧氣遮沒了。到了七點鐘更什麼都看不見了，這種令人不舒服的潮濕天氣也讓我們再沒有理由多逗留。我們在七點三十分出發，由陡峭的路爬回山嘴的頂上。到了上面，我們很愉快地順著山脊走了好幾個小時。這天的路上我們發現唯一缺失就是濃霧遮擋住周遭，讓我們產生一種奇怪感覺，像被海盜矇住眼睛後在懸垂灰色雲海上空的木板上行走，最後會墜海而死。那些坦巴塘的人都知道到帕奇波哈里要花多少時間，所以一路不住地停下來休息和聊天。我們不耐煩地加以催促，一部分是因爲我們對那天的路程只知道要走很長的路，一部分則是因爲我們坐下來等這些人的時候，很快就覺得好冷。有一次安・朵瑪決定打頭陣，就匆匆往前跑，一個很卡通化的小身影，揹著的東西差不多跟她的身子一般大，卻似乎一點也不讓她感到不便。她像隻小野生動物似在長草和灌木叢中穿行，轉眼又敏捷地爬上岩石。路徑大部分時間都隱默不見，但我們就隨著山脊往前走，有時得用彎刀披荊斬棘地開路。明格馬很不高興地叫著說這條路「Bahut zungle」（太荒涼了）。他告訴我說：且等我們到了帕奇波哈里，從那裡以後的路大得容得下一條犛牛。

有次停下來歇息時，我教安・朵瑪一種我小時候玩的遊戲：「把你嘴巴張開，把你眼睛閉起，看看皇帝爲你送來什麼東西。」這很容易翻譯成尼泊爾話，而這次玩的時候用的是薄荷蛋糕和巧克力。遊戲和吃的都很受歡迎。

最後路線離開了山嘴，轉到下面的山邊。坦巴塘來的人現在對到底該走哪條路的意見頗爲分歧，而由於霧比先前更濃，使我們開始懷疑那天究竟能不能抵達帕奇波哈里。更讓我不敢確定的是，我聽見拉克巴在唸唸有詞；他在前面徐徐前進，而我們跟著他走，他一直在叨唸著什麼：「我找不到路了。不過沒關係。我不會說英語，不過沒關係……。」我想我聽不懂其餘的也好。

「他眞的找不到路了嗎?」我問穆拉里，他再問了一個坦巴塘來的小伙子。

「他們說他老是找不到路的。」他說著，咧嘴一笑。

幸好，另一個坦巴塘的男孩，是個很認眞的人，宣布說他走對了路。這讓我們翻過一道山肩，到了一塊有一條小溪和一座小湖的窪地邊。原來這就是到帕奇波哈里之前會找到的水源，不過離我們前一晚的營地可眞有好長的一段路。我們在窪地邊上停下來吃我們的「口糧」，再下去喝水。水裡長滿了有毛茸茸葉子和長形塊根的植物。雪巴人把那些植物挖出來，剝掉塊根的皮後生吃。他們給了我們一些。那種塊根吃起來像生蕪青，香味則像沒味道的椰子肉。吃一點就可以飽很久，這事雪巴人自己也認同。他們也挖起一種看起來很像蘭花的植物的根，這種他們就曬乾磨成粉當退燒藥。

在這塊窪地裡，我們發現了一個鷓鴣的巢，裡面還有剛生的雛鳥。我們躲起來等母鳥回來。她非常謹愼小心，繞過了鳥巢，再由草下像隻老鼠似偷偷向鳥巢挨近。也難怪如此，因爲安格．坦巴正躲在附近一塊巨石背後很誇張地在以默劇表演賞鳥。一等她跳進巢裡，他馬上就跳了出來，一手捂住巢口，把她關在裡面，以證明她當初早該疑心有外敵。我們忿忿不平地叫他走開，而他吹著口哨，兩手插在口袋裡，像個調皮搗蛋的孩子似走了開去。

我們才從窪地裡出來，就碰上了一陣雨雪和冰雹。又大又猛。這樣的天候和周遭的環境讓我們忍不住想起蘇格蘭的山地。我們四周的鄉野（我們所能看到的）看來很像高沼地，在天氣好的時候一定非常可愛，但在目前的狀況下就很荒涼而討厭了。頂著強風往上奮鬥了一個小時後，我們發現自己置身在帕奇波哈里山脈的頂上。以我們看不了多遠的視線所及，我們是在一片起伏荒地上，一片上面露出點點岩石的高原，有一條依稀的小徑橫越其上，只差沒有石南和泥炭採坑。

我們三個始終走在一起，有時上山的路上會有庫桑、安·朵瑪、穆拉里和拉克巴加入我們，不過很難說到底是誰在帶著誰走。在霧裡，我們和其他人走散了，碰到有岔路時，爲了要找更可靠的人，就叫拉克巴來指出正確的方向。他在我們四處徘徊了一陣子，其間還差點把庫桑給搞丟之後，帶我們走上一條看起來像路的小徑。我們說我們在一塊大石頭底下等其他的人來。胡說，胡說，拉克巴說，他可以帶我們直走到帕奇波哈里。跟我來，他說著走進霧裡。我們留在原地，大聲叫他等一等。一分鐘之後，我們聽到他用哀懇的語氣叫著說他可以**看見**一座「波哈拉」（pokhara，湖泊）了。「那不是太好了嗎？」穆拉里嘲弄地叫著回答他。拉克巴覺得這話深深傷了他的心，回到我們身邊。不久之後，其他的人由霧中出現，所有人一起往前走，拉克巴眞的讓我們走上了對的路，但也眞的並沒有見到一座「波哈拉」。這條路讓我們爬上一處鞍形山坳，那裡還立著一座石標；等到我們從另一邊往下走的時候，才看到了湖水。最後我們終於進入帕奇波哈里盆地，裡面躺著那五座被尼泊爾印度教徒獻給濕婆神的聖湖。

那些雪巴人發出勝利的呼聲，開始往山下跑，只偶爾停下來撿樹枝和柴火。霧濃到我們一路跑著，突然發現已經到了第一座湖的湖邊。這眞是令人興奮的一刻。

我們在兩湖之間一塊隆起的草地上紮營，然後大家四散出去找柴火。到了下午，霧散了，太陽也出來了。我們發現帕奇波哈里非常值得等待，想像一個盆地，邊緣有一圈危岩峭壁，中間是五座一致美不勝收的小湖（loch），湖與湖之間則是綠色和長滿草的小丘。我用了「loch」❷這個字，是因爲這整個地方有一點像蘇格蘭的高地。貝蒂說她一看到這裡，耳邊就響起了風笛聲。

艾芙蓮和我去找明格馬，他把望遠鏡拿去觀測我們明天要走的路線。我們發現自己置身於就是發源於這五座湖泊的印德拉瓦提河上方，也可從西北方看到瑙林山。我們的路往南順著一條與瑙林山交會的山脊走，從我們所站的地方可以一直看到我們的下一個宿營地，是遠處的一小塊綠地，坦巴塘的人說那裡找得到水。這個問題解決之後，我們出發去找那間小小濕婆「廟」，那是一個用石頭砌成的小神龕，四周是一堆堆象徵這個神的鐵三叉戟，全是虔誠的朝聖香客在每年七月慶典時拿來的，那時候瑙林山上一定會有水的。信印度教的穆拉里和一個應該是佛教徒但似乎覺得「見神就拜」比較聰明的雪巴人，開始以順時鐘的方向繞神龕跳起舞來。艾芙蓮也跟著跳，我則在一旁饒有興味地看著。等到她轉了半圈之後，我說：「濕婆是司生育的神，妳知道，女人希望能懷孕的就像妳這樣繞著廟跳舞。」艾芙蓮警覺地停了下來，很快地朝相反的方向跳回去。「快來，」她說：「我得解除這個符咒，我們要以反時鐘方向繞過整個帕奇波哈里，來確保我們解了咒語。」她以飛快的速度出發，我也跟了去，以防萬一和濕婆神起爭論時，我可以當個證人。不過，我們想祂應該能被我們這麼快的反向動作說服吧。要繞過五座湖可眞是一條很長的路，等我們繞完這一趟路，濃霧又將我們包圍了。

那天夜裡，我們在銀鬃帳棚裡談了很久，我們的興致隨著我們高度的變化穩定上揚，而這是我們離開朋巴塞瑞布後最快樂的一晚。

注：我們經由帕奇波哈里的回程路線請參閱第三十八頁的地圖。

【注釋】

❶Cottage cheese，一種用脫脂酸牛乳所製成的白色軟乾酪。

❷loch：蘇格蘭語中的「湖」。「小湖」則稱爲「lochen」。文中曾多次使用，但因並未特別強調所以使用這些字眼的原因，爲顧及行文流暢，並未特別譯出或加注。

第十七章　邪惡的酒

第二天早上冷到我帳棚上前一天碰到水的拉鍊都結凍，害我要出來都很困難。天氣很晴朗，也有太陽，但有些看來可疑的雲卻已經開始出現在盆地邊緣。貝蒂、艾芙蓮和我不等吃早餐就很快地穿好衣服，出發到「山坳」的石標那裡去照相。我們非常希望能看到求嘉喜馬的全景，而能與這條山脈近到可以證實我們在那裡探險所得到的一切印象。我先往前面跑，因爲我覺得雲一定會起得很快。在山坳不可能看到那條山脈，於是我繞過盆地邊緣的頂上，最後到了一個可以清楚看見求嘉喜馬的地方。不幸的是，群山已經被雲層遮擋住了。我還是拍了一些照片，可是完全沒有用心，而結果當然不好。然後我慢慢地下山回到營地裡，因爲太想念那些山而不想和別人談到它們。等貝蒂和艾芙蓮也到了那同一地點時，她們很聰明地等著，希望雲能移動得足夠讓她們拍下一些値得一看的照片。結果這種事果然發生了，好些相當不錯的求嘉的照片，以及一、兩張極好的帕奇波哈里的照片，讓她們的等待得到了報償。不過就那天所能看到的來說，我們對求嘉也不會再有什麼新的資料了。

在我們的要求之下，一頂小帳棚架了起來當浴室。我們輪流在裡面洗澡，換上更適合在溫暖氣候中走回加德滿都時穿的衣服。這也就是說要脫下我們珍貴的網眼背心，那等於是我們第二層皮膚的東西。當我收捲起我的網眼背心，嘆了口氣把它塞進行囊時，我覺得自己好像脫了層皮似地。洗得乾乾淨淨出來後，我們到最大的「波哈拉」（pokhara，湖泊）去洗頭髮。那裡眞是冷得可怕，冷到讓我們暫時得了神經痛，還好治療後就痊癒了。治療的方法是一頓豐盛的早餐──乳酪杏粒蛋、洋芋、餅乾和果醬。

我們知道那些雪巴人有到處坐下來休息的習慣，就派他們先走，只有明格馬、穆拉里、倪馬喇嘛和巴尤跟我們在一起。到了大約十點一刻左右，我們才不情不願地離開，因爲帕奇波哈里是一個極爲迷人的地方，很難輕易離開。我們走的是那條「大得容得下一條犛牛」的路，而我們得到的結論是明格馬的犛牛想必比大部分同類敏捷得多。那條路一開始就是一段向下的長長陡坡，實在叫人氣餒，因爲我們可以看見昌沙馬浦山就在前面，看來相當高，而我們知道下一個營地就在那半山腰上。走了將近一個鐘點之後，我們趕上了其他人，他們正擺出各自最喜歡的休閒姿勢，然後所有人一起繼續前行。起先我們在濃霧裡走在山邊，但後來霧散了，於是我們那天非常舒服地沿著一道狹窄的山脊走，右手邊是印德拉瓦提河的河谷，左手則是巴利比河的河谷。山邊長滿了灌木類杜鵑花，全都盛開著花朵。穆拉里和我莫名其妙地大把大把地摘著，其實我們明知道那些花都不能持久。我們只是難以抗拒那不尋常的奼紫嫣紅，或是純白的花朵。到了下午四、五點鐘，我們到了一條綠色的草地，倪馬喇嘛說那就是我們的營地。明格馬離開去找水，而我們所有人都很焦急地等著。我們知道在這樣熱的天氣裡，到瑙林山的山頂找水恐怕是件要碰運氣的事，若不是坦巴塘的雪巴人告訴我們說他們知道在那裡能找到永久的水泉的話，我們就不會轉上這條路來。

一連串尖利的口哨聲傳來，通告我們對雪巴人的信心得到證明──至少到目前是如此。

明格馬找到了一條溪流。那溪水離這塊開闊的草地很遠，所以我們過去找明格馬，把營紮在杜鵑林裡一處很怡人的坡地上。溪裡的水很多——甚至還有一落小瀑布——而且柴火多得我們用不完。貝蒂和我開始用她說是法國貴族在凡爾賽宮裡擠牛奶的態度去撿樹枝，那是個消磨時間的好方法，但實在並無必要，因爲到處都能隨手撿到柴火。

那天晚上我們生了一堆大火，圍坐在火邊，就連雨從樹葉間落下來，在火中發出滋滋的聲音時也沒動。

第二天早上很暖和，這麼多個禮拜以來，我們第一次沒有反對爬出睡袋。倪馬喇嘛再次在前帶路，我們跟著他爬上去，穿過樹林，越過昌沙馬浦的山肩。有時我們可以穿透樹間看到求嘉喜馬的美景，可是，等我們到達開闊的山邊時，那裡卻又被雲遮住了。不過在這段路上，我們還是比回程途中其他任何地方知道更多有關求嘉與朗坦以及高力山卡喜馬之間關係的資料。

我們現在到了瑙林山，在陽光下一整天走在高度三千公尺左右的山脊上，讓我們大爲享受。我們的路上長滿花朵，最常見的是一種相當大、帶有矢車菊藍色的雛菊。在一次停下來休息的時候，我開始做一個雛菊花環，結果很意外地發現這是雪巴小孩子不會做的東西。至少，我們所有的雪巴人，不論是來自索拉孔布或坦巴塘，都大感興趣，而那天稍後做花環成了一種流行。就連明格馬也做了一個，雖說是爲了幫我的忙，想把花環加到我做的裡面。安格．坦巴向來是從來不顧什麼面子問題的，他全心投入這個新的風靡活動，把一串串花環掛在脖子、耳朵、帽子上和扣洞裡，最後讓他看起來像是尼斯[1]嘉年華會的殘存廢棄物。

等我們聽說下一個營地完全沒有水之後，我們快樂的情緒開始消退。沒關係，倪馬喇嘛說，另外有一個地方，只要再往前走兩個鐘頭，那裡一向都有水的。就在這時候，我們遇到幾個從下面山邊小村子來的村民，剛在樹林裡砍了柴出來。詢問之下，他們對我們想在路上找水的想法嗤之以鼻。我們的心沉了下去，可是我們沒有別的辦法，只有繼續走下去，抱著最好的希望。

等我們到了那裡，才看到那個營地毫無吸引力。在一個光禿的山邊立著兩間給進香客休息的無頂長棚，約一公里外的路邊有個地方，那裡有幾杯泥水從斜坡滲出來後流進一個大如湯盤的洞裡。這就是我們的水源，就連最樂觀的雪巴人也不能不承認的確不夠給我們這麼大一隊人馬使用。每個人都馬上開始覺得口渴。

第一件事就是要看看這水泉能有多少水。我們把水舀乾，加以分配，結果每人大約可以分到四分之一杯，還沒水煮飯。那些雪巴人一面生氣一面抱怨地把帳棚搭好。他們把帳棚搭在長棚裡，雖然至少我對這個主意完全不喜歡，可是我實在沮喪得不想爭吵。整體來說，所有的人精神都陷於低潮。

然而，我們之中還是有一個人能由我們的困境中找出一些娛樂來。安格．坦巴最喜歡的就是碰上一些小災難。當然不是什麼嚴重的事，只是會讓大家都有幾分狼狽的意外事件。在這次的情況下，他來到我們的帳棚前面，發現三位女士因爲沒別的事好做，正悶悶不樂地吮著煮過的甜食。他飛快地把「餐桌」放上，擺上杯子、碟子、餅乾、沙丁魚和果醬，再從不同的口袋裡取出了刀子、湯匙和叉子，就像平時我們進餐時那樣。然後他挺直身子，用他平常連著問「茶？咖啡？」等等的相同聲音宣布道：「女士們，沒茶！沒咖啡！沒橘子水！沒好力克！沒沙鍋肉湯！沒可可！」他還沒說完，這個情況的有趣已經讓他自己忍不住拍著大腿笑到眼淚直流。他這種幽默大有傳染性，我們也不自禁覺得好笑而和他一塊大笑起來。親愛的安格・坦巴！

雪巴人不輕易接受失敗，坦巴塘來的人只要有辦法就不想沒吃到米飯就睡覺。他們有些人動身往山下去找個村子，最後在將近三公里外找到了。他們在那裡裝滿一罐水，得意地回來。明格馬看到後，馬上派巴尤下去，不僅帶著我們最大的一只裝水罐，還帶了個熱水瓶；這兩個容器他都裝滿了回來，讓大家既高興又感激，還鬆了口氣。他也帶回來一隻青蛙，藏在一只小鐵罐子裡，請我打開，毫無疑問是想逗引出能讓他們過癮的反應。可是，我喜歡青蛙，所以他們根本沒讓我的表情產生任何變化。況且我早有心理準備，反倒是他們大感意外。貝蒂和艾芙蓮也同樣毫不在乎，結果巴尤把那可憐的小動物拿來拿去，唯一讓他的玩笑眞正成功的人就是安・朵瑪，她邊發出一聲尖叫邊往後跑，眞是丟了她同性的臉。

到了早上，艾芙蓮和我被貝蒂的驚歎聲驚醒，走出帳棚後，一幅壯麗美景展現眼前。整個求嘉和朗坦喜馬懸在昌沙馬浦峰頂上的空中，像是一條極其壯觀的帶狀雕刻裝飾。我們拍了照片，彼此討論，還相互指出一些地標。我們甚至可以看到我們攀登過的那座山，像一個小泡泡出現在多吉拉克帕山和大白峰的後面。對大白峰，我們是愛恨交織，好像貝蒂所說的，是一種「déclassé」（落魄的）不良關係。

那天很晴朗，大部分的時間裡走得非常愉快，但到了下午瑙林山的海拔高度驟降，斜向奧克雷尼，就開始熱得很不舒服。我們朝坦巴塘前進時所搭建的三號營地，就在奧克雷尼這座雪巴人村落附近，再過去我們就往東轉向巴利比河了。等我們走到看得見那個村莊的地方，明格馬一副另有目的的樣貌往前衝去，身後還跟著其他雪巴人。他打算先去搭帳棚和燒茶嗎？不是的，他是急著要去喝青稞酒。我們三人帶著穆拉里穿過了村莊，再走過一長條杜鵑林，很高興地看到好幾條湍急溪流，然後我們到了上次做爲我們營地的那塊「maidan」（草地）。在那裡，被除了忠心的穆拉里之外所有人拋棄的我們，坐等了兩個多小時。我們原本就知道會等上一段時間，因爲沒有理由不讓那些雪巴人略事休息，但這有點過分了。好不容易，我們的雪巴腳伕領班終於抵達，他忙不迭向我們解釋說他一直在設法聚攏那些脫隊的人，否則他們現在還在酒鋪裡。他說得飛快，想讓三位不高興的女士覺得他做對了。我們也沒有那麼容易軟化，儘管若非我們又熱又渴又生氣的話，那個場面倒眞會讓我們覺得滑稽得不得了。

在雪巴人的建議下，我們移到更高的一處草地，那裡比較涼爽。結果這個地方變成了當地的皮卡迪利廣場❷。村民從山坡上回家時不停地從營地裡穿過，他們揹著成綑的樹枝、草和葉子，前面還趕著牛羊。男人、女人和小孩停下來看我們，他們的牲口就在營地裡自由走動。簡直是一團混亂。有羊群纏在支索上，有小嬰兒爬進了帳棚，還有水牛在喝湯。狗在叫，微醺的雪巴挑伕盡力地對那些入侵者揮動手臂，而所有的東西都罩了層灰。派去把這群觀眾趕得遠一點的庫桑把他們排了隊，還對他們發表了一篇演說，大意是說他是從索拉孔布來的雪巴人，而那個地方的男人都是男子漢，也善於登山。我們從他的手勢猜想他接下來是在說，這趟路遭遇很多可怕的冰川和高峰，多虧了他和他的同事才平安歸來。現場不時響起喝倒采的聲音，還夾雜著一些評語，毫無疑問的是「說給鬼聽才會相信」之類的尼泊爾話。整個狀況之可笑和庫桑之滑稽，讓我們忍俊不住地大笑起來。

看到我們放鬆了緊張情緒又變得可親近後，明格馬就挨了過來。那些坦巴塘的人——他說著，還很誇張地聳了下肩膀，以表示自己和他們不同——正在抱怨說他們的腳底板被地上的熱氣燙傷了。他們想大清早就啓程，走到中午爲止，不再走了。我們同意嗎？我們當然同意，我們對他說，只要他們肯同意不停地往前走，而不讓我們後來又等上好幾個鐘頭。明格馬顯然沒想到我們這麼快就一口答應，就咧開大嘴來笑著說，等他告訴那些坦巴塘來的人說他們的建議已被接受之後，他們一定會非常高興的。然後我們決定清早四點起床，五點半以前上路。

那天晚上眞可怕，那些雪巴人顯然還帶了不少青稞酒上來，因爲他們又喊又叫地鬧過了半夜，而有隻被惹毛的狗更是又吠又叫地吵到凌晨時分。我們醒著躺在那裡想，還好我們手裡沒有槍，否則那隻狗大概是第一個被幹掉的，不過很難說一旦開了殺戒，會不會就此打住。結果我們只能咬牙切齒地咒罵所有不照正常時間作息還吵到別人的人和狗。四點鐘到了，讓我們覺得終於得到解脫。我們起床後很快地穿好衣服，急著離開這令人生氣的營地。五點剛過就全體啓程，在早晨的清涼中緩步前行，看初升旭日照著地平線上的峰頂，眞是非常愉快。

我們八點鐘就到了納瓦坡，對我們的進度和這種早起的新制度非常滿意。但是在這裡我們又碰到了挫折。那些坦巴塘的雪巴人要在村子裡停下來，準備他們回程用的糧食。也許眞是這個原因，但我們很快就注意到他們停下來另有原因，那些原因更爲緊急，和邪惡的青稞酒脫不了關係。我們的挑伕一個個地溜走，都盡量不動聲色地消失在酒舖裡。納瓦坡不是一個特別清爽的地方，那裡的居民看到我們也並不會特別高興。我們已經習慣於在尼泊爾境內不論到哪裡都大受歡迎，所以這種冷淡幾乎讓人覺得受到輕視。我們彼此跟對方說我們現在碰到的是些善於世故的人，大概早已見過外國人，但並不能眞正讓我們得到安慰。我們已經被寵壞了。

我們坐了大概有一個多鐘頭，其間太陽開始變得非常熱，明格馬也來了兩趟，替坦巴塘的雪巴人請求我們再寬限個「五分鐘」。之後，我們終於下達了最後通牒。我們準備往下到印德拉瓦提河去，要是所有人不盡快到那裡和我們會合的話，我們就要眞正生氣了。說了這番不怎麼有說服力的威脅後，我們召集了穆拉里、庫桑、齊皮拉、安．朵瑪，還有一、兩個不知是因爲職責所在還是（更可能）阮囊羞澀的挑伕，非常生氣地走出了納瓦坡。這回不再搞什麼不用渡船的那一套。我們問淸楚渡船的位置，取道最快的路下山，來到擺渡來往最頻繁的那段河道。半路上，明格馬、安格．坦巴和其他幾個雪巴人趕了上來，剩下的也在後面不遠的地方。我們希望是我們的果斷行動感動了他們。

到這時候，火熱的太陽又把堅硬的石頭地曬得發燙，再一次傷了坦巴塘雪巴人的光腳板。他們住在從來不曾眞正熱過的高山上，而且一向來往於長著草或青苔的路上，不像住在低一點的山上或山谷裡的村民那樣習慣於熱天。他們眞的很痛苦，尤其是走過印德拉瓦提河河床上烤得火燙的白沙。我們很想說「早跟你們說了吧」，但還是勉強忍住了。渡船是一艘獨木舟，由兩個人操作，用長篙很靈巧地把船撐過湍急河水。等到了對面，還是需要涉水而過，或是在石頭上跳來跳去，才能上達岸上。因爲這艘船連人帶貨一趟只容得下四個人，所以等我們所有的人員都到對岸會齊，花掉不少時間。坦巴塘的雪巴人馬上揹起他們的東西，朝最近的一座村子走去，好像是被一根隱形的繩子拉了過去似的。現在已經中午，我們準備信守我們這方面的承諾紮營，可是不在村子旁邊。我們在河那邊的時候就看到一棵大樹，在這一帶空曠的地方顯得十分醒目，大約在離村子再往下游一公里半的地方。我們指給明格馬、倪馬喇嘛和其他人看，認爲那是個好營地，他們也同意了。可是現在看來那橫攔在路當中就如誘惑化身的村子很可能成爲另一個納瓦坡。「聽好，」我對明格馬說：「我們不在村子裡停留，把這話告訴他們。」「是，女士。」他回答道，一面絕望地東張西望。他當然會這樣，因爲沒有人在聽他說話，全都跑進酒鋪裡去了。我明白可憐的明格馬對那些坦巴塘人的控制力比我們想像中還不如，他說他的，他們還是愛怎麼做就怎麼做。我們繼續朝那座村子走去，穆拉里讓大家稍微分了心，因爲他在過印德拉瓦提河的一條小支流時，一不小心整個人穿得整整齊齊地掉進水裡。

一穿過村子，貝蒂、艾芙蓮和我就停了下來。現在只剩我們三個人，還有一群蒼蠅，要是我們繼續往前走的話，我們很可能又得像在奧克雷尼那樣等上一、兩個鐘點。要是我們留在原地，就可能重演在納瓦坡發生的舊事，至少忍受一個小時這種惡劣狀況。看來我們天不亮就起床根本毫無意義。這種不公平的事讓我無法忍受，我決定很強硬地向那些雪巴人說清楚這件事。跟其他兩人說過我馬上回來後，我回到村子裡。坦巴塘的雪巴人全坐在一間酒鋪裡，絲毫不爲所動地看著說個不停的穆拉里。去買雞蛋和洋芋的明格馬以及其他雪巴腳伕都不見蹤影。穆拉里看到我，鬆了口氣。「他們不肯來，女士。」他擦著額頭上的汗說：「他們說他們的腳酸了。」

「我說，」我用非難的眼光看著那些雪巴人，語氣堅定地說：「告訴他們，我們之所以同意四點鐘起床，是因為我們為他們的腳感到難過。告訴他們，如果他們情願整個晚上走路、整個白天睡覺的話，我們也願意這樣做，可是問問他們，我們犧牲睡眠只為他們可以坐在這裡喝青稞酒喝到地上燙得沒法走路，這樣公平嗎？告訴他們，他們不能魚與熊掌兼而得之。」

就像印度斯坦語，我懂的尼泊爾語夠讓我跟上穆拉里所翻譯的每一句話。他的翻譯相當貼近原意；當他說完後，我摒住呼吸，等著看這番話對這些雪巴人會起什麼作用。他們盯著我看了一會兒，然後抬起眉毛看了看彼此。接下來的情況讓我大為滿意。笑容在他們臉上展開，他們點點頭，站了起來。這是一番很講道理的話，而他們是講道理的人。他們會過來。我不想冒險，就一路陪著他們走到大樹那邊，到了後再熱心地分遞給他們圓圓的葡萄糖片。

這個地處印德拉瓦提河上方的營地有很多缺點。這裡太靠近到加德滿都去的路，所以我們隨時都被旁觀者包圍，問問題，討香菸，還改正我們對地名的發音。有好多的蒼蠅，夜裡則有蚊子。但這裡有一個最大的優點足可抵銷那一切——就是這條河。沒過多久，雪巴人就開始三三兩兩地往下走到附近的水塘去，從索拉孔布來的那些人更帶著肥皂和毛巾等等文明產物。貝蒂、艾芙蓮、安·朵瑪和我很難找到隱秘所，只得走上好長一段路。等我們找到很合適的河段，我們洗了頭髮，然後走到水裡像水牛般躺著，只把鼻子露出水面。我說的是三位女士，至於安·朵瑪，因爲沒有游泳衣，並沒有把全身打濕，不過還是好好地梳洗了一番。順便一提的是，游泳衣是一定需要的，因爲此地所謂的隱私只是相對的。人們好奇地打量著我們，但很有禮貌地等我們穿好衣服正梳理頭髮時，才蜂擁上來問問題。

我們回到了營地，吃了一頓因爲有烤雞而令人難忘的餐點。到現在，我們好像差不多吃光了可當主菜的所有東西，只剩下肉條。這種東西好像永遠源源不絕，我們卻希望再也不要吃到。那隻雞很小，肉卻很老，但和肉條比起來，著實是大餐呀。

那天夜裡艾芙蓮和我又去游泳，想讓自己涼快些好過夜。我們下去的那個水塘有點氣味，可是我們早就不那麼挑剔了。只要能浸泡在水裡就夠了。

隔天早上我們四點半起床，面臨讓人不舒服的一天。我們現在得越過最後的一道大山脊，也就是在印德拉瓦提河河谷和加德滿都山谷之間的分水嶺。我們沿著一條溪流走了一段時間，然後從一個山嘴往上爬呀爬得爬了幾個鐘頭。我們一直往上爬，天也就變得相當熱，不過還沒熱到不能忍受的程度。最後我們來到了山嘴的頂上，看到我們去時的一號營地所在。經過這裡之後，路就不再陡峭，不過仍然塵土滿布，又沒遮蔭。我們來到一座大村莊，挑扶們停下來進食、暢飲青稞酒。我對倪馬喇嘛說：「答應我不要太久，不要超過半個鐘頭。」然後掏出錶把半個小時的長短指給他看。他點了點頭，微笑著表示同意。我們三位女士繼續往前走，然後在路上一處正好能看到酒鋪後院的地方歇停。我們可以很清楚地看到那些雪巴人正大吃大喝，心裡其實挺羨慕。可是這裡和雪巴人群居的地方不一樣，這些山下的尼泊爾村落非常骯髒，我們可不想在最後一刻壞了我們良好健康的紀錄。

等到半小時過去，我們看到明格馬叫著「走！走！走！」想讓那些人起身，卻毫無成效。我希望能複製前一天的成功，就跑回去繞到那間酒鋪的院子裡。那是個很骯髒的地方，整個門廊上滿是一池池青稞酒，一個睡著的嬰兒躺在其間，蒼蠅麇集在他的眼睛和鼻孔上。那些人都在喝著用米釀的啤酒，酒濃得有如粥般，大概也很營養。他們請我喝酒，我很老實地說我不敢喝，因爲胃會不舒服。然後我提醒倪馬喇嘛他答應過我的事。那些坦巴塘的人像綿羊般馴服地站了起來，揹上他們的東西。我眞想擁抱他們，不過我敢說明格馬在這件事上連正眼也不看我一下。他是個很忠厚的人，不喜歡到處推卸責任，而我想坦巴塘人那種很幽默的特立獨行是他始料未及的。我們看得出他有時害怕萬一逼得太過，他們會卸下東西就此打道回府。他們有時也眞的很氣人。有一回我們已經準備好出發，我們的雪巴腳伕也都站了起來叫著「走！走！走！」時，我看到一名坦巴塘的小伙子故意掏出根香菸來點上。「我們還沒準備好要走呢，」他假笑著說：「你沒看到我們在抽菸嗎？」不過，似乎沉下氣來好好跟他們說理，他們是會瞭解和尊重的。

我們蹣跚地不斷往前走，經過很多村落以及毫無遮蔭的玉米梯田，但到處找不到可能宿營的地點。這時候，分水嶺山頂那塊未經開墾、滿布矮草和荊棘、像公園似的台地已經遠遠在目，我們滿懷渴望地想著不知道自己能否說服那些雪巴人走到那麼遠的地方去。我試探地問倪馬喇嘛說他認爲我們能不能在那裡找到水，而如果可以的話，那裡會不會是個很好的營地呢？讓我既意外又高興的是，他說那裡的確可以找到很好的水源，而且那裡會是個很理想的宿營地點。所以，又停了幾站暢飲青稞酒後（我們沒有表示異議，因爲我們已經贏得對方的認可要一直走到那塊未開墾地，雖然現在已經過了正午），我們終於到了那處怡人的山頂，遠離群眾和村落，把帳棚架設在一條清澈溪流附近的一座圓丘上。這個營地和朋巴塞瑞布或帕奇波哈里比起來，就好像倫敦郊區的自然保留公園漢普斯特荒原（Hampstead Heath）和蘇格蘭的蘭諾克沼地（Rannoch Moor）相比那樣，可是那裡平靜而安寧，而且有陣陣涼風。那天下午，我們把銀鬃帳棚的邊帳捲起，懶散地躺在陰影裡。

那天還有一件事必須先解決。第二天我們會抵達山庫鎮，我們不想發現自己停在大廣場上被人盯著看，而那些雪巴人則在解他們的渴。我們也不想自顧自地往前走，把我們的雪巴人（當然還有我們的一切配備）留在後面。我們決定由我來召開一次管理階層的會議。因此，我找來了明格馬、穆拉里和倪馬喇嘛。可是如果我以爲這是和三巨頭開的秘密會議的話，那我就大錯特錯了。在民主的雪巴是沒有階級與高下之分的，我們之中也沒有任何人喜歡被分級歸類。他們一看到那幾個委員會的人被叫到一邊，馬上像要吃米的小雞似全趕過來看發生了什麼事。更甚者，他們不是來看熱鬧的，而是積極參與會議的一員。我無可奈何地承認現在是公開的大會，就通過穆拉里的翻譯把我們對山庫鎮的擔慮說明一番。他們都一本正經且深表同情地點著頭，還喃喃說道：「很有道理，很對。」我受到鼓舞，就繼續說我們的希望是這個探險隊的所有成員先一起在山庫鎮外集合，然後全體一步也不停地直接穿過那座小鎮。穆拉里用尼泊爾語把所有內容說過一遍之後，明格馬又以雪巴語重覆了一次，然後我再以印度斯坦語說了一回。那些好心的雪巴人因爲我對他們如此推心置腹而大爲歡喜，還多多少少來拍拍我的背，向我保證說一切都會很順利。他們會親自注意這件事，不讓任何人在山庫瞪著我們三位女士瞧。

他們信守承諾。第二天早上，當我們從分水嶺靠加德滿都這邊下來時，原先打前鋒的人馬都停了下來，因爲山庫已經在望，得等所有脫隊的人到齊。隊伍等待時，我拍了一些照片，照的是明格馬、齊皮拉和安·朵瑪，每個人都在他們朋友表示欣賞的笑聲中戴著我的帽子入鏡。這頂帽子像是用棉布縫成的一塊豬肉派，顏色是很不搭的卡其色，對我來說在大熱天走山路時相當好用。雪巴腳伕們都覺得那頂帽子很滑稽，當然是很滑稽，可是我沒想到這也是他們很想要的東西。前一天，貝蒂幫每個人拍照的時候，安格·坦巴就要求戴上那頂帽子照相。我們當時還以爲是在開玩笑，也很可能眞的在開玩笑，因爲那頂帽子他戴太小了，可是等我們到了加德滿都，他居然去買了一頂一式一樣的帽子，讓他看來一副專門詐騙的城裡人可怕模樣。我們很高興看到他後來把那頂帽子送給了庫桑。不管哪種帽子，庫桑戴起來都還是那副老實單純的樣子。

我們現在準備好通過山庫了。我們揹好東西，緊靠在一起以快步朝鎮上走去。看到整支蘇格蘭婦女喜馬拉雅探險隊像一隻被燙傷的貓似從街上直竄而過，既不左顧又不右盼，各自忙著日常生活瑣事的居民都驚得呆住了。這就是所謂「這是個探險隊——如此而已」。因爲不到幾分鐘，我們就出了那座小鎮，衝下一條往加德滿都去的大路。唯一的例外是庫桑，他高度死守「兩眼看前面」的規定到沒注意其他人已經轉上另一條橫街，反而一路直走下去。我們事後常常想到，要是艾芙蓮沒有看到他走丟而去把他救回來的話，他最後到底會走到哪裡去。

大約出了鎮上一公里半左右，我們來到一個地方，那段安靜的小路旁有很多尤加利樹遮蔭。雪巴腳伕們停了下來。「我們可以在這裡歇腳嗎？」他們問道。「當然可以，」我們親切地說，對我們通過山庫的計畫執行成功而深感高興。他們把揹著的東西放下，我們大家都坐在樹蔭下。「妳們很舒服嗎？」有人問我們。我們說是的。「那就好，」他們很討好地說：「因爲現在我們要回山庫去了，不會去太久的。」貝蒂、艾芙蓮和我彼此看著，說不出話來。然後，我們感受到這個狀況的幽默性而開始大笑起來。那些雪巴人信守承諾，把我們放在一個安靜而舒服的地方，又沒有人盯著我們瞧。那他們爲什麼不能去喝杯酒呢？我們請他們不要超過半小時，然後和留下來陪我們的明格馬和穆拉里一起愉快地度過了這段時間。我們沒有想到的是，其他的人眞的在半個小時內回來了。我們坦巴塘的惡棍都是言而有信的君子。

到離加德滿都還有十公里左右的地方，我們停在最後一處可能的營地上，是一座村莊外一塊草已經被吃得差不多的草地。我們的確可以繼續往前走，在當夜抵達那個首都城市，可是因爲種種原因（包括我們害怕會碰到記者），我們一直忍住不預先發布我們要回來的消息。我們寧願在早上，而不是晚上抵達城裡。於是帳棚又再搭了最後一次，我們也最後一次和那些雪巴人一起圍坐在營火四周。我們決定把剩下來的牛奶、糖和咖啡粉一起用光，請所有人喝咖啡吃餅乾。向來連最無趣的時候也能營造出派對氣氛來的雪巴人玩得很開心。他們邊喝咖啡邊大聲咂嘴、賽跑，並在火邊唱歌跳舞直到深夜。村子裡的居民，尤其是小孩子們，想必把我們當馬戲團看待，他們全跑出來看，還大聲喝采。

因爲四周有那麼多人，明格馬開始爲錢箱擔憂起來。他把錢箱搬來給我，請我在夜裡保管，因爲我一個人住在一頂高山用帳棚裡，可以整個關閉起來。「要是夜裡有人想來搶的話，就大聲叫。」他離開我回雪巴腳伕帳棚時一副有不祥預感似說道。我說我會的，然後很得意地找出我那把又好又大的帶鞘刀，那把刀到目前爲止除了切沙丁魚之外還沒扮演過其他更戲劇化的角色。我把刀放在手邊，準備爲保護我們的現金而浴血奮戰。但是，我整晚睡得熟到如果眞有賊人來的話，大概錢箱連帶我的刀子都能拿走。

到了早上，所有熟悉的配備都最後一次收拾妥當，然後我們出發走這次旅程的最後一段路。安．朵瑪大受我們就要分離的影響，一路抓住貝蒂的手，一直抓到加德滿都。她們兩個併排走在一起，高高的貝蒂和小小的安．朵瑪，構成相當動人的畫面。

我們所走的那條路要經過布達拉宮，我們很快就遠遠望見這建築，這大寺廟則用那對畫出來的巨大眼睛令人不舒服地催眠似瞪視著我們。等我們到了寺廟外面的大門附近，雪巴人停下來買吃的。爲了避免我們一停下來就會引來人群圍觀，我們走進內院四處逛逛，看著那些轉經輪和繞著內院四壁的雕刻。就在這時候齊尼喇嘛把頭伸出窗外，看到了我們，就請我們進去用早餐。我們很高興能接受他的招待，而且又一次能和他那位活潑爽朗的女兒愉快地交談。等我們看到我們的人開始在院子裡聚集時，就表達多次謝意後告辭，下去找他們。在明格馬身邊站著一個陌生的雪巴腳伕，他對我很有禮貌地行著額手禮。我心不在焉地和他打了個招呼，沒有怎麼注意他，只聽到他說：「女士，妳不認得我了嗎？」我仔細看了看，原來是年輕的拉克帕．吉爾布（Lakpa Gyelbu），他曾經和我在錫金一起爬過山。他現在已經長大成人，我幾乎認不出他來。可是我見到他覺得很高興，因爲他那時是我的專用腳伕。我們握了手，交換一下老朋友的新聞。

到這時候，所有人都已經興高采烈、滿嘴酒味地集合在一起。在離開寺院前，他們要先走一圈，推動轉經輪。我們開始跟著做，嘴裡唸著：「唵嘛呢叭囉吽。」「這就對了，女士，」庫桑高興地說：「照我的做法做。」步伐越走越快，最後我們全繞著圈子衝，像發狂似快速旋轉著轉經輪。「妳覺不覺得，」貝蒂在我耳邊喘著問道：「這有點不恭敬？」我不是個佛教徒，沒辦法給她答案，可是好像沒有任何雪巴人有這種想法。

最後宗教上的需求似乎滿足了，我們揹起背包，再出發進城。我們走到一條十字路口時，穆拉里指著一邊說這條路比較快，但明格馬堅持說另一條才快。兩個人都互不相讓，一時之間我們似乎遭遇相持不下的局面。然後全隊人馬開始分邊，各人準備跟隨選定的領隊。穆拉里的這組包括我們這三位女士在內，沉靜地一直走到看不到明格馬和他那群人的地方，然後一起拔足狂奔。你知道的嘛，我們必須證明我們是對的。當然另外一隊人也想到同樣的念頭，而由於兩條路其實距離相等，最後變成了兩隊賽跑。我們到達了那兩條路的交會處，恰好另一隊也衝了過來，兩隊人馬在叫喊、嘲弄和笑聲中混在一起。我們進入加德滿都的模樣也許不太莊重，但至少很開心。

付錢給當天下午合約期滿的坦巴塘人（我們和雪巴腳伕們的道別還不必這麼快）的過程，恐怕是喜馬拉雅登山史上前所未有的情況。付錢的地方是一個大房間，裡面有一張乒乓球桌。雪巴人要求我們說明球桌的用法。我們示範了一回，讓他們非常高興，不久就發現我們被捲進一場非常喧鬧的乒乓球賽中，十四個雪巴人輪流擊球。他們全神貫注於這個新玩具，全無心收薪餉，結果也就沒什麼爭執。

到了他們要離開的時候，我們眞的很難過，我想他們也一樣。倪馬喇嘛，那個老好人，用兩手握住我們的手，眼裡含著淚水。坦巴塘沒有郵政服務，沒有任何辦法傳信息給這些友善的人。至於我們的雪巴腳伕們就不一樣了——我們隨時可以寫信到大吉嶺給他們，最後信一定會送到他們手裡，就連在索拉孔布也一樣；事實上，大家已經交換過地址，我們希望將來再和他們一起爬山。穆拉里當然更容易連絡。可是，除非有奇蹟出現讓我們過幾年能再回到求嘉喜馬，否則我們和坦巴塘的朋友們此去就是永別了。當我們付錢的時候，旅館的經理走了進來，拿著一張我們出發前某人幫我們三個拍的照片。那些雪巴人撲過去搶來，在認出誰是誰的驚歎聲中傳來傳去。等傳到譚興喇嘛手裡時，他把照片放進了口袋。「這個我留著。」他說。經理抗議說那是他的東西，可是他還是花了一番力氣才把照片拿回去，「可是，女士，」譚興喇嘛一副傷心的樣子叫道：「我想把照片釘在我家牆上呢。」「妳們能不能也給我們一些照片？」其他的人問道。我們眞希望能給，可是我們沒有照片可給。後來我們彼此恭喜。我們回到文明世界時也許看來很骯髒，憔悴而消瘦，頭髮都直了，臉上也被曬傷——可是，天啦，我們還眞的是「剪貼女郎」❸呢！

剩下只有很少幾件事要說了。我們並沒有完成什麼壯舉，可是話說回來，我們那麼小一組人馬，本來也就從來沒有希望做到那一點。我們的確成功地做到了我們要做的事，就是到求嘉喜馬去探測尼泊爾的喜馬拉雅山區裡最後一塊未經探測過的大區域。至於我們還爬上一座標高超過六千四百公尺的無名高峰這件事，其實不是重點——而是額外的成績。我們很幸運，完全沒有出什麼差錯，也沒有人生病或發生意外。可是這也不全是運氣；或者，像馬克·吐溫❹可能會說的：「我發現我工作得越努力，運氣就越好。」我們極其辛苦地工作了九個月來計畫和組織一支有效率的探險隊。我們之所以那樣努力是因爲我們希望這次探險行動能夠成功，但我們這樣做也證明了一般女人也能像男人一樣實踐這樣的一個計畫。

順便一提的是，還好我們眞的成功了。因爲，如果一個全由男性或由男女兩性混合所組成的探險隊出了意外的話，可能大家會避而不談並寄予同情，但若是我們失敗了，就不會有人憐憫了。全世界都在等著說：「我早就說過了吧，你想一群女人還能搞出什麼名堂來呢？」難怪我們打定主意要有完美的計畫。

對我們在求嘉喜馬的那段時間，我們想說的是：目前一般登山者都相信登喜馬拉雅山是一種了不起而難忘的經驗，但卻不像爬阿爾卑斯山或我們自己家鄉的山那麼好玩。進山和出山區的路上是喜馬拉雅登山之旅中最好玩的部分，而攀登本身卻是一種令人氣餒的折磨，這種折磨登山者只要想登頂就必須盡量忍受。但對我們來說，完全不是這麼回事。即使我們那樣喜歡我們來往山區的那些部分，那樣深愛朋巴塞瑞布那個地方，但那些我們在求嘉的山脊、冰川和雪地裡艱苦奮鬥的日子，它們將蝕刻在我們的記憶版圖，那不僅是我們生命中最快樂的日子，奇怪的是，也是最寧靜安祥的日子。在山上的時候，每一刻都非常充足，完全感受不到任何一點壓力。

【注釋】

❶尼斯（Nice）：法國東南部港市。

❷皮卡迪利廣場（Picxcadilly Circus）：英國倫敦一處娛樂中心，劇場與餐館集中於此。

❸剪貼女郎（pin-up）：指受人傾慕而將其照片或畫片釘掛牆上的美艷女子或名人，今從舊譯爲「剪貼女郎」。

❹馬克・吐溫（Mark Twain）：1835-1910，美國作家，行文以幽默見長。名著有《湯姆歷險記》等。

附記

給有興趣的朋友

從我們在多吉拉克帕南邊山脊上的位置往西看，我們能看見一連串冰川，它們在過去漸漸縮減到不剩一條冰瀑，現在則形成一塊相當平坦的岩架。這處岩架始於多吉拉克帕以南，向西邊延伸，和從邊界山脈由山間流下的兩條大冰川會合。如果從當初阻攔我們的裂口上去的話，應該不會太困難。這道裂縫直落到一個山坳，可以由高約五千二百公尺的山頂下方一座結冰小湖正上方的山脊爬到那裡，而不必像我們那樣一直靠著左邊攀爬。山坳的西側是一道很陡的雪谷，從谷底很可能轉到冰川岩架起點的正下方。要到這個岩架，我們看到必須爬過一些讓人覺得很討厭的光滑而坦露的岩板，不過一旦過了這點麻煩的地方，後面看來就很簡單平順了。

艾芙蓮．卡姆拉斯探測的結果最有意思的是，證明了那張地圖上令我們感到困惑的一點是錯誤的。根據地圖，有兩道很高的山脈由富爾比奇雅楚山延伸下來，就在普爾莫坦河和諾欣河之間。由我們從這條路上去時所看到的情形，我們很確定那裡只有一條山脈，就是我們從基地營區望過去所看見的那條，也是艾芙蓮攀登的山脊，她就在那上面俯看諾欣河，而往對面則看到邊界山脈。地圖上所畫的在中間的那道山脈和河流，事實上並不存在。後來我們在回加德滿都路上經過瑙林山的最高點昌沙馬浦的山肩（四千公尺）時，觀察過整個地勢，更證實了這點。

當然，這並不是唯一我們證明地圖不準確的地方。比方說，恩亞卡卡布，也就是多吉拉克帕冰川，在地圖上比富爾比奇雅楚布冰川要長，而且坡度較爲平緩，事實上恰好相反。多吉拉克帕冰川要陡得多，而且比較短些。還有，在地圖上富爾比奇雅楚布並沒有像恩亞卡卡布那樣延伸到那麼北邊。但事實上卻延伸到那麼遠，因爲邊界山脈在這點上就比地圖上所畫的更往北得多。仕女冰川其實是富爾比奇雅楚的一條很陡的分支，或是支流，往北伸得比那兩條大冰川都遠，雖然相當大，地圖上卻完全沒有畫出來。另外還有其他幾個小錯誤，也漏掉了兩、三條山脈。可是整體而言，地圖還算和求嘉喜馬的地形相當接近，這點可比尼泊爾喜馬拉雅山區其他地區的某些地圖好多了。

附錄一

探險隊員小傳

莫妮卡・潔克森

一九二〇年生於印度南部，在那裡斷斷續續住到一九五三年。一九四二年，與丈夫在邦加羅爾（Bangalore）相識成婚，目前寡居。他們有兩個孩子，都生在印度。潔克森由美國佛蒙特州（Vermont）的本寧敦學院（Bennington College）畢業之後，成爲自由投稿的記者，最後專門以登山和探險爲主題撰文及發表演說。子女們成人之後，她轉而研讀社會人類學。在這方面所做的田野研究進行於南印度農村，她在幼時生長的山腳下一間用泥巴和樹枝搭蓋的茅屋裡前後住了七年。她的著作有《土耳其的時光機器》（*The Turkish Time Machine*, Hodder & Stoughton, 1966）和《歸去》（*Going Back*, Banyan Books, 1994）。她目前住在英國愛丁堡（Edinburgh）。

伊莉莎白・絲塔克

去過求嘉喜馬之後，伊莉莎白・絲塔克又和蘇格蘭婦女登山俱樂部的兩個朋友一起到英國斯開島（Island of Skye）去攀登古林山脈（Cuillin Ridge），那也是登那座山的第一支全女性組成的隊伍，她們計畫這次登山是爲了慶祝英國女王伊莉莎白二世和蘇格蘭女王伊莉莎白一世登基。後來，她搬到美國去繼續進修語言障礙矯治訓練課程。在那段時間裡，她在美國各地旅行，也繼續登山活動，和艾芙蓮一起參加蘇格蘭南美安第斯山探險隊（Scottish Andean Expedition）。一九九四年，她由印第安納州西拉斐葉（West Lafayette）的普篤大學（Purdue University）聽力學與言語科學系退休，但仍居住在印第安納州。她曾和丈夫到中國、印尼、澳洲及泰國旅遊。

艾芙蓮・卡姆拉斯

從求嘉喜馬探險歸來之後，艾芙蓮・卡姆拉斯嫁給了登山同好艾倫・麥克尼可（Allan McNicol）。她中止在醫界的工作十年之久，相夫教子，養育三名子女。一九六四年，她應邀參加蘇格蘭南美安第斯山探險隊，全隊由八名男士、兩名女士組成，準備攀登秘魯第二高山耶魯帕哈山（Yerupaja）。回到醫界之後，她擔任產科及婦科的諮詢工作。她一直維持著登山的興趣，曾多次到秘魯、尼泊爾和格陵蘭，二〇〇〇年還前往喀什米爾的拉達克（Ladakh），和蘇格蘭婦女登山俱樂部的其他成員一起攀登史托克坎吉里（Stok Kangeri）這座超過六千公尺的高峰。

附錄二

醫藥用品清單

藥品：

Penisillin（青黴素）百萬單位 × 10
Salphatriad G.（磺胺製劑）1/2 × 500
Sulphasuxidine G. 1/2 × 500
Phthalylsulphtahiazol G. 1/2 × 500
Terramycin（四環黴素）250毫克 × 100
Penicillin lozenges（青黴素菱形錠）× 40
Tyrosets（鼻炎治療藥膏）× 144
Bradasol lozenges × 100
Chloramphenicol ear drops（氯黴素耳滴劑）× 10 cc
Albucid eye drops（亞伯酸眼藥水）× 1/2 cc
Pethidine（止痛劑）50毫克 × 100

Codis tabs.（感冒藥）× 300

Disprin tabs.（得可匹林可溶錠）× 300

Codemprin tabs.（鎮痛解熱劑）× 200

Ophthalmic cocaine HCL（鹽酸古柯眼藥膏）1/20克，一支

Sedonan ear drops（耳疾點劑）× 1/2液盎司

Morphia（嗎啡）1/4克 × 20

1克 × 20

1/2克溶液 × 6

Abidec（抗焦慮劑）× 250

Ferrous sulphate（硫化鐵）3克 × 200

Vit. C tabs（維他命C錠）× 200

Vit. B tabs（維他命B錠）× 100

Cascara sagrada（藥鼠李緩瀉劑）2克 × 100

Anusol suppositories（栓劑）× 12

Vegetable laxative tabs.（植物油瀉藥）× 20

Aludrox tabs.（安樂錠胃藥）× 500

Gelusil tabs.（健胃仙錠）× 500

Castor oil capsules（蓖麻油膠囊）× 6

Dettol（滴露消毒水）一桶

Iodine（碘酒）二盎司

Pot. Permangate（過錳酸鉀）四盎司

Orygen錠 × 200

Sterile water for injection（注射用無菌水）十二安瓿（amps）

Surgical spirit（外科藥用酒精）十六液盎司

Dibistin錠 × 100

Benedryl caps（鎮咳藥）× 50

Caladryl cream（卡拉達爾面霜）八液盎司

Vaseline（凡士林）二盎司

Iodex 二支

Mylol insect repellant（滅爾防蟲液）四瓶

Sketofax（防蚊軟膏）五支

Mycotic Cream（消除肌肉疲勞軟膏）一支

Whitefields ointment（抗黴荃軟膏）二盎司

D.D.T. with pyrethrum（含除蟲藥粉 DDT）六箱

Wades abcess salve（白田軟膏／類似萬金油）一支

Tannic acid jelly（單寧酸凝膠劑）一支

Soneryl gr.（散路顆粒劑）1 1/2 × 100

Coramine（可拉明液劑）含 $\frac{1}{2}$ cc 之溶劑六安瓿

Paludrin（寶露汀錠劑）× 500

Embaquin（安巴奎錠劑）× 100

Ronicol（路宜可：心血管用藥）× 100

Glycerine and thymol pastilles（甘油百里香酚丸）一磅

Glycerine and blackcurrent（甘油黑醋栗外用液）一磅

Zinc sulphate and adrenaline drops（硫化鋅腎上腺素滴劑）× $\frac{1}{2}$ 液盎司

急救用品：

藥用棉花　一磅

紗布　兩捲

白痲紗　二分之一磅
三角綳帶　三條
六吋綳帶　六條
二吋綳帶　二十四條
一吋綳帶　十二條
白綢綳帶　兩條
彈性綳帶　四條
P.O.P綳帶　六吋　六罐
彈性綳帶敷劑
黏性綳帶　兩條
（治燒傷用）喬納（Jellonet）藥膏
油絲
無菌手術縫合線
網狀彈性綳帶
氯化乙醇噴劑

醫療器材：

聽診器
手術刀和刀片
牙科用鉗子
動脈鉗
小鉗
外科用剪刀
皮下注射用針筒及針頭
醫用保溫瓶兩個
縫合針六支

※醫藥用品記事

我在前面列出我在這次探險行動中所帶去的所有藥品、急救配備和醫療器材清單。大部分都是英國各地的藥品公司和器材製造商免費提供的。每一個收到我去信的廠商都很樂意地答應我的要求，絕大部分廠商還提供更多藥品，問我要不要包括進去。

對於我決定帶些什麼，而實際上需要些什麼來略加說明，也許有其要性。

我首先從各種症狀著手，主要像疼痛、失眠、噁心，再加上感染和受傷，這讓我從各類組的藥物加以考慮，比方說——要應付各個不同程度的疼痛，我得帶著各種藥性強度的藥品，像是含有可待因（coedine）、鹽酸配西汀（pethidine）和嗎啡的藥。接下來我把人體做通盤的考量，從頭部開始一直到腳，分別考量每一個系統和可能出問題的地方。

我的醫藥用品果然足夠我們使用，因爲我們非常幸運，沒有生病，沒有發生意外，或有睡眠方面的困難。就貝蒂、莫妮卡和我三個人來說，只用了三片soneryl，大約三十片有可待因的藥片、三捲彈性繃帶，以及少量制酸劑。我用了paludrin和embaquin來預防瘧疾和痢疾完全成功，以滅樂防蟲液和sketofax防蚊軟膏來防蟲咬也相當成功。我倒是用了很多制酸劑、藥性溫和的止痛藥和少量的抗生素，來治療我們在進出山區路上每個營地所碰到來就醫的當地居民。

我們自己的挑伕們，不論是單負責揹東西或實際參與登山的雪巴人，也要求過一些一般的治療。很多村民來求醫，特別是因爲眼疾，最普遍的是白內障、結核和因性病產生的潰瘍，還有舊傷在角膜上留了疤。所有人都說有某種程度的失明，但不幸的是，我卻幫不上什麼忙。我不想只點些無害的眼藥水來讓他們懷有可以治療的希望，因爲我知道那樣沒有實際的療效。如果有各種感染的，我就用適當的藥物，希望能多少改善他們的視力。

我只見到三個眞正生病的人——一個患痢疾的人、一個患有活動性肺結核的老人和一個兩歲大的小孩，我想他是個乳糜瀉患者。其他很多人有頭痛、胃痛和皮膚疼痛的問題。頭痛和胃痛似乎全都藥到病除，我很懷疑能從一個陌生的白種女子手裡拿到包裝得色彩鮮艷的藥丸這件新奇事是他們的病因。和我預期相反的是，很少有村民營養失調，只有甲狀腺腫非常普遍。那裡的人食物很雜，利用很多野生植物當蔬菜，種植穀類和馬鈴薯，畜養犛牛和母雞，讓他們有牛奶、牛油、乳酪和雞蛋。他們的個子矮小，但很強壯。

有一樣東西是我希望當初能帶著卻沒有帶來的，就是一大瓶咳嗽藥水，給那些因爲熱氣塵土和冰川太冷的乾燥而引起惱人咳嗽的人。我想到有些藥應該可以不用帶，也有些少量的其他藥應該帶來，可是準備事物總是寬裕點好，要爲組織成員每個人可能有的病準備完全的治療，而且要有足夠至少重複一次療程的藥物。

回到加德滿都的時候，貝蒂和我因爲吃到不好的肉而有點食物中毒，但採用斷食療法後很快就恢復了。

我們的健康多歸了以下幾點原因——離開英國的時候身體健康狀態良好；搭火車來的路上，除了孟買和德里的朋友給我們的東西，還有能剝皮的水果之外，沒有吃喝別的；還有我們絕對堅持在到基地營區之前的路上，所有的水都必須先行煮沸；在山裡不做任何無謂冒險；以及充足的食物和衣物——外加運氣。

艾芙蓮・M・麥克尼可（娘家性卡姆拉絲）

國家圖書館出版品預行編目資料

雲端的帳棚／莫妮卡・潔克森（Monica Jackson）
，伊莉莎白・絲塔克（Elizabeth Stark）著；
景翔譯. -- 初版 . -- 臺北市：馬可孛羅文
化出版：城邦文化發行, 2004〔民93〕
面；　　公分. --（探險與旅行經典文庫；
22）
譯自：Tents in the Clouds：the first
woman's Himalayan expedition
ISBN 986-7890-92-2（精裝）

1. 登山　2. 喜瑪拉雅山 -- 描述與遊記

718.3　　　　　　　93020136

「探險與旅行經典文庫」 022

雲端的帳棚(Tents in the Clouds)

作者 莫妮卡・潔克森（Monica Jackson）
伊莉莎白・絲塔克（Elizabeth Stark）
譯者 景翔
策畫／選書／導讀 詹宏志
總編輯 郭寶秀
執行主編 廖佳華
封面設計 王小美

發行人 凃玉雲
出版 馬可孛羅文化事業股份有限公司
E-mail:marcopub@cite.com.tw
台北市信義路二段213號11樓
電話：(02)2356-0933 傳真：(02)2341-9291
發行 英屬蓋曼群島商家庭傳媒股份有限公司城邦分公司
台北市中山區民生東路141號2樓
讀者服務專線 0800-020-299 讀者訂閱傳真：(02)2517-0999
讀者服務信箱 Email：cs@cite.com.tw
郵撥帳號 19833503 英屬蓋曼群島商家庭傳媒股份有限公司城邦分公司
香港發行所 城邦（香港）出版集團
香港北角英皇道310號雲華大廈4樓504室
Email：citehk@hknet.com
馬新發行所 城邦（馬、新）出版集團
11, Jalan 30D/146, Desa Tasik, Sungai Besi
57000 Kuala Lumpur, Malaysia
電話：(603)9056-3833 傳真：(603)9056-2833
Email：citekl@cite.com.tw
排版印刷 中原造像股份有限公司
登記證 行政院新聞局局版臺業字第1230號
初版 2004年5月
定價 480元
ISBN 986-7890-92-2 Printed in Taiwan